新编经济学系列教材

NEW SERIES OF
ECONOMIC TEXTBOOKS

上海市高等学校优秀教材三等奖

U0730536

（第六版）

市场营销学

徐鼎亚　主编

PRINCIPLES OF
MARKETING

复旦大学出版社

内容提要

本书在吸收国内外市场营销研究的理论和分析国内工商企业市场营销实践的基础上，阐明了市场营销的基本理论。全书共分十章：导论、市场营销环境、顾客购买行为分析、市场信息研究、目标市场策略、产品策略、价格策略、分销策略、促销策略、市场营销管理。本书的特点之一是实用性、适应性强，如：第二版增加了网络营销等内容；第三版增加了营销环境分析与对策以及营销案例等内容；第四版增加了整合营销并更新了案例；第五版增加了一些帮助读者理解和掌握基本理论的图表；第六版根据社会经济发展需要调整了部分基本原理并撤换了一些数据和案例。本书的特点之二是通俗易懂、深入浅出、简明扼要，基本概念简洁明了，基本理论阐述浅显易懂。本书可作为高等院校非管理类本专科生及管理类专科生学习市场营销理论的教材，亦可作为工商企业经济管理干部培训必需的教学用书，还可作为成人高校自学市场营销理论的用书。

扫二维码获取课程配套线上资源

新编经济学系列教材

顾问

蒋学模　张薰华　陈观烈　洪文达
叶世昌　洪远朋　尹伯成　苏东水
顾国祥

主编

伍柏麟

副主编

姜波克　黄亚钧　刘子馨　袁志刚

编委（以姓氏笔画为序）

石　磊　刘子馨　华　民　朱国宏
张　军　苏荣刚　芮明杰　张晖明
陆德明　周伟林　姜波克　袁志刚
徐惠平　黄亚钧　彭希哲　戴星翼

目录
Contents

第1章

导 论

市场营销学是 20 世纪初发源于美国的一门专门研究企业市场营销活动规律性的新兴学科。市场营销学的形成和发展是商品经济高度发展的产物，它的理论和方法是企业实践经验的总结和概括。正确运用它所提出的原理、方法和技巧，可以使企业实现以最小的人力、物力、财力，获取最大的经济和社会效益，在激烈的市场竞争中立于不败之地。

1.1 市场营销学的产生与发展

1.1.1 市场营销及市场营销学

(1) 市场营销及市场营销学的基本含义。

市场营销学译自英文"Marketing"一词，其原意是指企业的市场买卖活动，即企业的市场营销活动。作为一门学科，"Marketing"一词是指以市场营销活动为研究对象的市场营销学。它有两层意思：一是指企业如何依据消费者需求，生产适销对路的产品，扩大市场销售所进行的一系列经济活动；二是指建立在经济科学、行为科学、现代管理理论基础之上的应用学科，是一门具有实践性、应用性、综合性特点的经营管理学科。当"Marketing"指经济活动时，称为"市场营销"或"营销活动"；当"Marketing"指学科时，称为"营销学"。

现代营销理论的发展有一个过程，在学科的发展过程中，由于对

"Marketing"的理解不同，作为学科的"Marketing"就有很多的译法，例如：市场学、市场经营学、营销学、销售学、市务学（香港地区）、行销学（台湾地区）、市场营运学等。本书使用"市场营销学"，是因为"营"具有管理之意，包括计划、组织、协调、控制及决策；"销"指产品通过促销活动把产品销售给消费者。所以，"市场营销学"的译法比较贴切，比较符合"Marketing"的词义。

（2）市场营销涉及的内容。

根据当今世界著名的市场营销学家、美国西北大学教授菲利普·科特勒博士与北卡鲁来纳大学教授加利·阿姆斯特朗合著的 2019 年出版的《市场营销原理》第十六版对市场营销所下的定义：市场营销"就是通过创造和交换产品和价值，从而使个人或群体满足欲望和需要的社会和管理过程"。根据这个定义可以看出，市场营销是一个过程，涉及以下内容：

① 市场营销是一种满足人类需要的行为。消费者的各种需要、欲望和需求，是企业开展市场营销的出发点。因此，企业必须对市场进行调查、研究和分析，从而认识、了解和掌握消费者的需要、需求和市场的发展趋势。

② 市场营销是一种自愿的交换行为。消费者的各种需要、需求是通过市场上买卖双方提供某种东西作为回报，从别人那里取得所需物而获得满足的自由交换行为。

③ 市场营销是一种创造性行为。营销不仅寻找已经存在的需要并满足它，而且还可以激发顾客没有提出的需求，创造市场需求。正像索尼公司的创始人盛田昭夫所说的，营销不是仅仅服务于市场，而是创造市场。

④ 市场营销是一个系统的管理过程。市场营销活动已经超越了流通过程，它不仅包括了企业生产经营活动之前的具体经济活动，如市场信息收集、市场机会分析、市场细分、目标市场选择、新产品开发和设计等，而且还包括生产过程完成以后进入销售过程的一系列活动，产品定价、开展促销活动、提供销售服务、售后维修保养等，因此市场营销已经是一个包括分析、计划、执行和控制的整个系统过程。

⑤ 市场营销是一种企业参与社会的纽带。企业营销者在制订营销政策时必须考虑三方面的利益，即企业利润、顾客需要、社会利益。任何企业如果只考虑自己的利润，忽视社会效益，就不可能在激烈的市场营销中获得经营成功，即使取得一些利润，也是暂时的不可能长久的。

1.1.2 营销理论的产生和发展过程

市场营销是企业在市场上的买卖活动，因此，市场营销理论不是观念的产物，而是企业活动的产物，营销理论的产生和发展是与企业的市场营销活动紧密联系在一起的。企业的市场营销活动为市场营销理论的生长提供了肥沃的土壤，市场营销理论的发展又被用于指导企业市场营销活动并提供理论根据。

市场是商品交换的场所或领域，是商品经济发展的产物，当商品经济还没有发展完善时，也就不可能产生专门研究市场问题的科学。直到 20 世纪初，商品经济有了高度发展，市场营销学才首先在美国从经济学中分离出来，逐渐成为一门独立的学科，后来又传到西欧、日本及世界各国。纵观市场营销学的发展历程，可以看出市场营销学对市场营销活动规律性的认识是逐步深化的，它大体经历了初创时期、应用时期、变革时期、发展时期四个阶段。

（1）初创时期（20 世纪初—20 年代末）。市场营销学产生于美国，有其历史背景。20 世纪初期，美国商品经济迅速发展，市场问题日益严重，商品大量积压卖不出去，企业纷纷倒闭，工人失业，于是研究市场销售成为企业界和理论界重要的课题。1902 年起，美国的密歇根、加利福尼亚和伊利诺伊州的三所大学相继开设了市场营销学的课程。随着经济的发展和研究的深入，学者们陆续在各自的大学里开设市场营销学课程，如 1905 年 W. E. 克罗西（W. E. Kreusi）在宾夕法尼亚大学开讲了名为《产品市场营销》的课程（The Marketing of Products）；1910 年拉尔夫·斯塔尔·巴特勒在威斯康星大学开设了《市场营销方法》等等，并在课程中提出了一些本学科所独有的新概念。1912 年，美国哈佛大学出版社出版了赫杰特齐编写的《市场营销学》，使市场营销学从经济学中分离出来，成为一门独立的学科。有人把赫杰特齐的《市场营销学》称为市场营销学诞生的里程碑。与此同时，阿克·肖（A. W. Show）在《经济学杂志》上发表了题为《关于市场分配的若干问题》的文章，1916 年韦尔德出版了《农产品营销》，1920 年，彻林顿出版了《营销基础》。

上述课程的开设和论著的出版，说明市场营销学已经破土诞生，并开始被人们所重视。但这个时期的市场营销学主要是研究商业销售方面的问题，表现出初创时期的特点：

第一，市场营销学的研究对象是不完整的，它着重研究的是推销技巧和广告本身的发布，没有形成完整的市场营销理论体系，也缺乏明确的理论原则；第二，对市场问题的研究基本上局限在大学的讲台上，还没有成为指导企业经营者进行市场营销活动的学问。

（2）应用时期（20世纪20年代末—40年代末）。在这个时期市场营销理论广泛应用于市场营销实践，这与当时的时代特点与经济社会背景有关。第一次世界大战结束以后，资本主义经济危机加剧，特别是1929—1933年，资本主义世界爆发了严重的"生产过剩"的经济危机，市场上产品堆积如山，销售困难，商店倒闭，工厂停工，劳动者大量失业，幸存企业都面临着严重的销售问题。在此情况下，企业家纷纷求助于市场营销学家，要求帮助和指导他们解决开拓商品销售的途径，以求得企业的生存。于是市场营销学走出大学讲台进入企业的销售活动中，为工商企业指导营销实践，以解决企业的产品销售问题。

这个时期的市场营销学表现出应用时期的特点：

第一，美国的高等院校和工商企业建立各种市场营销研究机构，来推动市场营销学的普及和研究。1915年美国成立"全美广告协会"，1926年改组为"全美市场营销学和广告学教师协会"，1937年全美各种市场营销研究机构联合成立"美国市场营销协会"。这个协会不仅有工商企业界人士参加，而且还有市场营销学家和经济学家参加。理论家和企业家共同来研讨市场营销问题是这一时期的特点。

第二，市场营销学开始为工商企业提供各种咨询服务，包括市场行情、广告、推销员培训、开拓流通渠道、加强促销等。

第三，企业虽然开始重视并应用市场营销学理论，但这一时期研究的重点仍然局限在流通领域，即产品的销售问题，还没有涉及生产领域。

（3）变革时期（20世纪50年代初—70年代初）。变革时期，是指市场营销学的理论体系内容发生深刻的革命，这是由时代决定的。第二次世界大战以后，世界社会经济发生了显著变化，表现在以下两个方面：

第一，美国原来急剧膨胀的军用工业，迅速向民用工业转移。随着科技革命和发展，民用工业劳动生产率大幅度提高，市场上工业品供应量迅速增加，花色品种日新月异，市场已经从卖方市场转向买方市场。

第二，由于资本主义基本矛盾的存在和激化，"生产过剩"的经济危机比第二次世界大战以前更为频繁，平均五六年就爆发一次。资产阶级政府吸取 1929—1933 年大危机的教训，采取"三高一缩"的政策，即推行高工资、高福利、高消费和缩短劳动时间的政策。在这种政策的刺激下，消费者的消费欲望和需求都有了很大的增长。

上述两个变化带来了商品供求的变化，一方面大量的商品要求找到买主；另一方面是消费者对满足其消费需求提出了更高的要求。这使原来以产品为中心的推销观念无法适应发展了新形势，必须进行相应的变革。这次变革被称为是与工业革命相提并论的销售革命，即从推销观念转变为以消费者为需求中心的市场营销观念的一场革命。这使现代市场营销学基本形成，与过去的市场营销学相比，发生了以下两个方面的变化。

第一，完全改变了以企业生产为中心的指导思想，提出企业在进行生产经营活动以前，首先要调查和预测市场的需求，然后把满足用户的需求贯彻到企业生产经营的全过程中，要把满足市场需要作为企业营销活动的基本准则。

第二，在组织结构上强调了市场营销部门的地位和作用，在企业内部由专门的经理来分管市场营销工作，企业内部的各个具体部门都必须以顾客需求为中心开展工作，如有违反必须追究各自的责任。

(4) 发展时期（20 世纪 70 年代末—至今）。20 世纪 70 年代以来，在第三次科技革命的推动下，一些国家和地区兴起了经济改革浪潮，主要资本主义国家先后走完了工业化社会的最后历程。随着科技的迅速发展，产品丰富多彩，国内市场已经饱和，企业迫切要求开拓国外市场。新的经济形势向市场营销学提出了新的课题，而原有的研究范围已经不适应，于是迅速引进了经济学、社会学、心理学、控制论、信息论、预测学等学科的重要内容，市场营销学发展成为开发企业、开拓市场的"现代营销开发学"。这一时期市场营销学发展的特点具体反映在以下两个方面：

第一，强调了市场营销学应着重研究企业市场营销管理工作的战略和决策问题，提出管理导向理论。

第二，在学科体系上已由基础市场营销学发展到设立特定市场营销学，将基础市场营销学的原理和方法应用到特定市场营销活动之中。到了 1970 年代，跨国公司迅速发展，国际市场营销的研究显得越来越重要，因此又创立了国际市场营销学。

1.1.3 市场营销学在我国

市场营销学在我国内地受到重视是在 20 世纪 80 年代以后。1949 年以前，我国有些高等院校曾经也开设过市场营销学课程，但 1949 年以后到 1980 年代，除了港澳台地区的学术界、企业界对这门学科已有广泛的研究和应用外，整个中国大陆（内地），市场营销学的研究一度中断。因为，一是我国大陆（内地）长期实行的是计划经济，企业是政府机构的附属物，企业生产的产品由政府统购包销，企业与市场不发生直接联系；二是我国产品长期短缺，企业生产的产品是"皇帝的女儿不愁嫁"，这样企业也就不需要也不可能去研究市场问题。所以，当市场营销学在美国产生并迅速发展，尤其是在战后广泛传播到欧洲、日本、甚至苏联时，中国大陆（内地）的企业对它还很陌生。1978 年，我国实行改革开放政策，计划经济模式开始被打破，市场在资源配置中的基础性调节功能逐渐得到发挥。企业直接面临市场，成为独立的经营主体。这样，市场营销学开始引起我国政府部门、学术界和企业界的重视。从 1979 年我国邀请美国经济学家马苏和萨蒙讲授市场营销学开始到现在，我国对市场营销学的研究和应用大体经历了引进传播、应用发展、拓展和国际化阶段。

（1）引进传播时期。1980 年，国家科委和当时的高教部与美国政府合作在大连建立了高级管理干部培训中心（全名为：中国工业科技管理大连培训中心），组织美国的大学教师来中国讲授"市场营销学"课程。1981 年 8 月，企业管理出版社把美国教授的市场营销学讲课内容进行整理公开出版，取名为《市场学》。这可以说是中国实行改革开放政策后的第一本正式出版的市场营销学著作。与此同时，1980 年，中国外经贸部与联合国国际贸易中心（ITC）合作，在北京举办了两期市场营销培训班，由美国、加拿大等国际专家讲课。这期间在我国的其他许多地方也举办过多期同类型的市场营销培训班。这些培训活动对于在我国传播和推广市场营销学起到了很好的作用。

（2）应用发展时期。进入 20 世纪 80 年代后，我国许多学者开始自己编写自己的著作和教材，至 1982 年底，我国正式出版的市场营销学著作教材约十本。1982 年 5 月，在湖南长沙举行了有 24 所财经院校参加的市场营销学教材研讨会，在这次会议上首次提出了成立学术研究推广机构的设想。1983 年 10 月，在西安召开了市场营销学教材研究会的筹备会议。1984 年 1 月，终于在湖南长沙正式成立中国高等财经院校综合大学市场营销学教学研究会。这一研究会的诞生，标志着市场营销学在中国的学术地位正式确立。自此以后，市场营销学的研究如火如荼，市场营销学的理论迅速普及。市场营销学在学校教学中受到重视，有关市场营销学的著作、教材、论文在数量和质量上都有很大的提高。全国各地各种类型的市场营销学研究团体如雨后春笋般地纷纷成立，并且吸收企业界人士参加，力求使理论与实际紧密结合。与此同时，各团体分别举办了各种类型的培训班、讲习班，有些团体还通过当地的电视台、电台举办了市场营销学的电视讲座和广播讲座。

（3）拓展和国际化时期。进入 20 世纪 90 年代以后，市场营销学的研究和应用有了迅速的扩展。在全国各省、市纷纷成立由企业界和学术界共同参加的市场营销学会的基础上，1991 年 3 月，中国市场学会在北京正式成立。全国除了财经院校及综合性大学外，许多高等院校包括理工农院校，甚至军队院校都普遍开设市场营销学课程，并把它作为经济管理类专业的主要课程。许多高等院校还设置了市场营销学专业，成了最热门的专业之一。在企业界，越来越多的企业已经意识到市场营销理论是指导企业营销活动的基本理论，许多企业开始运用市场营销学的原理和方法来指导企业的经营活动。很多企业通过聘请专家学者进行讲课、举办培训班，派人去高等院校旁听、进修，招聘市场营销专业的毕业生等方式逐渐掌握市场营销的基本理论和知识。人们越来越认识到，要使企业在激烈的市场竞争中取胜，必须依靠和利用市场营销学的理论和方法。

1992 年，学术界对市场经济体制下的市场营销管理、中国市场营销的现状和发展趋势、所面临的挑战、机遇与对策等重大问题展开了研究。1995 年 6 月，由北京中国人民大学、加拿大麦吉尔大学和康克迪亚大学联合举办的第五届市场营销与社会发展国际会议在北京召开，标志着我国市场营销学的研究已经走向国际化。

1.2　市场营销学的研究对象、内容和方法

1.2.1　市场营销学的研究对象

研究对象是指确定其研究范围。任何一门科学都有其特定的研究对象。

关于市场营销学涉及的内容，前面已经有所阐述，这里主要阐述其研究对象，关于其研究对象，目前国内外学者众说纷纭，存在着各种各样的表述。这对于一门新兴的、正在发展中的学科来说是并不奇怪的。根据基恩·凯洛西尔收集到的 50 多种不同方式表述，归纳起来，其中较有代表性的大致有以下四大类。

（1）认为市场营销学研究的是通过一定的销售渠道把生产企业同市场联系起来的过程。其主要代表人物是罗杰尔和麦卡锡。罗杰尔认为市场营销学是研究"组织和指导商业活动，促使消费者购买企业所经营的特定商品或劳务，从而实现既定的利润或其目标"。麦卡锡认为"市场营销是引导物品及劳务从生产者至消费者或使用者的企业活动，以满足顾客并实现企业的目标"。这种观点侧重的是企业的市场营销策略。

（2）认为市场营销学是研究为消费者服务的一种理论。比较突出的是美国市场学家维特教授的市场营销学定义，他认为"市场营销学的对象是消费者和生产者之间自愿的社会交换过程"，"市场营销学要求通过制造和供应商品以至于最后提供消费的一系列活动来满足消费者的需要"。这种观点阐明了市场营销学是一种服务，一种市场经营活动。

（3）认为市场营销学研究的是在生产者和消费者之间的一种联系。主要代表人物是凯洛西尔，他认为市场营销学是研究"出现在生产者与消费者之间的某种联系，即由产生意念到变成交易过程的各种可能。"这种观点强调的是"联系"，是一种认识或观念，通俗地说就是市场营销规律。

（4）认为市场营销学研究的是工商企业为实现营销目标而开展的一套商业经济活动。最典型的是 1960 年美国市场营销协会定义委员会所作的表述："市场营销学研究的是引导商品和劳务从生产者到达消费者或用户所实施的一切企业活动。"这种观点强调的是销售，是产品生产出来以后的一种市场分销活动。

近年来，国际上不少学者对美国市场营销协会关于研究对象的表述提出了不同看法。主要表现在两个方面：第一，这一表述，仅仅把市场营销看成是流通领域里的商品分销活动。事实上，市场营销学不仅涉及流通领域，而且早已渗透到生产领域和消费领域。第二，这一表述仅仅从静态上反映了产品和劳务的销售过程。实际上，售后服务与售后的市场调研工作，既是前一个循环的结束，又是下一个循环的开始，而且这种循环是螺旋式地不断上升的过程，从而促进企业经营管理水平的不断提高。

由于不少学者对美国市场营销协会关于研究对象表述有不同看法，因此美国市场营销协会1985年重新对市场营销学的对象进行了定义，认为"市场营销是对货物、劳务和计谋的构想、定价、促销和分销等方面进行计划和实施，以达到个人和组织的目标的交换过程。"

尽管国内外对市场营销学研究对象的表述多种多样，但都有一个共同点，即市场营销学研究的是企业的营销活动，分歧在于对营销活动的理解。我们认为，市场营销学是适应市场营销活动的发展而发展起来的应用性学科，所以市场营销学的研究对象首先是企业的营销活动，但这种活动又不是一般的推销产品的市场行为，而是以发现消费者为起点，以满足消费者需要为核心，以系统的产品销售或劳务提供为手段的企业整个市场营销活动及其发展过程。概括起来说，市场营销学的研究对象是以消费者为中心的，企业全方位的市场营销活动及其发展规律。

1.2.2　市场营销学的研究内容

一门学科的研究内容实际上是其研究对象的具体化。市场营销学是一门建立在经济科学、行为科学和现代管理理论基础之上的应用科学。其内容具有综合性、实践性、应用性的特点。在市场营销学的发展过程中，研究对象在不断修正，研究内容也在不断丰富。

1964年，美国伊·杰·麦卡锡教授首先将市场营销学的研究内容概括为易于记忆的"4Ps"。"4Ps"理论认为影响企业经营的诸因素中，市场营销环境是企业不可控制的因素，而产品、分销、促销、价格等因素是企业可以控制的变量，所以市场营销学就是研究企业针对所选定的目标市场如何综合配套地运用这四个可以控制的变量，组成一个系统化的营销组合策略，以实现企业经营目标。由于产品（product）、分销（place）、促销（promotion）和价格（price）英文的第一个字母均为P，所以简称"4Ps"。

（1）产品策略。在市场营销学中，产品是指能满足消费者和用户需求和欲望的任何有形物品和无形服务。有形物品是指产品实体及其品质、特色、式样、规格、品牌和包装等，无形服务是指可给购买者带来的附加利益和心理满足的售后服务、保证、安装、退货和换货等。所以，产品整体包括了实质产品、形式产品和延伸产品。

(2) 分销渠道策略。在市场经济条件下，制造商很少能将自己的产品直接与消费者进行交易，大多数要经过中间商，产品才能达到最终消费者手中。这种活动的路线就叫分销渠道。分销渠道策略就是从制造商角度来确定产品或劳务实际送抵目标市场或顾客手中的途径，它包括分销渠道模式和中间商选择、调整与协调管理、实体分配等。

(3) 促销策略。促销是指企业以各种手段向顾客传递商品或劳务的信息，以便影响和促进顾客的购买行为。促销包括人员推销、广告、营业推广等。有效的促销可以使更多的消费者形成对本企业和特定产品的偏爱，使消费者愿意购买本企业的产品，获得稳定的销路，提高企业产品的市场占有率。

(4) 价格策略。价格是影响消费者行为和市场需求的关键因素之一。产品价格的制定是一项重要、困难而又有风险的工作，它既要考虑到企业自身的因素，如成本、利润等，又要考虑到消费者对价格的理解和接受能力。价格得不到顾客的认可，市场营销组合的各种努力势必是徒劳的。因此，企业定价要根据企业的战略目标出发选择适当的定价目标，综合分析成本、供求关系、竞争和政府控制等因素，运用科学的方法来制定价格，然后根据各种实际情况，调整价格，考虑折扣、折让、支付期限、信用条件等因素。

20 世纪 80 年代以后，世界上贸易保护主义盛行，政府干预加强，特别是西方发达国家日益增长的贸易保护主义和政府干预的威胁和影响，使企业面临着高额的关税和形形色色的非关税壁垒。如果企业仅仅采用"4Ps"理论，消极地适应企业的外部环境，显然已不能奏效。1984 年，美国著名的市场学家菲力普·科特勒首次提出了大市场营销理论。大市场营销理论在原来的"4Ps"基础上，再加两个"P"即"政治权力"（power）和"公共关系"（public relations）。"6Ps"理论认为：要打入被封闭或被保护的市场，首先应该运用"政治权力"策略，必须得到有影响力的政府部门和立法机构的支持，采取政治上的技能和策略打入市场；其次，利用"公共关系"策略，即利用各种传播媒介与目标市场的广大公众搞好关系，以树立本企业及本企业产品的良好形象。如通过为公共事业捐款、赞助文化教育事业与当地的舆论界搞好关系等，以便能够打入封闭的市场。

菲力普·科特勒的大市场营销理论突破了市场营销环境是不可控制因素的传统看法，认为企业不只是消极地、被动地去适应、服从外部环境，而应该积极地、主动地去改变环境，通过"政治权力"和"公共关系"扫清流通道路上的障碍，变封闭性市场为开放性市场。

1986 年，菲力普·科特勒又进一步提出了"10Ps"的理论，即在"6Ps"基础上再加上"4Ps"：市场研究——探索（probing）、市场划分（partition）、优先——发挥企业的自身优势，择优选定目标市场（prioriting）、产品定位（position）。

（1）探索。就是市场调查研究。企业通过市场调查研究和预测，分析企业外部因素，发现和分析评价市场机会（即消费者需求）。随着经济的发展，科学技术的进步，人民生活水平的提高，消费者的需求越来越多样化，而且变化速度越来越快。人们的需求逐步从共性需求转向个性需求，从生理性需求转向心理性需求。企业只有了解和掌握消费者对商品需求的变化趋势，才能做到按消费者的需要去组织生产，才能在满足消费者需求的过程中实现自身的经营目标。

（2）划分。就是在发现了市场机会以后，还要进一步进行市场细分和目标市场的选择。根据不同层面的购买人群的需求，按照产品的销售对象，把市场细分为许多不同的需求层面，从而针对不同的细分市场来选择自己的目标市场。

（3）优先。市场细分为企业提供了众多的市场机会，企业到底要利用哪一种机会，满足哪一部分顾客群的需要，选择什么样的目标市场，这是企业经营成败的关键。因为任何企业不可能同时利用所有的机会，不可能同时为全部顾客提供产品或服务，每个企业只能以市场上的部分顾客作为服务对象。因此，企业必须从这些机会中选择最有吸引力、并能发挥自己优势的机会，来作为自己的目标市场，这就叫优先。

（4）定位。在确定目标市场以后，企业要为自己的产品或服务树立某种市场形象。

菲力普·科特勒用"10Ps"理论全面概括了市场营销学的研究内容。他认为，麦卡锡的"4Ps"仅仅是市场营销战术，其目的是在已有的市场中提高本企业产品的市场占有率，它们的组合是否得当，是由战略性的"4Ps"决定的。如果加上"政治权力"和"公共关系"，这不仅要提高市场占有率，而且还要打进和占领新的市场。由于现代市场竞争越来越激烈，新需求又不断出现，因此任何企业不可迷恋于现有市场的占有率，更应该发现新市场，打进新市场。科特勒对市场营销学研究内容的拓展，是市场营销理论的重大突破和发展，对营销实践具有重要的指导意义。

1.2.3 市场营销学的研究方法

任何一门学科为了研究特定的对象，达到特定的研究任务，都有一个如何研究即研究方法的问题，只有将其特定的对象、任务、理论核心、体系结构和研究方法统一结合起来，才能取得这门学科的科学性、系统性和独立性。因此，研究方法作为一门学科的重要组成部分，在这门学科中占有重要的地位。弗兰西斯·培根曾经这样比喻研究方法的重要性："跛足而不迷路能赶过虽健步如飞但误入歧途的人。"巴甫洛夫更直截了当地指出："方法能推进科学。"

市场营销学的研究对象是市场营销活动及其规律性，研究内容是市场营销活动中的内外部因素。所以，决定了市场营销学的基本研究方法，首先是唯物辩证法。只有运用唯物辩证法的基本原理来研究市场营销中现象与本质的关系，才能揭示市场营销活动发展变化的规律；只有贯彻唯物辩证法中实事求是、理论联系实际的原则，注重调查研究和案例分析，才能吸取市场营销中的教训和总结成功的经验，实现营销目标。

其次，要坚持科学性和实践性相结合的方法。在研究市场营销学的过程中，要坚持实事求是、理论联系实际的原则，注重调查研究和案例分析，才能吸取市场营销中的教训和总结过去成功的经验，实现其企业的营销目标。

再次，采用比较的方法。比较方法就是对两个或两个以上的事物做出对比，以辨明其异同和特点。运用比较的方法可以发现不同的市场环境，不同的地理区域对市场营销活动的不同影响，并从中探索其内在规律；通过比较研究，还可以发现不同国家的市场营销活动有其不同的特点，以探索国际市场营销活动的规律，并结合我国国情加以借鉴。

最后，要采用定性和定量分析相结合的研究方法。定性方法是指在影响市场营销活动的各种因素变动激烈、难以量化，并采集不到足够的相关历史数据资料的情况下采用的方法；定量方法是指在影响市场营销活动的各种因素与过去的因素大体相似，呈现一定的规律，并且能够收集到足够的相关历史资料和数据的情况下采用的方法。在研究市场营销活动时运用定性和定量相结合的研究方法，以便更有效、更准确地对错综复杂的市场营销活动做出科学的判断。

1.3 | 市场营销学的核心概念

核心概念，是指贯穿全学科的理论导向与主要线索。抓住了核心概念，就等于抓住了全学科的主要脉络。菲力普·科特勒认为市场营销学的核心概念包括：需要、欲望和需求；产品；价值和满足；交换和交易；市场；营销和营销者；营销管理。

1.3.1 需要、欲望和需求

人的各种需要、欲望和需求是有区别的。人的需要是指没有得到某些基本满足的感受状态。人们为了生存而产生了对食品、衣服、住所、安全、归属、受人尊重、自我实现等需要。这些需要都不是社会或营销者所能创造的，它们存在于自身的生理和心理结构之中。

人的欲望是指想得到某些基本需要的具体满足物时的愿望。一种需要可以用不同的具体满足物来满足。一个人需要食品，想要得到一个面包；需要衣服，想要得到一件皮尔·卡丹上装；需要被人尊重，想购买一辆汽车。一个巴厘人用芒果充饥，用缠腰布来满足他们的衣着需要，用贝壳项圈来满足他们使人尊重的需要。人类的需要并不多，而他们的欲望却是多种多样的。各种社会力量和各种机构，诸如教会、学校、家庭和商业公司不断地激发人类形成和再形成种种欲望。

人的需求是指对具有支付能力购买并且愿意购买的某个具体产品的欲望。当具有购买能力时，欲望便能转化成需求。许多人都想要一辆汽车，但只有具有购买能力并且愿意购买时才能称得上需求。因此，现代市场营销不仅要估量有多少人想要本企业的产品，更重要的是，应该了解有多少人真正愿意购买并且有支付能力购买。

人的需要和欲望是市场营销学的出发点，但营销者并不创造需要，需要早就存在于营销活动出现之前。营销者，连同社会上的其他因素，只是影响了人们的欲望，只是试图指出一个什么样的特定的产品可以满足他们这方面的需要，力图通过各种营销活动，使产品富有吸引力，适应消费者的支付能力来满足需要。

1.3.2 产品

人们靠产品来满足自己的各种需要和欲望。从广义上来说，任何能用以满足人类某种需要或欲望的东西都是产品。因此，市场营销学的产品包括实体产品和无形产品。实体产品是指对人有某种效用的实物，如一台电冰箱、一杯饮料等；无形产品是指围绕产品提供的各种服务。人们购买实体产品，主要目的不在于拥有该产品，而在于使用它来满足需要和欲望。如人们购买电冰箱不是为了观赏，而是用以冷藏和保存食品，购买饮料是为了解渴。所以实体产品是满足人们需要的核心产品，但如果制造商只关心产品实体，忽视围绕产品提供的各种服务，那就目光短浅，容易造成营销近视。产品实体是向人们传送服务的工具。营销者的任务一是推销产品实体，二是提供产品实体中所包含的各种服务。例如一个冰箱厂，营销者只重视生产电冰箱，不注意提供各种维修服务，在现代市场竞争中，必然影响销售，不能实现营销目标。

1.3.3 价值和满足

在能够满足某一特定需要的一组产品中，消费者如何进行选择？这就有必要引入价值这个概念。市场营销学上的价值，是指消费者对产品满足各种需要的能力的评估，而不是指产品本身价值的大小。消费者可以把产品按最喜欢的到最不喜欢的次序排列，位于顶端的，即最喜欢的那个产品对他来说价值最大。

举例来说，某人上下班需要交通服务，满足这种需要的方式很多，比如步行、自行车、摩托车、汽车、出租车和公共汽车。这些产品构成了可供选择的产品组。同时，这位消费者对交通服务提出下列要求：速度、安全、便利和费用等。显然，最为满意的产品——理想产品应是一种能迅速地、绝对安全地、不费力地、花钱很少地使他到达工作地点的产品。每一个可选择产品的价值便取决于它与理想产品的接近程度，也就是说，现有产品越接近理想产品，则这个产品的价值也就越大。

1.3.4 交换和交易

交换是指通过提供某种东西作为回报，获得需要的产品的方式。
一般来说，一个人可以通过四种方式获得他所需要的产品。

（1）自行生产。一个饥饿的人可以通过打猎、捕鱼、采集野果等来解除饥饿。这个人不必与其他任何人发生联系。在这种情况下，既没有市场，更无所谓营销。

（2）强制取得。一个饿汉可以从另一个人那儿夺取食物。对另一个人来说除了可能未被伤害之外，便失去了解除饥饿的物品。

（3）乞讨。饿汉可以向别人乞讨食物。除了一声谢谢以外，乞讨者没有拿出任何有形的东西。

（4）交换。这个饥饿的人可以用某些东西，如钱、别的货物或某些服务等，与一个拥有物品的人交换食物。

市场营销活动产生于第四种获得产品的方式——交换。交换的发生必须具备五个条件：① 至少需要具有交换两方；② 每一方都存在被对方认为有价值的东西；③ 每一方都能沟通信息和传送货物；④ 每一方都可自由接受或拒绝对方的产品；⑤ 每一方都认为与另一方进行交易是适当的或称心如意的。具备了上述条件，就有可能发生交换行为；而交换能否真正产生，取决于买卖双方能否通过交换而比交换前得到更多的满足。所以，交换也可描述成一个价值创造的过程。

市场营销学中的交换是一个过程而不是一个事件。例如双方正在进行谈判，并趋于达成协议，这就意味着他们正在进行交换。协议一旦达成，就意味着发生了交易行为。交易是交换活动的基本单元，是由双方之间的价值交换所构成的。

一次交易包括几个可以量度的实质内容：至少有两个有价值的事物、买卖双方所同意的条件、协议时间和协议地点等。由于交易很容易因曲解协议条款或蓄意破坏协议而引起争执，因此要借助法律规章来支持和强制交易双方执行协议。

为了促使交易成功，作为一个企业的营销人员，要仔细地分析交易对方需要什么产品，自己能够提供什么产品，从中发现一致之处，找到交易的基础，然后再实施各种努力达成协议，实现交易。

1.3.5　市场

市场有狭义和广义之分。狭义市场是指商品交换的领域或场所；广义市场是指那些具有特定需要或欲望，而且愿意并能够通过交换来满足这种需要或欲望的全部顾客。市场营销学的市场是指广义的市场，这个市场的大小取决于人口、购买力和购买欲望三个要素。因为市场活动的中心是商品买卖，只有这三个要素有机结合起来，才能形成交换行为，所以市场营销学家概括地用下列简单公式表述市场概念

$$市场＝人口＋购买力＋购买欲望$$

人口、购买力和购买欲望这三个要素，互相制约，缺一不可。如果人口很多，收入很低，则市场非常狭窄；相反，假如一个国家或地区的居民收入很高，但人口很少，像瑞士、瑞典，市场同样也有限；只有像中国、美国这样人口很多、居民收入又高的国家，才是有潜力的市场。

当然，有了人口和购买力，如果商品不对路，引不起消费者的购买欲望，对于卖主来说，同样也不能形成市场。所以对于企业营销人员来说，分析市场的大小，除了分析人口多少之外，还要研究人口的购买力和购买欲望。

市场可以根据不同的标准，划分多种类型，但市场营销学一般根据两种标准划分。一是根据购买者的身份，划分为消费者市场、生产者市场、中间商市场和政府市场。不同的市场有不同的需求和购买行为，因此，这种分类方法有利于分别研究各类市场的特点，使营销者能按照特定顾客的要求制定专门的市场营销策略。二是根据产品或服务的具体用途，划分为生活资料市场、生产资料市场、技术服务市场、金融市场、房地产市场、旅游市场等。这种分类方法有利于研究不同产品和服务的特点，制定特定的营销策略。

1.3.6　营销和营销者

营销是指与市场有关的人类活动，具体地说，是企业围绕满足消费者需要，获取最大利润开展的总体经营活动。其活动范围十分广泛，从流通领域的商品销售活动到整个社会再生产领域，包括生产、交换、分配、消费的一切活动环节。基本内容包括本书涉及的所有范围。

营销者是指希望从他人那儿得到资源并愿以某种有价之物作为交换的所有人。营销者可以是一个卖主，也可以是一个买主。如果买卖双方都在积极寻求交换，则双方都称为营销者。这种营销称为相互营销。

1.3.7　营销管理

营销管理是指为实现营销目标，而对整个营销活动，包括营销计划的编制、执行，营销手段的采用，分销渠道的选择，产品价格的制定等进行控制、调节。任何营销活动在实践过程中都会发生偏差，影响营销目标的实现。所以，营销管理是市场营销活动不可缺少的重要环节。

综上所述，我们对市场营销作如下概括：市场营销是个人和集体通过创造并同别人进行交换产品和价值，以获得其所需所欲之物的一种社会过程。这一定义包含了上述讨论过的核心概念，如图 1.1 所示。

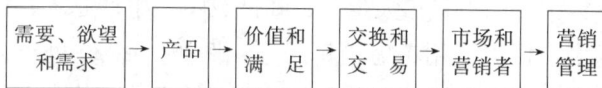

需要、欲望和需求 → 产品 → 价值和满足 → 交换和交易 → 市场和营销者 → 营销管理

图 1.1　市场营销学的核心概念

营销产生于人类的需要和欲望；需要和欲望要由产品来满足；消费者在对产品作选择时，要考虑价值和期望满足；营销者面对市场开展营销活动实质上就是使潜在交换成为现实而进行的一系列活动；为了使这些活动有效，营销者必须对其进行管理。

1.4 | 企业营销观念及其演变

企业的市场营销是在特定的指导思想或经营观念指导下进行的。企业营销观念就是指企业从事营销活动的指导思想。思想是人们对社会实践的理性认识。市场营销是企业活动的产物。因此，营销观念是在一定的历史条件下产生的，并随企业外部环境的变化而变化。在某种意义上说，市场营销学的产生和发展就是新的营销观念产生和发展的过程。

1.4.1　营销观念的演变

现代市场营销的基本观念是"以消费者为中心"，"以消费者需要为企业经营活动的出发点和归宿"。这种经后人总结概括的营销观念，在 20 世纪 50 年代首次被人提出并采纳时，确实给人耳目一新的感觉。但是，与市场营销学产生发展的历史一样，这种观念的形成、强化和具有更丰富的内容，同样经历了一个渐进的过程，大体经历了五个阶段的演变。

(1) 生产观念。生产观念是一种最古老的经营观念。这种观念认为：消费者喜爱那些可以随处买到并且价格低廉的产品，企业应把全部精力放在扩大生产和降低成本上。显然，这是一种重生产、轻市场营销的观念。

生产观念是在卖方市场下产生的。20 世纪 20 年代以前，生产的发展不能满足需求的增长，多数商品都处于供不应求的状态。许多商品都是顾客上门求购。这时期的消费者最关心的是能否得到产品，而不去注意产品的细小特征，于是只要有商品、质量过关、价格便宜，就不愁没销路。在这种情况下，企业只要集中一切力量扩大生产、降低成本，生产越多，成本越低，取得的利润就越多，根本不用考虑销售问题。例如，在 20 世纪初，美国福特汽车公司曾倾全力于汽车的大规模生产，以降低成本，使大多数美国人能买得起汽车，其生产的 T 型车十分畅销，根本无需推销兜售，以致亨利·福特曾傲慢地宣称："不管顾客需要什么颜色的汽车，我只有一种黑色的。"这是当时生产观念的典型表现。

(2) 产品观念。产品观念是从生产观念中派生出来的又一种陈旧的经营观念。这种观念认为：消费者最喜欢那些高质量、多功能和有特色的产品，企业应生产高值产品，并不断地改进产品，使之日趋完美。

奉行产品观念曾使许多企业患有"营销近视症"。这些企业将自己的注意力集中在现有产品上，集中主要的技术、资源进行产品的研究，他们看不到消费者的需求不断发展变化，看不到消费者对产品提出了新的要求，看不到新的需求带来了产品的更新换代，总认为只要有好的产品就不怕顾客不上门，根本不去考虑市场上消费者是否真正需要和接受这种产品。

例如，美国铁路运输业便把自己仅仅看成是经营铁路运输的，没有看到用户需要的是交通服务，而不是火车本身。于是忽略了空运、公共汽车、卡车和汽车所带来的挑战。又如，美国爱尔琴钟表公司主要生产经营高档名贵手表，自 1864 年创立直到 1958 年以前，销售量直线上升。1958 年以后，其销售量和市场份额开始走下坡路，根本原因是，许多消费者对手表的要求发生了变化，必须走时十分精确，原来保用一辈子使用的观念正在逐渐消失。

(3) 推销观念。推销观念（或称销售观念）是随着科学技术的进步，生产力的提高，产品数量与花色品种的增加，市场上的商品出现供过于求，由

"卖方市场"向"买方市场"过渡的阶段,而产生的营销观念。这种观念认为,消费者通常不会因自身的需求和愿望而主动地购买商品。企业需要通过积极推销和进行大量的促销活动,在强烈的销售刺激引导下,消费者才会采取购买行动。因此,企业必须注意运用推销术、广告术来刺激消费者。

推销观念的核心是企业生产什么,我销售什么,仍然没有摆脱以企业为中心的框架,使市场营销仍然停留在旧的观念基础上。

(4)营销观念。营销观念的形成是企业经营观念上的一次"革命",它是作为对上述诸观念的挑战而出现的一种崭新的企业经营观念。尽管这种思想由来已久,但其核心原则直到 20 世纪 50 年代中期才基本定型。营销观念认为,实现企业营销目标的关键在于正确确定目标市场的需要和欲望,"发现欲望,并满足它们","生产你能够出售的东西,而不是出售你能够生产的东西","热爱顾客而非产品","尽我们最大的努力,使顾客的每一块钱都能买到十足的价值、质量和满意"。概括起来说:顾客需要什么,企业就生产什么。这种观念抛弃了以企业为中心的指导思想,代之而起的是以消费者为中心的指导思想。这是一种以顾客需要和欲望为导向的观念,是消费者主权论在市场营销管理中的体现。

在实践过程中,人们往往把推销观念和营销观念混为一谈,很多营销人员认为加强产品的推销就是贯彻了营销观念,这是一种误解。美国市场营销学界的权威菲力普·科特勒对两者的区别用表 1.1 很好地表现了出来。

表 1.1　推销观念和营销观念的对比

观　念	出　发　点	方法手段	目　　标
推销观念	工厂——现有产品	推销与促销（着眼于每次交易）	通过扩大销售、增加利润
营销观念	目标市场——顾客的需求、欲望	整体营销（着眼于总体市场）	通过满足顾客需求增加利润

可见,推销观念注重卖方需要,以公司现有产品为出发点,要求大力推销与促销,以实现有利的销售。而营销观念则注重买方需要,以目标顾客以及他们的需要和欲望为出发点,通过融合和协调那些影响消费者满意程度的营销活动,来赢得和保持顾客的满意,从而获得利润。

西方企业的经营实践表明,在买方市场下,凡是真正接受和奉行营销观念的企业，其经营效益较好。然而只有极少数公司真正无愧为营销观念的出色实践者。在这些公司里，营销文化已深深扎根于公司的每个部门，无论是营销部门，还是制造、研究开发、财务、人事、采购等部门都接受了顾客是上帝的观念，因而这些公司能随时有效地对顾客需求的各种变化作出反应。

（5）社会营销观念是对营销观念的修正和发展。进入 20 世纪 70 年代以后，市场营销环境发生了一系列新的变化：环境恶化、资源短缺、人口爆炸、世界性通货膨胀、社会服务被忽视等。在这种情况下，一个企业仅仅奉行营销观念满足个体消费者需要是不够的，它往往会导致资源浪费、环境污染、损害广大消费者利益等诸多弊病。例如，美国饮料行业为满足美国消费者的需要，大量使用一次性瓶装。这种一次性瓶子既造成资源的大量浪费，又由于多数不能有效处理，到处乱扔，造成环境污染。又如，快餐行业提供可口的汉堡包、油煎食品和肉馅饼，但这些食品缺乏营养，不利于健康；香烟生产能满足某些人的需要，却又使他们的健康受到损害，同时又污染环境，影响社会。

正是在这样的背景下，一些西方学者提出了社会营销观念，来修正或取代营销观念。社会营销观念要求企业在制定营销策略时权衡三方面的利益，即企业利润、目标顾客需要的满足和社会利益。企业通过营销活动，充分有效地利用人力资源、地球资源，在满足消费者的需求、取得合理利润的同时，要保护环境，减少公害，维持一个健康和谐的社会环境以不断提高人类的生活质量。

社会营销观念要求企业在营销活动过程中承担起社会责任，不能为了实现企业的营销目标，而损害了社会的营销目标。

1.4.2 市场营销理论的新发展

20 世纪 80 年代以来，随着国际市场形势的发展变化，市场营销理论得到了进一步的发展，出现了许多新型的营销观念。

（1）竞争观念。1985 年，加拿大市场营销协会主席兰·戈登教授在《扬弃市场营销导向，树立竞争导向》一文中认为，单纯地信奉市场营销观念已不能适应日益激烈的市场竞争，因为在一定时期内消费者对某种商品的需求量有一定的限制，生产经营者多了，各企业的市场占有率下降，从而导致各企业的利润额减少。为了不影响企业在日益激烈的市场竞争中对利润的分享，保持一定的市场占有率，企业应树立一种既考虑顾客需要满足又考虑竞争对手经营战略的经营观念——竞争观念。

竞争观念的基本内涵是：企业营销活动必须积极参与市场竞争，采取合理合法的竞争手段，以适销的产品，合理的价格，优良的服务，及时准确的信息，有效的促销措施和良好的信誉，争夺消费者，争夺市场，争得效益。

兰·戈登对 20 世纪 50 年代形成的营销观念进行剖析时，指出它存在以下缺陷：① 容易使企业所提供的产品在同行业中出现雷同；② 由于企业所提供的产品易与同行业雷同，从而使全企业与同行业其他企业的各自的市场份额相对缩小，因为市场需求量的限制，同行业中的各个企业都必须降低各自的市场占有率；③ 由于各企业的市场占有率下降，因而必将导致本企业与同行业其他企业的利润额下降；④ 少数具有潜在劣势的企业将被淘汰。这些问题主要是忽视了竞争者的经营状况而产生的，营销观念没有把研究竞争者的经营战略放在应有的重要地位，仅仅作为市场营销的外部环境因素加以考虑。因此，树立竞争观念，是对市场营销观念的修正和补充，使企业保持一定的市场占有率，在竞争中立于不败之地。

（2）影响欲望和需求观念。影响欲望和需求观念是市场营销观念发展的又一产物。其基本内容是：消费者的需要是不变的，满足特定需要的欲望是多种多样的，有现实的需求欲望，也有潜在的需求欲望。企业需要通过一系列营销努力来影响人们欲望的形成过程，使消费者形成新的欲望。潜在需求欲望变成现实需求欲望，然后利用所掌握的先进的科学技术，不断开发出满足消费者的新欲望的新产品。

例如，有一位经销鞋子的商人，雇用了两个推销员到一个岛上推销鞋子。第一个推销员发现岛上的人都不穿鞋，于是就回去告诉老板；而第二个推销员到这个岛上后，也发现人们没有穿鞋的习惯，但他耐心地对岛民宣传穿鞋的好处（保暖、卫生）和不穿鞋的弊病（影响健康），引导人们试穿，使他们亲身感受到穿鞋的好处。于是，岛上的人们纷纷采取购买行动。后一位推销员所采用的营销观念正是影响欲望和需求观念。

传统的营销观念认为，每个企业如果发现了市场需求，只要设法去满足就可以达到目的。几十年来，这种观念已被人们认可，在实际营销活动中也受企业家的青睐。但是随着市场形势的发展，这种观念暴露出它的不足：

① 完全按照购买者的现实欲望去组织生产，可能会压抑新产品的创造。

如电灯、电话、激光、静电印刷术等产品的出现，靠的是科学家对科学技术的追求，而不是根据消费者的现实欲望。因此，营销人员要有超前意识，超前于消费者的现实欲望，去影响和改变现实欲望，创造需求。

② 营销观念可能会造成竞争过度，容易使企业所提供的产品在同行业中出现雷同，从而使本企业与同行业各自的市场份额相对缩小。因为现实欲望所转化的市场需求量的限制，所以企业为了保持市场占有率必然增加竞争费用，导致利润下降。

③ 出现被动地满足消费者的需求。消费者需求有现实需求和潜在需求两种形式。现实需求是指消费者有支付能力的，对未被满足的产品的需求。潜在需求是指消费者对某物有强烈的需求欲望，但由于没有产品或没有支付能力的需求。营销观念只是主张满足消费者的现实需求，这就出现被动性。为了满足这种需求，必然造成过度竞争，束缚产品的创新思路，不能发挥自身特长。如果企业能够影响人们潜在的欲望和需求观念，突破现实欲望的限制，主动出击，通过改变人们的价值观念和生活方式，或主动参与新生活方式的设计，使人们形成新欲望，并转化为新需求，就可实现企业利润更大化。

（3）大市场营销观念。大市场营销观念是指在市场壁垒、企业难以进入的情况下，以满足守门人①的需求为中心，争取进入市场的指导思想。核心是综合协同地运用政治的、经济的、心理的、公共关系的等技巧和策略，赢得守门人的合作与支持，成功地打开市场大门，进入市场，开展营销活动。大市场营销观念是在 20 世纪 80 年代国际上贸易保护主义盛行，各国政府为保护本国的民族工业，采取了一系列关税和非关税壁垒状况下产生的。这种理论认为，面对市场壁垒，企业如果仍然采取传统的市场营销观念已难以开展营销活动，必须运用大市场营销观念，即在产品、定价、渠道、促销策略的基础上，再加上权力和公共关系的策略并加以综合运用政治、经济、心理、公共关系的技巧和策略，才能排除通往市场大门的障碍，获得营销的成功。例如，印度饮料市场过去一直被美国可口可乐公司所占领，20 世纪70 年代末，由于可口可乐公司未协调好与印度政府等方面的关系，被印度政府禁止进入该国市场，最后不得不退出。与此同时，可口可乐公司的竞争对

---

① 守门人：指可以阻止企业进入市场的个人或团体，包括政府、立法机关、劳动工会、宗教团体及其他利益集团等。

手——百事可乐公司就趁机插足，通过政治的和公共关系的活动成功地打入印度软饮料市场。百事可乐公司取得成功的经验，在于通过向印度提供一项政府难以拒绝的援助，出口一定数量的农产品，帮助发展当地的经济，转让食品加工、包装和水处理技术等。这些措施赢得了印度各种利益集团的支持，排除了议员们对跨国公司的反对，终于使百事可乐公司进入印度市场。

以上案例说明，企业要想成功进入某个特定市场，仅仅凭产品的物美价廉以争取新的买主是很不够的，更重要的是应善于向当地有关集团提供利益，使其不设置市场障碍，开绿灯放行。这就要求企业营销人员不仅要为一般中介人（代理商、经销商等）服务去满足其需要，而且更重要的是要为第三者（即政府劳工组织和其他利益集团）服务，如果不能取得这些利益集团的合作与支持，企业就难以进入市场。

大市场营销观念与一般市场营销观念的区别，主要表现在：

① 涉及的范围不同。一般市场营销观念，多与顾客、经销商、广告代理商、市场调研公司等打交道，而大市场营销涉及面更广，如立法机构、政府部门、政党、公共利益团体、工会等。

② 市场营销手段不同。一般市场营销的主要手段是 4P：产品、价格、渠道、促销；大市场营销的手段是以此为基础再加上 2P（权力和公共关系）。大市场营销者为进入特定市场，必须经常得到具有影响力的利益团体高级职员、立法部门和政府官员的支持。

③ 时间和投资成本不同。在一般的市场营销中，大多数产品进入市场花费的时间较短，投资成本一般较低；在大市场营销中，产品打入市场的时间长得多，因为需要打开的大门或排除的障碍太多，需要疏通通往市场的各个环节。

④ 参加人员不同。一般的市场营销活动，只需要营销人员参加；而开展大市场营销活动，除营销人员必须参加外，还要有企业高级职员、律师、公关人员等参加。

⑤ 环境因素不同。营销人员历来把企业外部的各种力量当作环境因素，并认为它们是不可控制的因素。然而，大市场营销打破了这条界线，认为某些环境因素可以通过企业的各种活动加以改变，如政治、法律方面的活动、谈判、广告宣传、公共关系以及战略性联营等。

⑥ 需求满足程度不同。从理想化的角度看，企业一旦发现了市场需求，

就会立即设法加以满足。但现实市场往往是封闭型的，它使最能干的营销者也难以做到打开它。例如，尽管外地竞争者提供的产品不亚于、甚至优于本地产品，但外地企业的产品不一定都能进入本地市场。这种封闭型市场导致的后果是，消费者的需求只能得到较低程度满足。大市场营销是要打破这种市场的封闭状态，满足消费者的各种需求。

(4) 关系市场营销。关系市场营销是美国市场营销学者巴巴拉·本德·杰克逊于1985年最早提出的一种新型市场营销观念。

20世纪80年代末和90年代初，企业的竞争环境和企业战略目标发生很大的变化。西方发达资本主义国家，随着社会生产力的发展，社会产品的急剧增加，国际竞争对手的加入，使得企业的市场竞争愈演愈烈，竞争范围进一步扩大。企业的竞争从原来的与竞争对手争夺顾客上，转移到涉及顾客市场以外的劳动力市场、供应市场、技术市场、金融市场及政府等各个方面。这时，企业认识到凡是与顾客及其他有关方面建立了长期的牢固关系，企业就能拥有许多未来的销售机会，就能掌握竞争的主动权，在长期竞争中立于不败之地。因此，企业在战略上从关心与顾客的每一次交易，投向未来长期的利益。企业认识到，只满足于获得顾客的做法已不能满足企业长期发展的需要，市场营销不仅要获得顾客，而且要保持与顾客的关系，使顾客成为企业的长期顾客。

正是在这样的背景下，产生了关系市场营销观念。这种观念一经出现就引起了企业界的高度反响，并得到了迅速的发展。因为这一理论契合了现代企业的市场营销实践，适应了当时的市场营销环境。

关系市场营销观的基本观点是：企业要在盈利的基础上，建立、维持和促进与顾客和其他伙伴之间的关系，以实现参与交易各方的目标，从而形成一种兼顾各方利益的长期的互信互利关系。所以，企业与顾客之间的长期关系是关系市场营销的核心。正如美国市场营销学家科特勒所指出的那样，"企业必须放弃短期的交易导向目标，确立长期的关系建立目标"。

关系市场营销观念强调的是顾客的忠诚度，认为保持老顾客比吸引新顾客更重要，企业的回头客比率越高，市场营销费用就越低。这就从根本上改变了传统营销观视市场营销的关键在于交易的狭隘认识，打破了交易营销观长期垄断企业营销活动的局面，为建立适合现代市场需要的崭新营销指导思想开辟了更加广阔的领域。

（5）绿色市场营销观念。绿色市场营销观念是 20 世纪 80 年代初出现的以销售绿色食品为特色的市场营销观念。现代产业的高速发展和都市规模的不断扩大，给人类社会带来了日益丰富的产品和发达的物质文明。但是，全球环境却在不断地恶化，尤其是 20 世纪 70 年代以来，全球资源减少、气温升高、臭氧层破坏、"三废"物质排放大量增加，使全球的水质污染、空气污染、海洋赤潮、酸雨、泥雨、水土流失和荒漠化等问题愈演愈烈。一系列令人震惊的环境事件不断发生，在非洲，干旱使几千万人置于危急之中；在印度，博帕尔农药厂化学品泄漏事件造成 2 000 人死亡；在墨西哥，液化气罐爆炸使 1 000 人遇难；在瑞士，农用化学品、溶剂和汞泄冲到莱茵河，使数百万条鱼被毒死；在全球，由于饮用水被污染和营养不良，每年大约有 6 000 万人死于腹泻等等。正是在这种背景下，产生了绿色产业、绿色消费、绿色市场营销的蓬勃发展。

绿色市场营销观念是指经济的发展不能以牺牲环境为代价，要实现经济、社会和环境三者的协调发展。这就要求企业在开展市场营销活动的同时，努力消除和减少生产经营对生产环境的破坏和影响。具体来讲，企业在选择生产技术、生产原料、制造程序时，应符合环境保护标准；在产品设计和包装装潢设计时，应尽量降低产品包装或产品使用的剩余物，以降低对环境的不利影响；在分销和促销过程中，应积极引导消费者在产品消费使用、废弃物处置等方面尽量减少环境污染；在产品售前、售中、售后服务中，应注意节省资源、减少污染。可见，绿色市场营销观念的实质，就是强调企业在进行市场营销活动时，要努力把经济效益与环境效益结合起来，尽量保持人与环境的和谐，不断改善人类的生存环境。

随着全球环境保护意识的增强，世界各国经济都在实践可持续发展战略，强调经济发展应与环境保护相协调。受其影响，消费者的消费环保意识也日益增强。根据统计，美国有 77％的人认为企业或公司的环境信誉会影响其购买行为，欧洲有 40％的人更喜欢购买"绿色产品"而不是传统产品。国际社会为了保护环境，限制和拒绝公害产品进入市场，制定相应的有关法律，1989 年重新修订《蒙特利尔公约》，1992 年 6 月，在巴西里约热内卢召开了由 100 多位国家政府首脑出席的联合国环境与发展大会，通过了包括《21 世纪议程》在内的一系列文件，提出 21 世纪人类应该走可持续发展道路。同年，我国政府由国家计委和国家科委牵头制定了《中国 21 世纪议程》，并于 1994 年

3月25日由国务院常委会讨论通过，该文件的核心是以经济、科技、社会、人口、资源、环境的协调发展为目的，在保证经济高速增长的前提下，实现资源的综合和持续利用，不断改善人类生存的环境质量。

绿色市场营销与传统市场营销有联系也有区别。传统市场营销是前面讲到的4Ps营销组合，绿色市场营销是传统市场营销的延伸，就其营销过程而言，两者并无差异。但抛开过程从其实质来说，是有区别的。首先，两者研究的焦点不同。传统营销研究的焦点是由企业、顾客、竞争者三者构成的"三者关系"，企业通过协调三者关系来获取利润；绿色市场营销的焦点是考虑企业营销活动同大自然、同消费者身心健康的关系。其次，绿色产品与传统产品不同。绿色产品除具有核心产品、技术产品、服务产品外，还应注重绿色表现。它除考虑对环境减少危害性因素外，还尽量减少对消费者身心的负面影响。

（6）整合市场营销。整合市场营销是20世纪90年代舒尔兹（Don Schultz）提出的新的营销观念。整合营销（integrated marketing），包括营销战略与活动的整合，信息与服务的整合，传播渠道的整合，产品与服务的整合，它是一种系统化的市场营销，具有自身的指导理念、分析方法、思维模式和运作方式，是对抽象的、共性的、营销的具体化。它是一种通过对各种市场营销工具和手段的系统化结合，根据市场环境进行即时性的动态修正，以使交换双方在交互中实现价值增值的营销理念与方法。

整合市场营销发生在两个层次，一是不同的营销功能（如销售力量、广告、产品管理、市场研究等）必须共同工作；二是营销部门必须和企业的其他部门相协调。传统的营销组合概念强调将市场营销中各种要素组合起来的重要性，营销整合虽然与之一脉相承，但更为强调各种要素之间的关联性，要求它们能成为统一的有机体。在此基础上，整合营销要求各种营销要素的作用力方向统一，形成合力，共同为企业的营销目标服务，如图1.2所示。

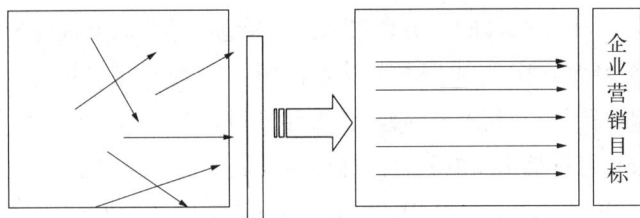

图1.2 各种营销手段和工具

　　整合营销观念改变了把营销活动作为企业经营管理的一项职能的观点，而是要求所有的活动都整合和协调起来，努力为顾客的利益服务。同时，强调企业与市场之间互动的关系和影响，努力发现潜在市场和创造新市场。因此，以注重企业、顾客、社会三方共同利益为中心的整合营销，具有整体性与动态性特征，企业把与消费者之间交流、对话、沟通放在特别重要的地位，是营销观念的变革和发展。

案例　希尔顿的微笑服务

　　美国"旅馆大王"希尔顿于 1919 年把父亲留给他的 12 000 美元连同自己挣来的几千美元投资出去，开始了他雄心勃勃的经营旅馆生涯。当他的资产从 15 000 美元奇迹般地增值到几千万美元的时候，他欣喜而自豪地把这一成就告诉母亲，想不到，母亲却淡然地说："依我看，你跟以前根本没有什么两样，事实上你必须把握比 15 000 万美元更值钱的东西，除了对顾客诚实之外，还要想办法使来希尔顿旅馆住过的客人还想再来住，你要想出这样一种简单、容易、不花本钱而行之久远的办法去吸引顾客，这样你的旅馆才有前途。"母亲的忠告使希尔顿陷入迷惘：究竟用什么办法才具备母亲指出的"简单、容易、不花本钱而行之久远"这四大条件呢？他冥思苦想，不得其解。于是他逛商店、串旅店，以自己作为一个顾客的亲身感受，得出了准确的答案："微笑服务"。只有它才实实在在地同时具备母亲提出的四大条件。从此，希尔顿实行了"微笑服务"这一独创的经营策略。每天他对服务员的第一句话就是"你对顾客微笑了没有？"他要求每个员工不论如何辛苦，都要对顾客投以微笑，即使在旅店业务受到经济萧条的严重影响的时候，他也经常提醒职工记住："万万不可把我们心里的愁云摆在脸上，无论旅馆本身遭受的困难如何，希尔顿旅馆服务员脸上的微笑永远是属于旅客的阳光。"为了满足顾客的要求，希尔顿"帝国"除了到处都充满着"微笑"外，在组织结构上，希尔顿尽力创造一个尽可能完整的系统，以便成为一个综合性的服务机构。因此，希尔顿饭店除了提供完善的食宿外，还设有咖啡厅、会议室、宴会厅、游泳池、购物中心、银行、邮电局、花店、服装店、航空公司代理处、旅行社、出租汽车站等一套完整的服务机构和设施，使来到希尔顿饭店投宿的旅客，真正有一种"宾至如归"的感觉。当他再一次询问他的员工们："你认为还需要添置什么？"员工们回答不出来，他笑了："还是一流的微笑！如果是我，单有一流设备，没有一流服务，我宁愿弃之而去，住进虽然地毯陈旧，却处处可见到微笑的旅馆。"

"希尔顿"之所以成功，是通过"微笑"这样一种形式，向顾客传递"希尔顿"的观念和心态，使顾客感知到其利益被置于中心位置，体现了酒店以顾客为中心的市场营销观念。

——资料来源：根据百度文库，《市场营销最全案例分析集锦》，2017 年 4 月，改写。

根据案例，思考以下问题：

1. 从本案例可以窥视到的"希尔顿"的营销观念包括哪些重要内容？
2. "微笑服务"体现的是一种什么样的营销观念？
3. "希尔顿"的"微笑服务"对当前网络营销发展迅速的环境下，企业如何开展有效的市场营销有什么启示？

┃ 本章内容提要 ┃

1. 市场营销学是一门专门研究企业市场营销活动规律性的新兴学科。它经历了初创时期、应用时期、变革时期和发展时期四个阶段。市场营销学在我国改革开放以后经历了引进传播时期、应用发展时期、拓展和国际化时期三个阶段。

2. 市场营销学的研究对象是企业为了通过满足消费者需求达到自身目标，对货物、劳务和计谋的构想、分销、促销和定价等方面进行计划和实施的市场营销活动及其规律性。

3. 市场营销学的研究内容是由其研究对象决定的，包括探索、划分、优先、产品定位、产品、分销、促销、定价、公共关系和权力，简称"10Ps"。

4. 市场营销学的基本研究方法是唯物辩证法，具体方法是产品研究法、机构研究法、职能研究法、管理研究法、社会研究法。

5. 市场营销学的核心概念是贯穿全学科的理论脉络，包括：需要、欲望和需求；产品；价值和满足；交换和交易；市场；营销和营销者；营销管理。

6. 企业营销观念是指导企业经营活动的根本指导思想。营销观念的发展经历了生产观念、产品观念、推销观念、营销观念、社会营销观念五个阶段。进入 20 世纪 80 年代，出现了竞争观念、影响欲望和需求观念、大市场营销观念、绿色市场营销观念，对传统营销观念进行了修正和补充。

7. 整合市场营销。整合市场营销是 20 世纪 90 年代舒尔兹（Don Schultz）提出的新的营销观念。整合营销（integrated marketing），包括营销战略与活动的整合，信息与服务的整合，传播渠道的整合，产品与服务的整合，它是一种系统化的市场营销，具有自身的指导理念、分析方法、思维模式和运作方式，是对抽象的、共性的营销的具体化。它是一种通过对各种市场营销工具和手段的系统化结合，根据市场环境进行即时性的动态修正，以使交换双方在交互中实现价值增值的营销理念与方法。

| 本章基本概念 |

市场　　营销　　营销者　　营销管理　　市场营销学　　生产观念　产品观念　　推销观念　　营销观念　　社会营销观念　　竞争观念　　影响欲望和需求观念　　大市场营销观念　　关系市场营销观念　　绿色市场营销观念　　整合市场营销观念

| 本章思考题 |

1. 市场营销学的形成和发展经历了哪几个阶段？各阶段有哪些主要特点？

2. 营销观念与生产观念、产品观念、推销观念的区别何在？

3. 社会营销观念与营销观念的区别何在？

4. 竞争观念、影响欲望和需求观念分别从哪些方面对营销观念进行了修正和补充？

5. 大市场营销观念与一般的市场营销观念有何区别？

6. 关系市场营销观念的实质是什么？它是在什么条件下产生的？

7. 什么是绿色市场营销？它的实质和要求是什么？在现代市场经济条件下怎样搞好绿色市场营销？

8. 什么是整合市场营销？它有什么基本特征？

第2章
市场营销环境

任何企业的营销活动都是在一定的环境下进行的，它的营销行为既要受到自身条件的限制，又要受到外部条件的限制和制约。制约和影响企业营销活动的一系列条件和因素，就是企业的市场营销环境。企业只有主动地、充分地使营销活动与营销环境相适应，才能使营销活动产生最佳的效果，从而实现企业的营销目标。

2.1 | 微观营销环境

市场营销环境是企业的生存空间，是企业营销活动的基础和条件。根据企业的营销活动受制于营销环境的紧密程度来划分，市场营销环境可分为微观营销环境和宏观营销环境。微观营销环境是直接影响和制约企业营销活动的条件和因素，包括：供应者、竞争对手、营销中介、最终顾客、投资者、公众、企业内部其他部门等。由于这些因素与企业具体的营销活动，如采购原材料、对外业务往来等发生直接的影响和联系，因此，微观营销环境又可称为直接营销环境或企业作业环境。

2.1.1 供应者

供应者是指对企业进行生产所需而提供特定的原材料、辅助材料、能源等生产资料的供货单位。市场经济条件下，任何企业的营销活动都要以消费者为中心，生产出适合消费者需要的产品，这就需要有特定的生产资料供应作保障，否则，企业根本无法进行正常生产。因此，企业的所有供货单位直接影响和制约了企业的营销活动，这种影响主要体现在以下三个方面。

（1）供货的及时性和稳定性。现代市场经济中，市场需求千变万化且变化迅速，企业必须针对瞬息变化的市场需求，及时地调整生产和营销计划，而这一调整又需要及时地提供相应的生产资料，否则，营销目标的实现将是一句空话。所以，原材料、零部件、能源、机器设备等生产资料的保证供应，将是企业营销活动顺利进行的前提。这样，企业为了在时间上和连续性上保证得到货源的供应，就必须和供应者保持良好的密切的关系，并且要经常地及时地了解和掌握供应者的变化与动态，对某些供应者还要保持稳定的供货关系。

（2）供货的质量水平。任何企业生产的产品质量，除了严格的管理以外，与供应者供应的生产资料本身的质量好坏有密切的联系。例如劣质棉花难以生产出质优的棉织品，劣质的建筑材料难以保证建筑物的百年大计。所以供应者的货物质量直接影响到企业产品的质量。

供应者的货物质量除了本身的质量以外，还包括各种销售服务。例如，有的企业生产需要高质量的机器设备，同时还需要优良的维修服务作保障，才能保持机器设备本身的质量水平，从而生产出高质量的产品；有的机器设备中某些零部件容易损耗，它需要不断更换质量好的零部件。因此供应者的货源保证和有效地更换也直接影响到产品的质量。

（3）供应的货物价格变动。供应的货物价格变动，必然直接影响企业产品的成本，这是浅显的道理。例如一个纺织厂，当生产所需的棉花价格上涨，必然带来棉织品的成本上涨，如果纺织品价格不变，那么企业利润必然减少，在特殊情况下可能会出现亏损。所以，企业在营销活动中，必须要密切注意供应者的货物价格变动趋势，特别是对构成产品重要部分的原材料和主要零部件的价格现状及变化趋势，要做到心中有数，这样才能使企业应变自如，不致措手不及。

鉴于供应者对企业营销活动产生上述影响，为了使企业在营销中取得最佳效果，企业必须协调好与供应者的关系，具体地说：

首先，对供应者进行等级归类，根据类别确定协调原则。所谓等级归类是指根据供应者供应的货物的重要程度，划分为不同等级。一般地说，任何企业生产所需的生产资料不是单一的，而是比较庞大的，而且各自的需求量又不均等。所以，企业可以根据所供货物在企业生产过程中的重要程度，划分为不同等级，这样才能确保重点，兼顾一般。如一个棉纺织厂，最主要的生产资料是棉花，其次才是纱锭辅助材料等。这样企业在营销活动中对于重要供应者（棉花）就要重点协调，而对于一般的供应者（纱锭辅助材料等）就以一般协调来对待。

其次，广开供应门路，使供应者多样化。在激烈的市场竞争中，任何企业生产所需的生产资料不能过分依赖于一家或少数几家供应单位，否则，供应者的细微变化将会影响和打击企业的正常生产。为了减少供应者对企业造成的影响和打击，企业就要尽可能多地广开供应门路，多联系其他的供应者。供应者和供货来源的多样化，还能促使供应者之间进行竞争，使企业处在一个有利的位置，从而使所供货物的质量得到提高并可稳定价格。但是，在确定这一原则时，还要注意与一些主要的供应者保持长期良好的特殊关系，绝不能以供应者多样化而排斥特殊的关系，因为这种特殊关系在某些场合还是非常必要的。例如，在遇到货物短缺时，有了这种特殊关系，就可使企业所需的生产资料得到优先的供应。

2.1.2　竞争对手

竞争是商品经济的必然现象。在商品经济条件下，任何企业在目标市场进行营销活动时，不可避免地会遇到竞争对手的挑战。在健全的发育的市场经济中，一个企业不可能垄断整个目标市场，即使一个企业已经垄断了整个目标市场，竞争对手仍然有可能想参与进来，因为市场上只要存在着需求向替代产品转移的可能性，潜在的竞争对手就会出现。例如，20 世纪 80 年代末我国饮料行业都被汽水类产品所垄断，像可口可乐、百事可乐等公司生产的各种饮料，但进入 90 年代各种类型的矿泉水、饮用水在市场上又站稳了脚跟。因此，竞争对手的营销策略及营销活动的变化会直接影响到企业的营销，最为明显的是竞争对手的价格、广告宣传、促销手段的变化，以及产品的开发、各种销售服务的加强等都将直接对企业造成威胁。对此，企业不能放松对竞争对手的观察，须在观察的基础上对竞争对手的任何细微变化作出相应的对策。

国外发达国家十分重视对竞争对手的观察与研究，尤其是经济学家通过分析不同类型的竞争，提出了许多有益的具有针对性的竞争策略。例如迈克尔·波特（M. E. Porter）曾把同一行业竞争对手之间的竞争战略粗略地分成三种类型。

（1）低成本战略。低成本战略是把降低成本作为营销目标与竞争对手进行竞争。企业为了实现这一低成本目标，往往把营销的重点放在提高产品的市场占有率和追求规模经济效益两个方面。一般情况下，企业通过引进先进高效率的机器设备代替原来的机器设备，改进产品结构以降低原材料消耗等途径直接降低产品成本；同时通过降低销售费用提高销售效率以间接降低成本，从而达到比竞争对手更低的成本。由于降低了成本，在市场竞争中容易取胜，可以提高市场占有率[①]。而企业一旦确保了高的市场占有率以后，反过来又可降低进货的价格，因为企业大都可以得到数量折扣。所以企业如果实施低成本战略，就会使企业处在一个良性循环的状态中，即：低成本—高市场占有率—稳定收益—技术投资—降低成本。

（2）差别化战略。差别化战略是指以追求和创造企业特色为核心的战略，企业依靠这种特色形成一个企业所特有的市场。为了实现企业的特色，企业必须不惜花大力气从各方面去努力。这种努力可以从产品的技术方面着手，也可以从高级的原材料、零部件着手，甚至可以从产品的设计与造型方面着手。企业通过差别化战略，形成自己产品的与众不同，这种不同包括产品的外观造型、设计、功能、包装，一直到售前、售中、售后服务等方面，从而使企业处在一个比其他竞争对手更有利的位置上。

（3）聚焦战略。这是套用照相技术的用语，是指企业的重点就像照相机镜头聚焦一样，集中到某一特定的细分目标市场。在这小范围的目标市场中，企业追求降低成本和差别化的优势。特定的细分目标市场可以是特定用途的产品，也可以是特定的顾客群，也可以是特定的地区。由于企业缩小目

---

① 市场占有率：亦称"市场份额"，是绝对市场占有率和相对市场占有率的总称。绝对市场占有率是指一定时期内企业商品销售额（或销售量）在市场商品销售总额（或销售量）中所占的比率，用百分比表示。其公式为

$$绝对市场占有率 = \frac{企业商品销售额（量）}{市场商品销售额（量）} \times 100\%$$

相对市场占有率是指企业的绝对市场占有率同主要竞争对手的绝对市场占有率的比值，用具体数值表示。公式为

$$相对市场占有率 = \frac{本企业绝对市场占有率}{主要竞争对手绝对市场占有率} \times 100\%$$

通常所说的市场占有率是指绝对市场占有率。

标范围，可以集中精力提高产品质量，降低成本，这就有可能创造出更高的经济效益。

上述三种竞争类型，对于一个企业来说，同时采用两个以上类型的竞争战略是比较困难的。因为这三种竞争类型不论在管理上，还是在行动的方式上都有着很大的差别。但是，企业对竞争对手的竞争类型只要能准确掌握，并把握它的发展变化方向，就不会使自己处于措手不及的窘迫境地。

2.1.3   营销中介

营销中介是指为企业营销活动提供各种服务的企业或部门的总称。任何企业的营销活动都离不开营销中介，有了营销中介所提供的服务才使企业的产品顺利地到达目标消费者手中。所以，营销中介对企业的营销活动产生直接的影响。但由于不同的营销中介在具体的营销活动中所处的地位不同，因而产生的影响程度也不同。企业在营销过程中一般会碰到以下四个营销中介。

(1) 中间商。中间商是指把产品从生产者流向消费者的中间环节或渠道，它主要包括批发商和零售商两大类。中间商的主要任务是帮助企业寻找顾客，为企业的产品打开销路，并为顾客创造地点效用、时间效用及持有效用。除了某些规模较大的企业有自己的销售机构外，一般企业都需要与中间商打交道，通过中间商把自己的产品流向消费者。由于中间商一头连接生产者，一头连接最终消费者和工业用户，因此它的服务质量、销售效率、销售速度直接影响到产品的销售。可以这样说，企业能否选择到适合自己营销的中间商，关系到企业的兴衰问题（中间商的具体作用将在第 8 章论述）。

(2) 物资分销机构。物资分销机构是帮助企业进行产品保管、储存以及运输的专业企业，它包括仓储公司、汽车运输公司等机构。仓储公司主要储存和保护商品，它从两个方面为企业的营销活动提供服务：一是为企业生产的产品；二是为企业生产所需的原材料及零部件进行保管和储存。运输公司以各种运输工具和运输方式为企业运输产品，既把产品送达目标市场，又把生产所需的生产资料运到企业。当企业建立自己的销售网络时，物资分销机构的作用就十分突出，需要物资分销机构提供时空效益的帮助。例如，企业需要运输公司来运输产品时，就要从运输成本、运输速度、运输安全等方面来考虑选择运输公司。企业如果委托中间商销售产品时，物资分销机构的各种服务功能就由中间商去承担。

（3）营销服务机构。营销服务机构是广义的范畴，它涉及的面比较广，包括广告公司、财务公司、营销咨询公司、市场调研公司，等等。这些机构提供的专业服务将对企业营销活动产生直接影响。如市场调研公司通过市场调研，为企业经营决策服务；广告公司为企业产品推向市场进行宣传等等。在一些大企业中自己通过建立有关的机构，来承担营销服务机构的功能。但对于大多数中小企业来说，营销服务机构是企业营销活动不可缺少的。重要的问题是在营销活动中，企业面对众多的服务机构，要从中进行比较，看它们中间谁最具有创造性、服务质量最好、服务价格最适合等，从而选择到最能适合本企业，并能有效提供所需服务的机构。

（4）金融机构。金融机构是企业营销活动中进行资金融通的机构，包括银行、信贷机构、保险公司等。金融机构的主要功能是为企业营销活动提供融资及风险保险服务。在现代化的社会里，任何企业都与金融机构发生联系，开展一定的业务往来，而且金融机构业务活动的变化还会影响企业的营销活动，比如银行贷款利率上升，会使企业成本提高；信贷资金来源受到限制可能会使企业陷入困境；保险公司的保险金额上升会使企业效益降低等。因此，在企业营销活动中，必须考虑和研究金融机构及其业务变化动态。

2.1.4 最终顾客

最终顾客是指使用进入消费领域的最终产品和劳务的消费者和生产者，也是企业营销活动的最终目标市场。最终顾客对企业营销活动的影响程度远超过前述的三个方面，因为最终顾客是市场的主体，企业丧失了最终顾客，就意味着失去了市场，取得了最终顾客就赢得了市场。所以，最终顾客对企业营销活动的影响最直接，分析和掌握最终顾客的变化趋势是企业营销活动不可缺少和忽视的一个重要内容。对最终顾客的需求变化趋势分析可从两个方面进行：一是需求量的指标，即市场需求的多少、规模的大小；二是需求质的指标，即市场需要什么。

（1）市场规模。市场规模是从静态角度考虑的，它反映在三个方面：一是购买者的多寡；二是购买力的大小；三是购买欲望的有无。一般来说，购买者的多寡直接影响市场规模的容量与大小，购买者多，市场规模和容量就大，反之就小。但单有购买者还不足以分析市场规模和容量，因为有购买者，但无购买力（即无钱购买），市场容量还是有限的。例如，20 世纪 90 年代，我国各地的许多房产开发商，投入大量资金建造了不少高档别墅，至目前仍有相当一部分空置。这并不是消费者不需要，而是价格太高，一般家庭难以承受。分析了购买者、购买力，还要分析和研究购买者的购买欲望。一个市场体系中，即使具备了前两者，但缺乏消费者的购买欲望，市场规模和容量也受到制约。只有具备了上述三个因素，才能形成一定规模的市场。上述购买者、购买力、购买欲望三者之间的关系，可用表 2.1 来表示。

表 2.1　市场规模及容量变化

购买者	购买力	购买欲望	市场容量及规模
多	低	有	小
少	高	无	有限
多	高	无	有限
多	高	有	大

（2）顾客需求。前述最终顾客包括消费者和生产者，因此分析顾客需求也要从两方面进行。

① 消费者需求。消费者的需求产生于自身的生理和心理上某种尚未得到满足的需要，而这种需要又是多层次的。美国心理学家亚伯拉罕·马斯洛（A. H. Maslow）在 1943 年提出了人类需要的层次差别体系，他认为人类的需要是以层次形式出现的，按其重要程度的大小，由低级需要逐级向上发展到高级需要，可分为五个不同层次，这种不同层次是呈阶梯形的（见图 2.1 所示）。

下面详细分析五种不同层次的需要。

第一，生理需要。指人们为了求得生命延续的最低的基本需要，包括满足人们解除饥饿、抵御寒冷和寻求栖身之地等对于食、衣、住等方面的低级的需要。一般情况，人们的欲望总是追求吃得好一些、穿得漂亮一些、住得舒适一些。这种欲望和需求是人们所共有的需要，也是最低层次和最容易得到满足的需要。

第二，安全需要。指人们对安全、安定的需要，如要求在生理、生活、工作和劳动、财产、职业和政治生活等方面得到安全的保证。

第三，社交需要。社交需要是社会的需求。每一个人都生活在一定的社

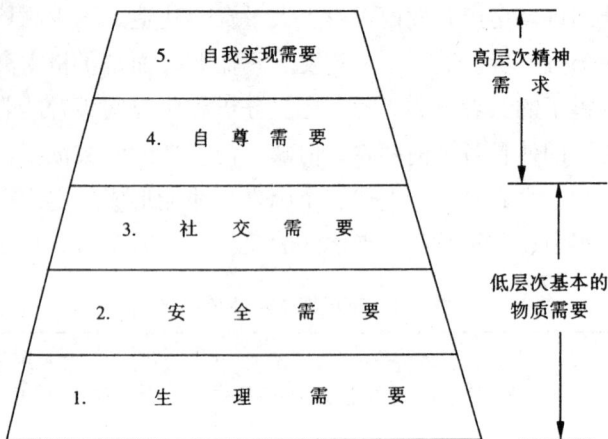

图 2.1 消费者的需求层次

会中，除了上述生理和安全需要以外，往往还需要与别人进行社会交往，希望得到友谊、爱情、家庭生活的温暖，还需要正常的社会交往活动和希望归属于一定的群体或组织，成为其有形或无形的一员，得到人们的承认。

第四，自尊需要。指人们对获取尊敬的需要。人们总是希望在才能、品德及成就方面得到他人的好评，受到别人的尊重。这种需要的产生和满足，可以促使人们自信、自尊、廉洁自爱、奋发向上。

第五，自我实现需要。指人们对于获得某种成就，实现某种理想而愿意不惜一切代价，贡献和牺牲自己的一切的需要。

马斯洛在分析了不同层次的需要以后又进行了归纳，认为前三种是低层次的基本的物质需要，后两种是高层次的精神需要。尽管马斯洛的需求层次理论存在不可克服的缺陷，但是他比较科学地向我们提供了在一般情况下，人们的需要存在一个基本的层次体系，所以这个理论是目前世界上公认的最有说服力的需求理论。一般地说，当人们基本的生理需要得到满足以后，就会向高层次的精神需要方向发展。因此企业在营销活动中，可以根据消费者需求的特性，在总体上预测某一国家、某一地区或某一目标市场的消费者的消费趋势，从而制定相应的营销策略。

消费者需求除了上述生理和心理需求的阶梯性特点外，还具有差异性。消费者需求会因时、因地、因人不同而产生差异，不同的国家、不同的地区、不同的消费者在需求层次的内容上也是不相同的，对此，企业在营销过程中必须引起重视。

② 生产者需求。指生产过程的需求，它来自消费者需求的派生需求。生产者的买是为了更多地卖。从根本上说，消费者的需求决定了生产者的需求，但是，生产者需求与消费者需求又是两种不同性质的需求，两者很难互相替代。与消费者需求特征相比，生产者需求具有两个最大的不同点。

第一，需求目的不同。消费者需求的目的是为了满足自身的生理和心理的需要，生产者需求的目的是为了盈利。

第二，需求的决策基准不同。消费者需求以个人满足为基准，决策往往是非合理的、冲动的。生产者需求以计划、专业技术为基准，对决策的要求是合理的、理性的。

生产者需求的上述两个特征，形成了生产者需求的特殊性，即生产者需求的物品要有利于降低成本，有利于扩大销售，具体表现在物品的品质优良性、价格的低廉性、操作的简易性、销售服务的周到性。

2.1.5　投资者

投资者是指为了从事生产和经营而投入资金者。投资者对企业营销活动的影响，与竞争对手的影响是不同的。竞争对手对企业营销活动的影响，主要来自竞争对手的价格、广告宣传、促销手段的变化。而投资者对企业营销活动的影响，主要表现在投资者投入资金量的多少以及投资热情的高低。资金投入量的多少，可以直接影响生产规模的扩大、生产技术的改进、产品质量的提高。具体来说，这种影响表现在两个方面：一是投资者从企业外部对营销活动发生影响；二是投资者从企业内部对营销活动发生影响。

（1）投资者的外部影响。投资者从企业外部影响营销活动，体现在投资者投入一定量的资金，生产市场上已经存在的某类产品，引起该类产品产量增加，造成某企业的产品销售减少，影响其销售收入。虽然市场消费需求弹性很大，但是一般情况下，在一定时期一定地区的市场消费需求总是一定的。例如，某市场消费者需要 100 万台电视机，已有三家企业生产其产品投放市场使其得到满足，并取得可观的利润。这时某投资者看到此情况，把手里的资金投入电视机生产，组建年产 30 万台电视机的企业。经过若干年以后，产品生产出来投放市场，对原有三家企业直接造成威胁，使原有的销售量减少。在市场经济中，这种情况是屡见不鲜的。所以企业在营销活动中，需要研究投资者的投资动向、投资规模、投资效果，根据其实际情况制定相应的策略。

（2）投资者的内部影响。投资者从企业内部影响营销活动，体现在对原企业生产规模的扩大、内部结构的调整、技术水平的改进、产品质量的提高等方面。如有些企业产品市场需求旺盛，市场广阔，出现供不应求的局面，但企业本身苦于没有资金投入来扩大生产规模。这时企业就要研究市场投资者情况，想方设法引进资金投入，扩大生产规模，增加产品总量，取得规模经济效益。还比如有些企业，由于机器设备陈旧，影响产品质量，这时假如引进外资或内资，通过它更新设备，改进生产技术，这不仅可以提高产品质量，而且还可以降低成本，提高经济效益。

可见，了解投资者对企业营销活动的影响，有助于企业密切注意投资者的动向，并作出相应的对策。

2.1.6 公众

公众是企业营销活动中与企业发生关系的各种群体的总称。企业与各群体发生的关系，亦可称之为公众关系。

公众关系是商品经济高度发展的产物。商品经济的发展，打破了自然经济的束缚，使封闭的自然经济转变为开放的社会化大生产，产品也从个人的产品转变为社会的产品，随着商品经济的高度发展，商品交易日益复杂，商品流通频率极大地加快，人与人之间的相互交往及社会联系更为频繁和多样化，这就出现了一种作为社会现象的公众关系，而处理好公众关系，就成了企业营销活动顺利进行所不可缺少的重要因素。

公众对企业营销的影响广泛，不仅仅限于现实的和潜在的顾客对营销的影响，而且还涉及企业对外关系的一切方面。政府各职能部门、其他企业、商业和物资部门、银行和其他金融机构、群众团体、新闻出版部门、运输部门、外贸部门、信息部门以及其他有关部门都会影响企业营销。例如，企业与银行及其他金融机构关系融洽，企业生产和经营所需的资金得到保证，就使企业的营销顺利进行，反之，营销则受到影响。

所以，企业要取得营销成功，就要处理好与公众的关系，并且要及时地、负责地向公众宣传介绍企业和产品情况，在消费者和顾客中建立良好信誉，获得政府机关、金融机构的支持，流通部门和运输部门的协作。同时在企业之间开展交流、协作和竞争，为出口商品、吸引外资、开拓国内外市场等方面创造良好环境。企业在内部要处理好与广大员工的关系，企业要听取他们的意见，据以改进工作，使职工产生在本企业工作的光荣感和自豪感，调动企业广大员工开展市场经营活动的积极性和创造性（公众关系作为一种促销手段，其基本特征、基本任务将在第 9 章论述）。

2.1.7 企业内部其他部门

企业是组织生产和经营的经济单位，是一个复杂的整体，内部由各职能机构组成，包括：计划、生产、财会、供应、销售、质检、技术、后勤等部门。各部门各自独立完成自己的工作，但又与其他部门发生联系，形成企业的整体性、系统性、相关性。企业内部各职能部门的具体工作及相互之间的协调关系，影响企业的整个营销活动。

例如，现代市场经济条件下，销售部门的作用十分重要和突出，它的工作顺利与否可以左右整个企业。但在实际工作中，在企业内部经常与采购、生产、财会、技术工程等部门发生矛盾。由于各部门各自的工作重点不同，这种矛盾往往难以协调。供应部门采购零件着重标准、采购物资的价格、经济的采购批量、相对的采购间隔期；而销售部门重视供应物资的品质，一定的物资储备量以满足销售需要，立即购买满足合同的需要。生产部门着重长期生产定型产品、规格少、变型少、标准订单、批量大，较正常的质量管理；销售部门要求变型多、规格多、多方面满足顾客需要，符合用户需要的订单，小批量生产，外观造型美，严格的质量管理。财会部门要求标准交易，严格的开支计划，严格的预算，为收回成本而定价，较少财务分析报告；销售部门希望交易有特别的条件与折扣，开支计划考虑销售需要，弹性预算适应市场变化，为开拓市场开发用户而定价，较多的财务分析与报告。技术部门要求设计、生产技术准备与生产制造之间的相隔时间较长，较少的新产品或变型产品，尽量采用标准化；销售部门则希望多生产新产品及变型产品，生产技术准备时间尽量短，尽量满足顾客对产品的特殊需要。

可见，企业在营销中，为了实现营销目标，必须协调和处理好企业内部各部门之间的各种矛盾和关系。根据国内外经验，处理好企业内部的各种矛盾和关系，有两条基本途径：一是有条件的大企业通过建立独立的现代销售公司，全面负责协调企业营销出现的一切矛盾；二是企业委派具有强烈市场观念和竞争意识的厂长或经理分管销售工作，全权负责处理和协调企业内部销售与其他部门之间的关系。一个企业如果处理好了上述关系，企业营销活动必然取得成功。

2.2 宏观营销环境

企业营销活动除了受到微观环境的直接制约和影响外，往往还要受到宏观营销环境的影响和制约，因为企业的生存和发展离不开一定的宏观条件，例如人口、经济、政治与法律、自然物质、社会文化、科技等。因此，企业营销活动必须分析这些条件。由于这些条件或因素从宏观角度间接（以微观营销环境为媒介）作用于企业的营销活动，因此也可以把这些因素称之为间接营销环境。

2.2.1 人口

现代市场营销以消费者为中心，人口是最基本的消费者，因此人口构成了市场营销的基本要素。前述人口决定市场规模，但仅从人口总量角度来分析，不同时从质的角度进行分析，就很难找到人口总量环境因素对企业营销制约点的真正所在。因为任何企业都不可能面向所有的人口，也不可能面向每个人的一切需要，所以分析人口因素，除了分析一个国家或地区的总人口以外，还要研究人口的地理分布、年龄结构、性别、教育程度等因素，以便根据企业的行业优势，选择自己的目标市场。

（1）人口地理分布。这是指人口在不同地区的密集程度。任何一个国家、一个地区，乃至一个省市，人口的分布是很不均匀的。例如，我国人口最密集的地区是东南沿海，美国人口最密集的地区是大西洋沿岸、五大湖边缘及加利福尼亚州沿海地区。

人口的地理分布不仅不均匀，而且分布在不断发展变化，是一个动态的概念。目前世界上普遍存在着人口从农村流向城市，这是一切工业国家工业化、商品化过程中必然的趋势。如我国城市人口占总人口的比重，1949年是10.8%，1964年为18.4%，1982年增至20.6%，1990年达26.23%，2017年中国城镇常住人口81 347万人，比上年末增加2 049万人；乡村常住人口 57 661 万人，减少 1 312 万人；城镇人口占总人口比重（城镇化率）为58.52%，比上年末提高 1.17 个百分点①。如不加硬性限制，这一增长过程还会加快。但在一些工业发达国家，如美国和西欧地区等国，从 20 世纪五六十年代出现了人口从城市向郊区及农村流动的趋势。

人口的地理分布不同，带来了消费习惯和市场需求的不同。比如在我国的不同地区，人们在食物消费结构方面就有很大的不同。南方人以大米为主食，北方人以面粉为主食；江苏苏南沿海一带的人喜食甜食，内地川湘鄂一带的人则喜辣，城市人口与农村人口的消费结构与消费水平也存在差异。

人口的地理分布不同及与此带来的消费习惯和市场需求不同，必然会影响商业网点的发展和服务方式的变化。企业掌握了人口的地理分布，就可以准确地寻找自己的目标市场，确定自己企业产品的流向与流量。

（2）人口的年龄结构。这是指一定时期的不同年龄层次。由于消费者年龄的差别，对于商品和服务也就产生不同的需要。例如，青少年对书籍、流行音乐、唱片感兴趣；儿童对玩具及糖果感兴趣；成年人对生活用品及耐用品感兴趣；老年人对保健品及医药品感兴趣等，这样也就形成了具有年龄特色的市场，如婴儿市场、儿童市场、青少年市场、成人市场、老年人市场，等等。

目前世界各国人口年龄结构变化的一个显著趋势是平均寿命在增长，如美国人现在的平均寿命为 78.9 岁，比 1900 年增长了 29.9 岁；我国人口平均寿命增长迅速，1949 年以前为 35 岁、1981 年为 67.9 岁、1990 年为 68.6 岁、2000 年为 71.4 岁、2005 年为 73 岁、2017 年为 76.7 岁，比 1949 年前增长了41.7 岁，上海市达到 82.5 岁。② 人口老龄化的出现，势必扩大老年人市场。企业了解了不同年龄结构所具有的需求特点，也就知道了企业产品的投向。

（3）人口的性别。人口的性别差异也会给市场消费需求带来显著的差别，不但需要不同，而且购买习惯与行为方式亦有所不同。例如，由于女性多操持家务，她们多喜欢跑家庭日用品市场，女性的爱美之心一般来说大于男性，喜欢打扮，所以女性服装、化妆品等成了女性市场的重要商品，女性担负哺育小孩的重任，儿童商品也就纳入了女性市场。

20 世纪 70 年代以来，世界各国妇女就业人数增加，这就给市场带来了

① 数据来源：国家统计局，2018 年 1 月 19 日。
② 参见中国国家卫生健康委员会发布的《2017 年中国卫生健康事业发展统计公报》，北京，2018 年 6 月 13 日。

重大影响。一是由于妇女就业，家庭收入增加为市场提供新的容量；二是妇女就业者增多，代替家务劳动的家用电器商品需求量显著增加；三是双职工家庭增加，时间显得越来越宝贵，市场上任何能节省消费者时间的产品和服务都有很大的吸引力。如超市的迅速发展，小包装食品、方便食品的大量涌现，正是适应了当前双职工家庭节约时间的需要。企业了解了性别的差异，就可以针对不同性别的不同需求，开发新的产品投放市场，达到营销目标。

（4）人口的教育程度和职业。人口的教育程度和职业不同，对市场需求表现出不同的倾向。例如大学生、研究生喜欢跑书店，文盲则对此毫无欲望；农民需要化肥、农药、农用生产资料，而工人则根本不需要。

人口的教育程度和职业与消费者的收入、社交、居住环境及消费习惯有密切的相关性。一般地说，收入水平和受教育程度高，购买商品追求高雅、美观；收入水平和受教育程度低，购买商品则讲究价廉、实用。

从我国实际情况看，随着九年制义务教育的贯彻，高等教育规模的扩大，人口的受教育程度普遍提高，收入水平也逐步增加，这就给市场营销提出了开发新颖、美观、典雅、高贵产品的要求，因此礼品市场也将在我国逐渐兴起，成为市场的一个重要组成部分。

（5）家庭单位和人数。现代家庭，仍是社会的细胞，也是商品采购的基本单位。一个国家或地区家庭单位的多少以及家庭平均人员的多少，可以直接影响某些消费品的需求。

根据《中国家庭发展报告》指出，20 世纪 80 年代以来，我国家庭发生很大变化：一是规模日益小型化，即家的"块头"小了，平均家庭规模为3.02 人。根据全国人口普查数据，我国家庭户平均人数一路下滑，由 20 世纪50 年代的 5.3 人缩至 2012 年的 3.02 人。家庭户构成方面，1—2 人微型家庭户的数量大幅增加；3—4 人小型家庭户明显减少；5—6 人中型家庭户占比下降；7 人以上大型家庭户数量继续减少；城乡各类规模家庭户分布变化趋势高度一致。2010 年城市、镇和农村家庭户数量排在第一位的都是 3 人户，排在第二位的都是 2 人户。家庭类型更加多样化。核心家庭（一对夫妇与其未婚子女组成）比重持续下降，独居老人比例有所升高，单亲家庭、丁克家庭、隔代家庭等快速增长。二是家的"岁数"长了。直系家庭（由父母同一个已婚子女及其配偶和子女组成）的数量显著增长，2010 年直系家庭总数为9 240 万户，占全部家庭的比重为 23%；空巢期来得更早且持续时间更长。

三是家的"体格"壮了。我国实施计划生育以来的 40 多年，计生家庭的数量迅速增加，目前已达 3 亿户，占全国家庭的 70%[①]。由于家庭小型化，家庭户数增加，房屋市场就有扩大的趋势，近年来房产市场的迅猛发展就是一个很好的例证。同时，由于家庭户数增加，市场对电视机、空调机、音响、家具等家庭用品的需求便大大增加，并更加要求小型精巧以适应小家庭需要。

（6）民族与宗教。各民族在漫长的历史过程中，形成了各自的民族风俗习惯，他们在饮食、居住、婚丧、服饰、建筑形式风格、礼仪、节日等物质和文化生活各方面各有特点，例如回族居民不食猪肉、傣族居民要过泼水节、藏族居民要欢度藏历新年等，这些不同的消费需求与风俗习惯影响了消费者需求的构成和购买行为。

2.2.2 经济

经济因素是影响企业营销活动的主要环境因素，它包括收入因素、消费结构、产业结构、经济增长率、货币供应量、银行利率、政府支出等因素，其中收入因素、消费结构对营销活动影响较直接。

（1）收入因素。收入因素同人口因素一样，是构成市场的重要因素，甚至是更为重要的因素。因为市场容量的大小，归根到底取决于消费者的购买力大小，一个消费者的需要能否得到满足，以及怎样得到满足，主要是取决于他收入的多少。

从市场营销的角度计算消费者收入，通常从以下四个方面进行分析。

① 国民收入。这是指一个国家物质生产部门的劳动者在一定时期（通常为一年）内新创造的价值的总和。一个国家以一年的国民收入总额除以总人口，即得该国的人均国民收入。人均国民收入大体上反映一个国家的经济发展水平和人民生活状况。例如某些西方国家称为发达国家，就是因为人均国民收入水平比较高，我国属于发展中国家，就是因为国民收入水平还不高。

② 个人收入。这是指从各种来源所得到的经济收入，如一个教师的收入，除了学校发给的基本工资及其他收入外，还可以得到外出兼课收入、论

---

① 《中国家庭发展报告》，《人民日报》，2014 年 5 月 15 日。

文和著作收入等。一个国家个人收入的总和除以总人口，便是该国的人均收入。每个国家、地区的人均收入总额，可以衡量当地消费市场的容量，每人平均收入的多少，反映消费者购买力水平的高低。

③ 个人可支配收入。这是指个人收入中扣除个人直接交纳的各种税款和交给政府的非商业性开支以后的余下部分。这部分收入属于消费者可以自己支配的，因为这部分收入用于消费还是用于储蓄，是消费者个人的私事。

④ 个人可任意支配收入。个人可以支配的收入仍然不是消费者可以任意支配的，因为这部分收入中消费者要有一部分用于家庭生活必不可少的支出，如食物支出、水电费支出、煤气燃料费支出以及电话费支出等等。个人可支配收入中扣除这部分必不可少的生活费用支出以后的余下部分，才是消费者可以任意支配的收入，这部分收入是影响市场消费需求变化最活跃的因素。

以上分析的收入中，后两种收入对市场营销影响最大。其中个人可支配收入因其变化趋势缓慢，企业还比较容易掌握，唯有个人可任意支配的收入在商品消费中的投向不固定，所以是企业营销中研究的重点。

分析收入因素对企业营销的影响，主要是从静态角度进行的，但这是不够的，因为消费者收入增加了，增加的收入用于何处还是不得而知，所以还应从动态角度着手进行分析，即从消费者收入支出模式中进行分析。消费者支出模式，亦可称为消费者的消费结构。

(2) 消费结构。这是指消费者在各种消费支出中的比例关系及相互关系。它可分为微观消费结构和宏观消费结构。前者是指单个消费者或家庭的消费结构，后者指一个国家或全社会的消费结构。

消费结构的变化，对市场营销具有重要的意义。西方经济学家认为，居民个人收入与消费之间存在着一个函数关系，而且在不同的国家和地区，个人收入与消费之间的函数关系是不相同的。英国经济学家凯恩斯提出过边际消费倾向理论。他认为虽然随着收入的增加，消费支出也会增加，但消费支出的增加幅度总是逐渐小于收入增加的幅度。由于这种边际消费倾向，一个原来收入很低的国家或消费者，当收入增加时，可能大部分甚至全部增加的收入用于消费；相反有的原来收入较高的国家或消费者，当收入增加时，用于消费品支出只占很小部分，大部分增加的收入会用于储蓄。德国统计学家恩格尔对劳工家庭的消费支出构成作了研究，提出著名的"恩格尔系数"①。他指出："当家庭收入增加时，只有一小部分用于购买食物；用于衣服、房租和燃料方面的支出变动不大；但用于教育、医药卫生与闲暇娱乐活动方面的支出则增加较多。"从现代各国情况来看，如果家庭收入不变，食物支出比重有增大的趋势；如果家庭收入略有增加，用于食物支出的增长幅度可能更大。只有在达到相当高的平均食物消费水平时，收入的进一步增加，才会导致食物支出所占的比重的下降。因此，人们根据恩格尔论述的消费支出中食物支出与总支出之比的关系，把它称为"恩格尔系数"。恩格尔系数越小，食物支出所占比重越小，表明生活水平越富裕；恩格尔系数越大，则食物支出所占比重越大，表明生活水平越低。一般地说，恩格尔系数是衡量一个国家、一个地区、一个城市、一个家庭的生活水平高低的标准。企业从恩格尔系数可以了解目前市场的消费水平，也可以推知今后消费变化的趋势及对企业营销活动的影响。

（3）产业结构。这是指各产业部门在国民经济中所处的地位和所占的比重及相互之间的关系。一个国家的产业结构可以反映该国的经济发展水平。产业结构的演变表现在两个方面：一方面是随经济的发展，随人均国民收入水平的提高，劳动力不断地从第一产业中分化出来，向第二、第三产业转移；另一方面随科学技术的发展，工业出现现代化，先由粗加工工业向精加工工业转化，再向技术集约化方向发展。从我国的实际情况看，第一产业国民生产总值和就业人口比重将逐渐下降，第二产业国民生产总值略有上升，但就业人口可能不变，而第三产业无论是就业人口，还是国民生产总值都将逐步上升。这种变化趋势给发展第三产业提供了机会。所以，企业只有针对其变化趋势制定相应的策略，才能处于主动地位。

（4）经济增长率。这是一个国家在一定时期用社会产品、产值和劳务总量增长来表示的增长速度。一个国家、一个地区的经济增长率对企业营销活动将产生很大影响。如某地区在一定时期经济增长率较高，可以反映该地区经济收入水平的变化及消费需求的变化。企业分析和研究经济增长率，就可以确定企业营销的方向和目标。

---

① 恩格尔系数（或称：恩格尔定律）$= \dfrac{\text{食物消费支出}}{\text{生活消费总支出}}$

（5）货币供应量、银行利率。货币供应量、银行利率对企业营销也有影响。当银行利率较高，市场物价又稳定，消费者就愿意储蓄。当银行利率较低，市场物价波动又大，消费者就很少进行储蓄，而把收入的大部分用于消费，购买商品。因此，企业在营销活动中，必须分析和研究货币供应量和银行利率。

2.2.3　政治与法律

任何企业的营销决策，都要受特定的政治与法律的强制和影响。政治和法律环境是指那些强制和影响社会上各种组织和个人的法律、政府机构和压力集团。如某印刷厂为了企业局部利益，迎合社会上某些人的需要，印刷一些低级庸俗，甚至淫秽黄色的作品，但我国的法律和政治制度决不允许企业这样做。所以，企业的营销活动必须研究和分析政治和法律方面的变化。

（1）政治因素。政治是经济的集中表现，因此在现实生活中往往难以区分政治因素与经济政策。但是，就狭义的政治因素来说，明显制约着企业的营销活动。从国内背景来说，1978年以前，实行计划经济，否定商品经济和抑制生活消费，使得商品短缺，只能实行凭票供应，人民生活水平长期徘徊，衣着方面单调，女性衣着花哨一点即被当作资产阶级生活作风，男性衣着一律是中山装。1984年十二届三中全会以后，党的工作重心的转移，把大力发展商品经济，提高人民生活消费水平作为主要的工作目标，人民生活水平迅速提高，穿着多样化，出现五彩缤纷。可见，政治因素及其变化，影响着企业的营销活动。就国际背景来说，过去我国经济落后，国际地位不高，许多商品出口受阻，对外贸易增长不快。20世纪90年代以来，我国经济实力增强，国际地位日益提高，使得我国出口商品增长迅速，而且出口地区不断扩大。所以，国际政治环境因素对国际营销活动也产生很大的影响。

（2）法律因素。法律是统治阶级意志的体现。某一国家、某一地区或世界范围的法律制度与道德规范对市场营销活动具有制约的影响作用。西方经济学家认为，企业法律环境是由那些强制和影响社会上各种组织和个人的法律、政府机构和压力集团①所组成的。而这些法律环境对企业营销活动的影

---

① 压力集团（pressure groups）是指那些为影响立法、政策和舆论、维护自身利益而组织的群众团体。

响主要体现在两个方面。

① 对企业施行管理的立法。对企业施行管理的立法，包括企业法、税收法、商标法、广告法、经济合同法、反不正当竞争法、财务会计制度等。这些立法明确规定了企业经济活动的内容和形式，同时，对企业与企业之间的业务往来的整个过程予以监督和保障，避免每一个企业的利益受到损害，避免不正当竞争，使得国民经济活动得以正常运转。

由于这些立法从外部制约和影响企业的营销，因此企业的整个营销过程，自始至终不能放弃对法律环境因素的分析和研究。同时，还要了解和研究本国和有贸易往来国家的有关经济立法，否则就会受到法律制裁。

② 对社会及消费者的保护立法。它主要是从保护自然环境、防止公害以及不使消费者受到损害的立场出发而对企业进行的制约。在市场经济社会里，企业的产品及营销受法律保护，但有些产品在法律上是禁止生产和销售的。如毒品在世界各国都禁止生产和销售，文物在大多数情况下都不准出口，在我国黄色、淫秽出版物是属于非法出版物。所以企业在营销过程中，必须了解和研究这方面的有关法律，要在法律许可的范围内进行生产和经营，否则，企业的经营活动将受到法律的制裁。

对于消费者利益的保护立法是世界各国政府都普遍重视的另一个方面。它主要从规定产品的品质、技术标准，一直到不受厂商欺骗等等一系列保障措施。这些保障措施会随着时间的推移而不断改变和调整，而加强对企业的制约，维护消费者利益将是一个趋势，企业必须从中掌握其趋势，制定相应的策略。

在我国，经国务院批准，1985 年 1 月在北京成立了中国消费者协会。其主要任务是：宣传国家经济（特别是有关消费方面）的方针政策；协助政府主管部门研究和制定保护消费者权益的立法；调查消费者对商品和服务的意见与要求；接受消费者对商品和服务的质量、价格、卫生、安全、规格、计量、说明、包装、商标、广告等方面的投诉。

2.2.4　自然物质环境

企业营销的自然环境因素，是指影响企业生产和经营的物质因素，如企业生产需要物质资料、企业生产产品过程中对自然环境的影响等。由于这些因素是从物质方面影响企业营销，因此亦可称之为自然物质环境因素。物质环境的发展变化会给企业造成一些"环境威胁"和"市场营销机会",所以企业营销不可忽视自然物质环境方面的动向。目前在这方面的主要动向反映在以下三个方面。

(1)某些自然物质资源短缺或即将短缺。地球上的自然资源有三大类:第一类是"取之不尽,用之不竭"的资源,如空气等。但是20世纪70年代以来,许多国家(特别是工业化进程较快的国家)的空气的污染日益严重。水资源虽然在自然界中比较充足,但是随着工业和城市发展,缺水问题也日益严重,而且受到严重的污染。第二类是"有限但可更新的资源",如森林、粮食等。这类资源中的木材资源,随时间的推移,将越来越紧张。因此,许多国家政府都要求木材公司或人民群众重新造林,以保护土壤,保证将来木材日益增长的需要。至于粮食供应,有些国家(如非洲国家)因为人口增长太快,再加上连年发生动乱和遭受灾害,已面临粮食严重紧缺的危险。还有些国家(如我国),由于城市发展快,工业用地、生活用地增长迅速,使农田急剧减少。由于耕地资源有限,如果照此长期发展下去,这些国家的粮食和其他食品势必成为严重问题。第三类是"有限又不能更新的资源",如石油、煤、铀、锡、锌等矿物。这类资源,由于供不应求或在一段时期内供不应求,使需要这类资源的企业面临着威胁,而必须寻找代用品。鉴于上述情况,许多国家都十分重视保护资源,不准滥采滥挖,对各种资源做到有计划地开采。在这种情况下,企业就要研究和开发新的资源和原料,这样又造成了新的市场营销机会。

(2)环境污染日益严重。在许多工业化进程较快的国家,环境污染日益严重,引起了各国政府的重视,人民群众、新闻舆论也纷纷指责污染的危害性。这种动向给那些制造污染的企业和行业(如造纸业、化工业等)造成一种"环境威胁",它们在社会舆论的压力和政府的干预下,不得不采取措施控制和消除污染;另一方面也给某些企业和行业(如控制污染的行业、研究和开发不致污染环境的新方法、新工艺、新包装等)创造了新的市场营销机会。

(3)对自然资源的管理和干预日益加强。随着经济发展和科学技术的进步,许多国家政府都加强了对自然资源的管理。特别是我国当前加强对环境的治理,提出"绿水青山就是金山银山"的大背景下,政府的管理与干预越来越严厉,这种干预往往与企业的增长政策与经济效益相矛盾。比如:为了控制污染,政府往往要求企业进行投资,购置昂贵的设备,这就有可能影响企业的经济效益；为了控制某些地区的环境污染，按照法律和合理的标准，对一些企业实行"关、停、并、转"，这样就有可能造成该地区工业增长速度放慢。因此，一方面企业的上级主管部门要千方百计解决上述矛盾，力争做到既减少环境污染，又保证企业经济增长；另一方面企业要根据这一情况，制定相应的营销策略，开发和研究污染少的产品，保证企业的经济效益。

2.2.5　社会文化

人类总是在特定的社会中生活，久而久之必然形成特定的文化，包括一定的态度或看法、价值观念、道德规范以及世代相传的风俗习惯等等。

社会文化环境是影响人们欲望和行为（包括消费者的购买行为）的重要因素。例如，我国人民（包括侨居异国的华人），每逢农历新年，大地回春，都要进行大扫除，除旧迎新，大量购买过年用的各种食品、礼品、烟花鞭炮等；有些人家门口张贴着吉祥如意的春联；有的地方还利用春节举行庙会；人们习惯于在新年时互相拜年。西方人每逢 12 月 25 日圣诞节，就大量购买节日用的各种食品、日用品、圣诞树、礼品，互送圣诞贺卡，欢度节日。人们的这些欲望和行为就是受其特定的社会环境、传统文化的影响，造成了在特定时期内对某些商品的大量需求。

社会文化环境影响消费者行为，还表现在风俗禁忌，它涉及交谈用语、产品的颜色、图案、造型等各个方面。例如不同国家的商人，由于有着不同的风俗习惯，营销时就要注意禁忌。如与墨西哥人洽谈生意，问候对方的夫人是必需的礼貌，但与沙特阿拉伯的买主谈判，绝不可问及对方的妻子。日本人有其独特的礼节，与他们谈生意时绝不能拿这种礼节开玩笑。所以，企业的市场营销人员在国际市场营销工作中必须熟悉异国文化。企业要开拓国际市场，不仅要有优质的产品和娴熟的谈判技巧，而且必须了解和掌握异国的风俗习惯、商业习惯与禁忌。否则，就会造成双方误会，影响成交。

总之，企业的市场营销人员在国内和国际市场营销工作中都必须分析、研究和了解其社会和文化环境，在产品设计造型、颜色、包装及商标、推销方式等方面都要事先考虑到社会文化环境因素的重要影响。

2.2.6　科技

科学技术是第一生产力。科学技术在推动生产力发展的同时，也不断地促进社会分工的深化和新的社会需要的产生。科学技术的这种发展趋势，既会给企业造成环境威胁，也会给企业造成新的市场营销机会。

（1）科学技术的发展，产生了新兴的工业部门。进入20世纪以来，科学技术日新月异，特别是第二次世界大战以来，新科技革命蓬勃兴起，形成了科学—技术—生产体系，产生了以新科技为特征的新兴部门，这就对某些行业的企业造成环境威胁，有些行业出现了被淘汰的倾向。例如由于电子技术的进步，西方国家1948年研制出了晶体管，于是产生了晶体管行业，而真空管行业就被淘汰。由于科技的进步，电脑教育、信息处理、自动化控制等等行业应运而生。企业的市场营销人员假如注意到了这些变化，相应地采取对策，就有可能不使自己的企业遭受"灭顶"之灾，还会产生更大的经济效益。像日本钢铁企业在纯氧顶吹炉这一新技术刚发明的时候，就马上注意到它的新价值，各个厂家立即作出战略转变的决策，对采用这一新技术持积极的态度。由于日本的厂家紧紧地把握了这一新技术的发展趋势，最终使日本的钢铁生产企业跨上了一个新台阶，出现了飞跃，钢铁生产技术达到了世界最先进水平。而同期的其他国家的钢铁企业，由于没有采取相应的对策，从而在市场竞争中处于劣势。

（2）科学技术的发展，改善了企业经营管理。第二次世界大战以后，以微电子技术为中心的新技术革命迅速发展，使许多工商企业在经营管理中都使用电脑、传真机等设备，改善了企业经营管理，提高了企业经济效益。例如，日本田中制作所给该公司每一个推销员都配备了微型传真机，每天早晨公司通过传真机把当天工作任务传达给每个推销员，推销员不用到公司上班，只根据传来的指示推销商品，每周向公司汇报一次。这家公司推行这一做法的第一年，订货额就比上年同期增加了40%，行政费用却减少了30%。日本神户制钢所每月大约有1 500人去东京和大阪出差，每人每天出差费3万日元，1984年租用日本电信电话株式会社研制成功的"电视会议系统"，这种系统是通过专用电话线把东京、大阪、名古屋和大城市的会议室联结起来，出席会议的人都显示在电视荧光屏幕上，可以互相交谈，就像在一个办公室里举行会议一样。租用之后每月只需交纳150万日元，不仅节省了费用，而且还节约了时间。我国的许多工矿企业采用电脑控制和管理，特别在银行、商业等部门采用电脑结算、电子秤计量等手段，大大提高了工作效率，缩短了工作时间，同时也减少了与消费者的某些纠纷。

（3）科学技术的发展，降低了能源消耗，节约了成本。在科学技术进步的过程中，原有商品资源的消费利用率大大提高，引起了社会需求的结构性变化。例如，1982 年时日本生产 743 美元产值需要消耗 1 吨标准煤，而我国生产同样产值则需要消耗 2.18 吨标准煤。经过十多年的发展，生产同样产值所需的能源消耗大大降低，接近于日本的水平。商品资源利用率的提高，要求营销人员不断开辟新市场，争取新用户，以致不使销售量下降。

上述制约和影响市场营销活动的宏观环境因素，经济的还是非经济的，组成了一个有机的整体。各种因素不仅单独对营销本身有制约作用，而且各种因素之间也是相互制约、相互影响的，构成了营销活动的系统环境。从我国的实际情况看，十一届三中全会以后，党确定了工作重心的转移，颁布和实施了一系列适合中国国情的经济政策，无论是财政与金融政策、收入与价格政策，还是市场经济政策，都对市场需求的总体结构产生了影响。改革开放的现实需要有一个健全和稳定的法律环境，社会主义精神文明建设和法治建设的加强，又不断地改变着人们的思想观念和消费观念。因而宏观营销环境中任何因素的变化，都会引起整个营销环境的变化。这种变化对企业来说，无疑是一种压力，是一种挑战，当然，同时也是一种机遇，为企业营销提供了新的机会。

2.3 | 营销环境分析与基本对策

2.3.1 营销环境分析的意义

任何企业的营销活动都和总体环境的某个部分相互影响、相互作用，都会面临着若干个市场威胁和市场机会。企业得以生存的关键，在于它在环境变化需要新的经营行为时所拥有的自我调节能力。适应性强的企业，总是随时注视环境的发展变化，通过事先制定的计划来控制变化，以保证现行战略对环境变化的反应。因此分析市场营销环境，对任何企业来说都具有以下四个方面的意义。

（1）可以了解和把握市场营销环境的变化及其发展趋势，保证经营决策的正确性。

（2）可以运用自己控制的手段，及时调整营销策略，以适应不可控环境因素的变化，提高营销应变能力，保证经营决策的及时性。

（3）可以从营销环境的变化中，发掘新的市场机会，捕捉到市场机遇，把握营销时机，更好地发展企业，保证经营决策的稳定性。

（4）可以及时发现环境给企业带来的威胁，采取积极措施，避免或减轻威胁给企业造成的损失，保证经营决策的安全性。

2.3.2 环境威胁分析

所谓环境威胁是指营销环境中一种对企业发展不利的趋势。如果企业不采取果断的市场营销行动，这种不利的趋势将伤害到企业的市场地位，甚至会影响企业的生存和发展。因此，企业要善于分析环境发展趋势，识别环境威胁或潜在的环境威胁，并正确认识和评估威胁的可能性和严重性，以采取相应的对策。

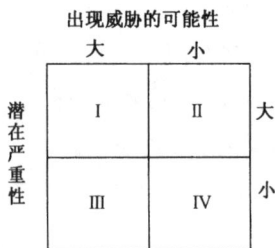

图 2.2 环境威胁矩阵图

企业可采取"环境威胁矩阵图"对环境威胁加以分析评价，如图 2.2 所示。

环境威胁矩阵图的横轴代表出现威胁的可能性，纵轴代表潜在严重性，即表示企业盈利减少程度。在图 2.2 中的四个象限中，第Ⅰ象限是企业必须高度重视的，因为它的潜在严重性大，出现的可能性也大，企业必须严密监视和预测其发展变化趋势，及早制定应变策略。第Ⅱ象限和第Ⅲ象限也是企业不可忽视的，因为第Ⅱ象限虽然出现的可能性小，但一旦出现给企业营销带来的危害就特别大，第Ⅲ象限虽然潜在的严重性不大，但出现的可能性大，企业也应该予以注意，准备应有的对策措施。第Ⅳ象限主要是注意其发展变化是否有向其他象限发展变化的可能。

企业面对环境威胁，有三种可能的选择：（1）反抗。即试图限制和扭转不利因素的发展。（2）减轻。即通过调整市场营销组合来改善环境适应，以减轻环境威胁的严重性。（3）转移。即企业决定转移到其他赢利更多的行业或市场。

2.3.3 市场机会分析

所谓市场机会是指对企业具有吸引力的，能给企业带来竞争优势和丰厚利益的环境变化趋势。有效地捕捉和利用市场机会，是企业营销成功和发展的前提。企业只要密切注视营销环境变化带来的市场机会，适时做出适当评价，并结合企业自身的资源和能力，及时将市场机会转化为企业机会，就能开拓市场，扩大销售，提高企业产品市场占有率。

　　企业可采用"市场机会矩阵图"对市场机会加以分析评价，如图 2.3 所示。

　　市场机会矩阵图的横轴代表成功的可能性，纵轴代表潜在吸引力，表示潜在盈利能力，在图 2.3 的四个象限中，第Ⅰ象限是企业必须重视的，因为它的潜在的吸引力和成功的可能性都很大；第Ⅱ象限和第Ⅲ象限也是企业不容忽视的，因为第Ⅱ象限虽然成功的可能性

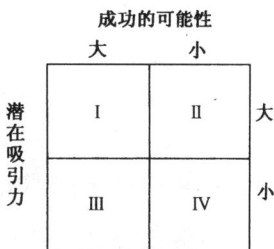

图 2.3　市场机会矩阵图

小，但一旦出现会给企业带来很大的潜在盈利能力，第Ⅲ象限虽然潜在吸引力不大，但成功的可能性大，因此需要企业注意，制定相应对策；对第Ⅳ象限，主要观察其发展变化，并依据变化情况及时采取措施。

　　企业面对市场机会，有三种可能的选择：(1) 及时利用。当环境变化给企业提供的市场机会与企业的营销目标，资源条件相一致，并能享有竞争的差别利益，能给企业带来较高赢利时，企业要充分利用市场机会，求得更大发展。(2) 适时利用。有些市场机会相对稳定，在短期内不会变化而企业暂时又不具备利用市场机会的有利条件，则应等待时机成熟时，再加以利用。(3) 果断放弃。有些市场机会有吸引力，但企业缺乏有利的条件，不能加以利用，则应果断放弃。

2.3.4　综合环境分析

　　企业所面临的营销环境，一般情况下，市场机会和环境威胁是同时并存的。因此，分析市场营销环境时，必须同时分析营销机会和营销威胁，即综合环境分析。在综合分析营销环境时，可根据威胁水平和机会水平的不同，将其企业所面临的综合环境分为四种不同的类型，如图 2.4 所示。

　　(1) 理想环境：高机会和低威胁的环境；

　　(2) 冒险环境：高机会和高威胁的环境；

　　(3) 成熟环境：低机会和低威胁的环境；

威胁水平

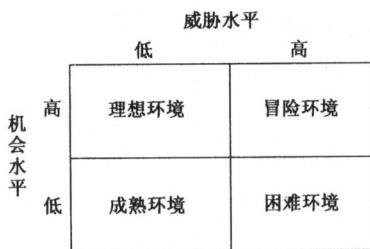

图 2.4　综合环境的类型

（4）困难环境：低机会和高威胁的环境。

　　企业在开展市场营销活动的过程中，根据所面临的综合环境的类型，采取相应的策略。当面临理想环境时，企业应抓住机遇，开拓创新，创造良好的经济效益；当面临冒险环境时，企业应加强调查研究，进行全面分析，发挥企业优势，慎重决策，以降低风险，争取利益；当面临成熟环境时，企业可按常规经营，也可积蓄力量，为进入理想环境或冒险环境做准备；当面临困难环境时，企业应想办法扭转局面，如果大势已去，无法扭转，则必须果断决策，退出在该环境中经营。

　　在营销过程中，任何企业都不能改变市场营销的宏观环境，但它们可以认识这种环境，可以通过经营方向的改变和内部管理的调整，去适应环境变化，达到营销目标。

案例｜ 美国西南航空公司的成功

　　西南航空公司是总部设在美国得克萨斯州特拉斯的航空公司，一般称为"美国西南航空公司"，在载客量上是世界第三大航空公司，在美国国内，美国西南航空公司的通航城市最多，以"廉价航空"而闻名，是"廉价航空公司"的鼻祖。

　　事情发生在 20 世纪 90 年代，西方经济进入衰退期，美国航空业因此受到极大影响。1991、1992 两年，美国航空公司的赤字总额累计达 80 亿美元。曾经盛极一时的 TWA、大陆、西北三家航空公司均因经营不善而宣告破产。但一家名叫西南航空公司的小企业却在一片萧条气氛中异军突起，并在 1992 年取得了营业收入增长 25% 的令人难以置信的佳绩。西南航空公司的成功得益于该公司一贯坚持的营销战略和赫伯特·

克莱尔的出色领导。这是一个小企业战胜大企业的经典案例。第二次世界大战结束后，美国经济进入高速发展的繁荣期。在世界第三次科技革命的推动下，航空业等新兴工业蓬勃兴起。20 世纪 60 年代末，美国 GNP 高达 9 741 亿美元，人均收入为 2 579 美元。生活水平的提高使人们对交通工具有了更高的要求，而飞行以其快速舒适的特点受到广泛青睐。20 世纪 60 年代中期，美国有约 7 条国内定期航线。但当时的大航空公司更热衷于跨洋长途飞行，对短程空运业务则不屑一顾。而国内日趋频繁的商务旅行与美国过于广阔的疆土使短程运输业变成了有利可图的"战略性机会窗口"。1967 年，克莱尔律师与罗林·金发现了这个窗口。他们以 56 万美元建立起西南航空公司，开始在大航空公司的夹缝中生存。

美国西南航空公司的成功，除了分析市场营销机会的变化，还得益于成功的营销策略。1968 年，西南航空公司成立后，只经营达拉斯、休斯敦和圣安东尼奥 3 个城市间的短程航运业务。在巨人如林、竞争残酷的美国航空界，克莱尔对战略性营销的初始战略的选择无疑是明智的。其寻找"战略性机会窗口"，即市场切入点是通过 SWOT 分析法来实现的。S 即 strengths（长处），W 即 weaknesses（弱点），O 即 opportunities（机遇），T 即 threats（威胁）。前两者为企业内部因素，是可控变量；后两者是外部因素，属非可控变量。但是，它们可以被利用。通过 SWOT 的系统分析法，西南航空公司进行了正确的市场定位。20 世纪 70 年代，西南航空公司只将精力集中于得克萨斯州之内的短途航班上，它提供的航班不仅票价低廉，而且班次频率高，乘客几乎每个小时都可以搭上一架西南航空公司的班机。这使得西南航空公司在得克萨斯航空公司市场上占据了主导地位。尽管大型航空公司对西南航空公司进行了猛烈的反击，但由于西南航空公司的经营成本远远低于其他大型航空公司，因而可以采取价格战这种最原始，但任何一家大型航空公司都无法做到的低成本运营的方法。不论如何扩展业务范围，西南航空公司都坚守两条标准：短航线、低价格。1987 年，西南航空公司在休斯敦至达拉斯航线上的单程票价为 57 美元，而其他航空公司的票价为 79 美元。20 世纪 80 年代是西南航空迅猛发展尽其所有的时期，其客运量每年增长 300%，但它的每英里运营成本不足 10 美分，比美国航空业的平均水平低了近 5 美分。西南航空公司在选准"战略性机会窗口"后，低价格是其赢得战争的关键。为了维持运营的低成本，西南航空公司采取了多方面的措施。在飞机的机型上，该公司全部采用节省燃油的 737 型，这不仅节约了油钱，而且使公司在人员培训、维修保养、零部件购买上，均只执行一个标准，大大节省了培训费、维护费。

在营业的时间上，西南航空公司创下了世界航空界最短的航班轮转时间，当别的竞争对手需用 1 个小时才能完成乘客登机、离机及机舱清理工作时，西南航空公司的飞机只需要 15 分钟。在为顾客的服务上，西南航空公司针对航程短的特点，只在航班上为顾客提供花生米和饮料，而不提供用餐服务。在购票和登机的方式上，一般航空公司的登机卡都是纸质的，上面标有座位号，而西南航空公司的登机卡是塑料的，可以反复使用，这既节约了顾客的时间又节省了大量费用。西南航空公司没有计算机联网的订票系统，也不负责将乘客托运的行李转机。对于大公司的长途航班来说，这是令顾客无法忍受的，但这恰恰是西南航空公司的优势与精明之所在。它选择并进入这样一个狭小的战略性窗口，使大型航空公司空有雄厚的实力却无法施展。正如一位大型航空公司的经理所说："它（西南航空公司）就像一只地板缝里的蟑螂，你无法踩死它。"西南航空公司是在确保控制成本、确保盈利的条件下拿起价格武器的。为了降低成本，它在服务和飞机舒适性上做了些牺牲。但是，只要质量、安全、服务不是太差，顾客是欢迎低价格的。对于服务类企业来说，对自身及外界各基本要素进行深入分析，建立起战略性服务观是在竞争中处于不败之地的关键。到 1993 年，西南航空公司的航线已拓展到 15 个州的 34 座城市。它拥有 141 架客机，这些客机全部采用相对节油的波音737，每架飞机每天要飞 11 个起落，由于飞行起落频率高、精心选择的航线客流量大，因此西南航空公司的经营成本和票价依然是美国最低的，其航班的平均票价仅为 58 美元。而当西南航空公司进入加利福尼亚州后，几家大型航空公司不约而同地退出了洛杉矶—旧金山航线，因为它们无法与西南航空公司 59 美元的单程票价格展开竞争。在西南航空公司到来之前，这条航线的票价高达 186 美元。西南航空公司的低价格战略战无不胜，1991 年，当克莱尔发现已找不到竞争对手时，他说："我们已经不再与航空公司竞争，而要与行驶在公路上的福特车、克莱斯勒车、丰田车、尼桑车展开价格战，我们要把高速公路上的客流搬到天上去。"在西南航空公司的发展过程中，克莱尔一直坚持稳健的发展战略。对于实力弱小的中小企业来说，四处出击乱铺摊子的"游击战"是无法取得战略性胜利的。克莱尔主张集中力量、稳扎稳打，看准一个市场后就全力投入进去，直至彻底占领该市场。他拒绝了开通高利润的欧洲航线的邀请，坚定不移地坚守短途航线，以避免与大航空公司兵刃相见，克莱尔对开通航线的城市也有着严格的标准。对每天低于 10 个航班客运量的城市，西南航空公司是不会开辟航线的。

——资料来源：根据百度文库资料改写。

根据案例，思考以下问题：

1. 根据本案例的分析，请你谈谈对环境的分析在中国企业营销中有什么作用？

2. 你如何理解西南航空公司选准"战略性机会窗口"这句话的意义？

3. 在当前美国挑起"贸易战"的大背景下，对于我国企业在海外市场的发展，你有什么好的建议来克服"贸易战"可能带来的问题？

本章内容提要

1. 市场营销环境是指制约和影响企业营销活动的一系列条件和因素。根据企业营销活动受制于营销环境的紧密程度划分，市场营销环境分为微观营销环境和宏观营销环境。

2. 微观营销环境包括：供应者、竞争对手、营销中介、最终顾客、投资者、公众、企业内部其他部门等因素。由于这些因素直接影响企业的营销活动，因此也称之为直接营销环境。

3. 宏观营销环境包括：人口、经济、政治与法律、自然物质、社会文化、科技等因素。由于这些因素间接（以微观营销环境为媒介）作用于企业的营销活动，因此也称之为间接营销环境。

4. 任何企业都不能改变营销环境，但分析营销环境，可以利用环境变化，制定相应的营销策略，实现企业的营销目标。

5. 市场营销环境既给企业带来市场机会，又会给企业带来环境威胁。企业应认真分析市场机会和环境威胁，以趋利避害，谋求发展。

｜本章基本概念｜

市场营销环境　　供应者　　竞争对手　　营销中介　　最终顾客
投资者　　公众　　市场占有率　　消费需求差别体系　　国民收入
个人可任意支配收入　　恩格尔系数　　自然物质环境　　市场机会

｜本章思考题｜

1. 分析市场营销环境对于企业营销活动有什么重要意义？

2. 市场营销环境包括哪些内容？

3. 什么是消费需求差别体系理论？分析其理论有什么重要意义？

4. 自然物质环境变化及其发展趋势将对市场营销活动带来什么影响？

5. 科学技术发展现状及其变化动态如何影响企业营销活动？

6. 什么是环境威胁和市场机会？企业面临环境威胁和市场机会时应采取什么策略？

第3章

顾客购买行为分析

在市场经济社会里，人们的消费需求都是依赖于市场，都要通过具有支付能力的特定购买行为得到满足，所以消费者是市场的主人，市场营销的核心就是满足消费者的需求。企业只有分析和研究消费者的需求及其影响因素，研究消费者的购买行为及其自身特有的规律，才能有效地开展市场营销活动，实现其营销目标。

3.1 顾客价值理论

在市场经济条件下，任何一种商品，要想引起消费者的注意和兴趣，产生购买欲望并促使他们购买，从根本意义上说取决于两个方面：一是这个商品必须能满足消费者的需要，也就是说消费者所得到的某种效用和价值；二是消费者在得到这一满足时所必须的付出，也就是说消费者必须支付的成本。从消费者的角度，两者相比，效用大于成本才会购买。如果效用小于成本，他就会放弃购买。因此，任何企业为了有效地开展营销活动，必须掌握顾客价值理论，研究顾客的购买行为。

3.1.1 顾客让渡价值理论

顾客让渡价值是指顾客购买商品时的总价值和总成本之间的差额。顾客总价值是指顾客在购买商品或劳务时得到的一组利益，包括产品价值、服务价值、人员价值和形象价值等四个方面的内容。顾客总成本是指顾客购买这一商品或劳务时付出的全部成本，包括货币成本和非货币成本（指顾客购买商品和劳务时付出的时间、精力和体力成本）两个方面（见图 3.1 所示）。

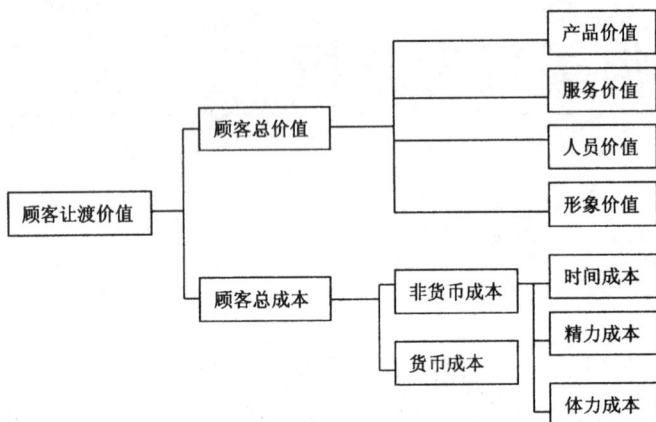

图 3.1　顾客让渡价值理论构成

根据图 3.1，顾客的总价值有四部分组成。产品价值是指由产品的品质、特性、品种、功能和式样等所产生的价值。产品价值是顾客选购商品时的首要内容，也是顾客需要的核心要素。服务价值是指伴随产品实体的出售而向顾客提供的各种附加服务，包括产品介绍、送货上门、安装调试、维修保养、技术培训、产品保证等所产生的价值。人员价值是指企业员工的业务素质、经营理念、市场应变能力、工作绩效与工作作风等所产生的价值。形象价值是企业及其产品在社会公众中形成的总体形象所产生的价值。

顾客的总成本包括两个部分。货币成本是顾客在购买商品时支付的货币数量，是构成顾客总成本大小最基本最主要的因素。但是，在货币成本相同的情况下，顾客还要考虑非货币成本，即时间、精力和体力成本。时间成本是指顾客在购买商品时所花费的时间；精力成本是指顾客在购买商品时所付出的精力，如收集信息、考虑比较等方面的付出；体力成本是指顾客在购买商品时所耗费的体力。

可见，顾客让渡价值与整体顾客价值、整体顾客成本的关系是

顾客让渡价值＝整体顾客价值－整体顾客成本
整体顾客价值＝产品价值＋服务价值＋人员价值＋形象价值
整体顾客成本＝货币成本＋时间成本＋体力成本＋精力成本

整体顾客价值来源于产品、相关服务、员工素质和企业形象。

顾客在购买商品时，考虑最多的是将效用与成本进行比较，当效用大于成本时，即顾客让渡价值为正数时，有可能决定购买，实现购买行为；当效用小于成本时，即顾客让渡价值为负数时，就会放弃购买，不能实现购买行为。例如，某顾客购买一台电视机，经过了解在他家附近有两家电视机商店，同样品牌的 29 英寸电视机，甲店的价格是 1 850 元，乙店的价格是 1 950 元。经过反复比较，该顾客选择了购买乙店的电视机。当别人问他为什么愿意多付 100 元时，该顾客说，虽然多付了 100 元，但他认为在乙店购买放心，因为乙店的售后服务好，能上门维修并能送货上门安装。从顾客的货币价值来说，该顾客好像吃亏了，但该顾客感到乙店的服务价值、人员价值、形象价值远远超过了 100 元的价值。因此，企业在激烈的市场竞争中要战胜对手，就必须向顾客提供比竞争对手更多的顾客让渡价值的产品，也就是要增加顾客购买的总价值。这就一方面要改进产品的质量、服务的质量、人员与企业的形象；另一方面要降低产品的生产与销售成本、减少顾客购买商品时的时间、精力与体力的耗费，从而降低货币与非货币的成本。因此，企业为了争取更多的顾客，战胜竞争对手，提高市场占有率，就必须根据不同顾客的不同需要，努力提供实用价值强的产品，这样才能增加顾客购买的实际利益，减少购买成本，使顾客的需要获得最大限度的满足，也就是说创造顾客满意度。

3.1.2　顾客满意度

（1）顾客满意度的含义。根据顾客让渡价值理论，创造顾客最大价值的关键是顾客的满意。顾客满意度（customer satisfaction，CS）是现代营销理论发展过程中提出的新概念。它有两层含义：一是从顾客个人角度理解的顾客满意度；二是从企业角度理解的顾客满意度。

从顾客个人角度理解的顾客满意度，是顾客通过对某项产品或服务的消费所感知效果或结果，与他的期望值相比较后所形成的感觉状态，简单地说是顾客对某项产品或服务的消费经验的情感体验。满意程度是可感知效果与期望值之间的差异函数。如果效果低于期望，顾客就会不满意。如果可感知效果与期望值匹配，顾客就会满意。如果可感知效果超过期望，顾客就会高度满意或欣喜。从企业角度理解的顾客满意度是衡量企业经营"质量"的重要方式，是企业用以评价和增强企业业绩，以顾客为导向的一整套指标体系。顾客满意度代表了企业在其所服务的市场中的所有购买和消费经验的实际和预期的总体评价，所以企业研究的顾客满意度，实际上就是对其所服务的市场中所有的顾客个人的满意度和群体行为过程的研究以及这两者的结合的研究。

在研究顾客满意度的过程中，必须注意的是，顾客的满意度是多方面的，不是单一的。顾客的满意不仅仅体现在对一件产品、一项服务、一次机会上，而且还体现在对一种体系和系统的满意上。顾客在整个消费过程中，不仅追求对经济效益的满意，而且还追求对社会性和精神性的满意。因此，任何企业应该全方位地研究顾客满意度。

（2）顾客满意度研究的作用。西方企业界流行一句名言，"最好的广告是满意的顾客"。顾客购买后的满意不仅影响到消费者自己会不断重复购买，还会影响他人产生购买行为，从而扩大市场销售。具体来说给企业带来以下好处。

① 顾客满意使企业降低营销费用并获得长期利润。企业为了使顾客满意，必然会采取各种措施和手段，提高自身的竞争力。这些措施和手段促使顾客与企业保持密切的长期的关系，使顾客对产品产生忠诚度，从而产生连续的重复购买。一般来说，顾客的回头率越高，市场营销费用就越低。因此，对顾客满意度的研究，能够使企业降低营销费用，获得长期的经营利润。

② 顾客满意使企业适应市场需求变化。众所周知，顾客的需求是不断变化的，呈现时代性、多样性、发展性的特点。任何企业不可能有一成不变的产品和市场销路，企业如何针对消费需求的发展变化，生产适销对路的产品去满足消费者的需要，是任何企业都必须面对的问题。顾客满意度的研究会解决这一问题。因为追求顾客满意度的企业总是围绕顾客而开展营销工作，既了解顾客的需求变化，又掌握市场的动态。例如，瑞士航空公司虽然一直有比较高的顾客满意度，但在适应顾客新的需求方面的措施和手段，介绍售票分级、制定常客计划、加宽头等舱座位都落后于竞争对手，但由于该公司信奉顾客满意度，顾客们仍然乘坐他们公司的飞机，正因为顾客的乘坐，使他们了解了顾客的新需求，从而改进了服务，保持了较高的市场占有率。

③ 顾客满意使企业容易创立名牌。由于顾客满意不仅使顾客产生连续

的和重复的购买，而且还会使双方增进相互信任和了解，建立起长期的互信互利关系。这种关系越多，对企业创立名牌越有利。一般来说，对某品牌保持忠诚度的顾客是不可能立即转向其他产品或者新产品，也不太可能为了更低的价格去选择其他的商品，即使在企业发生困难时，这些顾客也会在一定时间和一定范围内对企业的产品保持忠诚度，从而给企业提供喘息的机会，缓冲困难的时间，使企业采取措施调整营销策略，这样能够保护企业以及企业的品牌。

综上所述，顾客满意是企业战胜竞争对手的最好手段，也是企业取得长期成功的必要条件。旧上海有一家永安公司，以经营百货著称。老板的经营宗旨是：在商品的花色品种上迎合市场的需要，在售货方式上千方百计使顾客满意。商场的显眼处用霓虹灯制成英文标语：Customers are always right!（顾客永远是对的！）作为每个营业员必须恪守的准则。为了拢住一批常客，公司实行了这样一些服务方式：一是将为重点顾客送货上门定为一条制度，使得一些富翁成了永安公司的老主顾；二是公司鼓励营业员争取顾客的信任，拉近与顾客的关系，对那些"拉"得住顾客的营业员特别器重，不惜酬以重薪和高额奖金；三是公司针对有钱人喜欢讲排场、比阔气、爱虚荣的心理，采取一种凭"折子"购货的赊销方式，顾客到永安公司来购物，不用付现款，只需到存折上记上账；四是争取把一般市民顾客吸引到商店里来。如此四策的实施，使永安公司成为这样一家特殊商店：无论上流社会还是一般市民，只要光顾这里，都能满意而归。整个商场整天挤得水泄不通，生意格外红火。

日本著名的大仓饭店，是世界上独具一格的高级饭店，是真正的"家外之家"，大仓饭店有一条不成文的信条，"顾客永远是正确的"。大仓饭店的职工受到严格的训练，必须诚心诚意地接受每个顾客的意见和建议，使顾客的要求尽可能得到满足，成为名副其实的"顾客之家"。

3.2 | 消费者购买行为分析

消费者的购买行为，是指消费者在一定的购买欲望（动机）的支配下，为了满足某种需求而购买商品的行动。消费者的需求，严格地说应包括生产性消费需求和生活性消费需求两个方面，是指人们为了进行生产性消费和生活性消费而对商品所产生的需求。由于一切生产消费最终都是为满足生活性消费需求服务的，因此，在本节所讲的消费者是指最终的生活消费者。在商品经济社会里，所谓消费者的需求，实际是指人们在市场上获得所需要的商品的具有购买能力的欲望。这种特定的购买欲望，具体表现为各种各样的购买消费资料的行动。由于消费者的需求是通过市场得到满足的。因此，分析消费者购买行为必须首先分析消费者市场。

3.2.1 消费者市场的特点

消费者是指为了生活需要而购买或租用消费资料和劳务的个人或家庭，消费者市场是从事消费资料和劳务生产和经营的领域或场所。

（1）消费者市场的作用。消费者市场是我国市场的重要组成部分，在社会商品流转中，消费资料流通占有很大比重，对整个国民经济的发展起着重要作用。

第一，发展和繁荣消费者市场，可以为人民提供丰富多彩的商品，满足消费者各方面的生活需要，提高消费者的生活水平。

第二，发展和繁荣消费者市场，可以促进国民经济迅速发展。生产决定消费，生产消费最终是为生活消费服务的。所以，要发展和繁荣消费者市场，就必须首先发展生产，增加产品总量，这就可推动整个国民经济的发展。

第三，发展和繁荣消费者市场，可以为国家积累社会主义建设资金。据统计，国家财政总收入的 60% 来自消费者市场。

第四，发展和繁荣消费者市场，可以提供更多的消费资料用于出口，为国家增加外汇收入。

（2）消费者市场的基本特点。现代市场营销理论的核心是满足消费者的需求，其出发点是市场。企业要在营销中出其不意、屡战屡胜，首先要掌握市场的基本特点，从而根据其特点制定相应的策略。消费者市场的基本特点主要有以下四个方面。

第一，从消费者市场交易的规模和方式看，消费者市场广阔，购买者人数众多而且分散，交易次数频繁但交易数量不多。

消费者市场广阔，是指凡是有人群的地方，就需要消费品，可以这样说，全社会的人口都是消费资料的购买者。所以消费者市场不仅范围广，而且规模庞大。这样，从事消费品的销售就要投入大量的人力、物力和财力。在营销中，销售网点要尽可能广泛设置，尽量靠近消费者，尽可能通过中间商进行销售。交易次数频繁但交易数量不多，是指消费者经常需要购买，但每次购买数量零星，大都属于小型购买。根据这一特点，企业的营销策略，在生产上要提高产品质量，赢得信誉；在经营上要采用小包装，方便消费者。

第二，从消费者市场交易的商品看，由于消费者的需求千差万别，因此所需的商品花色、品种、规格复杂多样，商品的市场寿命周期较短，商品的技术和专用性不强，许多产品可以互相代替。例如缝制衣服，可以用这种面料，也可以用那种面料，人们喝水可以用玻璃杯，也可以用瓷杯，所以消费者市场的需求弹性①很大。这样，企业在营销过程中需要不断开发新产品，增加商品的花色品种，降低商品的销售价格，从而促进和增加消费者购买欲望，达到扩大销售的目的。

第三，从消费者市场购买动机和行为看，消费者市场的购买者大都缺乏专门的商品知识和市场知识。他们在购买时往往主要凭个人的感情和印象，多属于情感购买。他们的购买决定容易受广告宣传、商品的包装和装潢、推销方式、服务质量的影响。因此，企业在推销商品时，更应注意研究和运用各种策略和促销手段，改进包装和装潢，提高服务质量，以引起消费者的购买欲望。

第四，从市场的动态看，由于消费者的需求复杂多变，使商品供需之间的矛盾表现频繁而明显。加之，我国实行对内搞活、对外开放的方针，地区之间、国内外之间消费者购买力流动性很大。例如购买一台空调机既可以在甲商店，也可以在乙商店；既可以在甲地，也可以在乙地。这就使商品供需的平衡更复杂和困难。因此，企业在营销中一方面应当注视市场动态的发展，为消费者提供适销对路的产品；另一方面要分析和研究消费者的购买心理，千方百计抓住消费者的购买力。

（3）消费品的分类。消费品市场的经营范围十分广泛，它涉及人们的物

---

① 需求弹性：指商品需求量对价格变化反应的灵敏程度。商品的需求量受价格影响有伸缩，一般地说，当某些商品价格上升，需求量减少；价格下降，需求量增加，所以市场营销学上把这种伸缩性称为弹性，需求弹性有时也称之为价格-需求弹性。有关内容将在第7章详细论述。

质生活和文化生活方面的需求，包括吃、穿、用、烧、住、行等方面的成千上万个花色品种和千变万化的式样。这就要求企业必须认真研究消费品市场，对消费品进行进一步的分类，以便根据自己所经营产品的特点和消费者的购买习惯，采取适当的营销策略。

消费品的分类方法主要有两种。

① 按消费者的购买习惯和购买特点划分，消费品可分为日用品、选购品和特殊品。

第一，日用品。这是指消费者经常需要，随时购买，而且是选择性较小的商品，如牙膏、肥皂、书报、电池、油盐酱醋等。这类商品的特点：一是由于日常需要，因而购买次数多，一般不受时间影响，每时每刻都有可能购买。对这类商品，消费者总是希望就近购买，以便节约时间。二是由于经常使用和经常购买，消费者都具有一般的消费知识和消费习惯，因此，只要品质和价格没有太大区别，用户不想多做挑选，多属于习惯性购买。但也有些商品属于冲动性购买，就是买主不做事先计划，看到商品的颜色、味道、形状才引起购买欲望。三是由于日用消费品价格低，人们不大重视商品的牌号和商标。但是，由于日用消费品的购买频率高，有时也会建立牌号偏好，如买牙膏时总是喜欢购买某种牌号，而牌号信誉一旦建立后可以简化交易过程，用不着挑挑拣拣，一到商店就可请售货员取出特定的牌号。根据日用品的这些特点，企业需要采取相应的营销策略，如广设销售网点，保证消费者随时随地能购买到商品。

第二，选购品。这是指消费者在购买以前一般要经过挑选、比较后才购买的那些价格较高、使用时间较长的消费品，如服装、家具、鞋帽、床上用品、布匹等等。这类消费品的特点：一是购买频率较低，没有固定的消费习惯，有的消费者喜欢式样新颖的商品，而不太注重和考虑商品的价格；二是有的消费者特别注重商品的牌子和商标；三是有的消费者注重价廉物美，消费者购买商品时，除了内在的质量要求外，对外观质量的需求也高，因此在购买商品时往往要跑好几家商店，对商品进行质量、价格、花色品种、式样的反复比较，经过慎重考虑后才决定购买。根据选购品的特点，从生产企业来说，要了解市场信息，掌握市场动态，增加花色品种，生产价廉物美的商品，并提高产品质量，注意创名牌；从商业部门来说，要使商业网点相对集中，设立同类产品一条街或商店相对集中在某一区域或某一条街，如服装一条街、食品一条街，上海的南京路、淮海路、四川路，北京的王府井等等，以便于消费者购买这类商品时进行比较和挑选。同时，经营这类商品既要重视产品质量，又要讲究信誉，才能在竞争中获胜。

第三，特殊消费品。这是指那些价格高、使用时间长的高档消费品，如电冰箱、电视机、洗衣机、空调机、高级音响设备、高级照相机、高级手表、小汽车等。这类商品的特点是，由于使用寿命较长，价格又高，因而消费者的购买频率较小。一般地说，消费者对这类商品事先熟悉一定的产品常识，进行过分析比较，形成一定的偏爱，特别重视商标，甚至坚持特定的牌号，因为名牌产品有着更大的吸引力。对特殊消费品，从销售部门来说，销售网点宜于相对集中，以便顾客选购；从生产部门来说，可以采取委托代销，也可以采取工商合一、自产自销。经营特殊消费品，一要向消费者介绍商品性能和维修保养常识；二要注意售后服务，实行包修、包退、包换以及上门维修服务。

② 按消费品在使用过程中寿命周期的长短与消费品的可触性划分，消费品分为耐用品、非耐用品及劳务。

第一，耐用品。指那些使用时间和更换周期较长的产品，如电视机、电冰箱、空调机等。由于这类商品使用寿命较长，因此被称为家庭的固定资产，消费者在购买时也较慎重。对于耐用品，企业营销的重点应该是做好促销宣传和销售服务，从生产企业来说，要提高产品质量，降低成本。

第二，非耐用品。这是指那些使用次数较少，甚至只使用一次就需要更换的商品，如食品、燃料、纸张、牙膏、墨水等。由于这类商品使用寿命较短，营销活动的重点应该是既保证产品质量，又保证不断增加供应，用满足供应来占领更大的市场。

第三，劳务。这是指为消费者提供无形服务的经营活动，如理发、洗澡、旅馆、娱乐、修理等。随着商品经济的不断发展，这类市场的迅速发展将是一个必然的趋势。企业营销活动要紧紧抓住这一趋势，不断开辟和发展新的市场。同时，由于这类商品是无形的，看不见摸不着，具有不可触知性，因此企业在营销中要讲究信誉，又要提高服务质量。

3.2.2 影响消费者购买行为的主要因素

消费者购买行为的形成是一个复杂的受一系列相关因素影响的连续行

为。过去，西方经济学界一般单纯地从经济角度来分析和考察消费者的购买行为和动机，他们用"最大边际效用原则"来说明经济因素对消费者购买行为的影响。所谓"最大边际效用原则"，是指消费者购买商品是根据某种商品的满足程度来决定的。他们认为消费者的购买行为是一种理智的行为，消费者总是在自己收入的范围内，尽量考虑以最合理的方式安排支出，在预算允许的范围内作出最合理的购买决策，以达到最大限度地满足自己的需要的目的。西方某些经济学家认为，一般情况下，消费者随着购买某种商品数量的增加，效用总量的增加是递减的。举例来说，人们在空腹时吃某种小笼包子，吃第一只时觉得非常好吃，感到是极大的享受，吃到第五只时可能还比较满意，但满意的程度已不如第一只了，吃到第十只时也许是已经觉得不好吃了，而只是马虎吞下去就算了，如果再强迫吃第十一、十二……这时，就会不但没有享受的感觉，反而会变得每吃一只时就增加一份痛苦。根据边际效用递减规律，市场上的任何一个购买者都不会把他仅有的钱去集中花费在购买某一项商品或劳务上，即使那是他当时很需要的东西，他也不会那样去干。在一个市场上，一个消费者决定把他仅有的钱花在哪里，主要取决于当时哪种商品对他来说边际效用更大。

上述"最大边际效用原则"，现代市场营销学并不否认，但现代市场营销学理论所强调的是，应该从更深层次去分析经济因素对消费者购买行为的影响，不能局限于此，例如价格、质量、竞争等因素也在起影响作用。同时，现代市场营销学理论还十分强调社会因素、心理因素对消费者购买行为影响的重要作用。现代市场营销学理论认为，一个消费者在市场上为什么购买，购买什么东西，购买多少商品，何时、何地购买，是由经济因素、心理因素和社会因素综合作用于消费者感官的结果。

(1) 经济因素。现代市场营销学认为，影响消费者购买行为的经济因素，从更深层次的角度分析，应该是两个方面：一是产品的功能是否与商品的价格相统一；二是产品的价格能否为目标市场的消费者所接受。

产品的功能与价格的统一，其实质就是要求商品的质量和商品的价格相符合，即价值与使用价值相统一，这是商品的内在规律。产品的功能（质量）与价格的关系，一般表现为以下三种情况、两种不同的结果。一是高质量、高价格的商品有销路；二是某些低质量、低价格的商品也有销路；三是质次价高的商品，通常难以打开销路。所以，从产品的功能与价格的统一来看，企业在营销中，一方面要重视功能（质量）；另一方面要正确制定产品的价格，力求质量与价格相符合。

企业对产品的定价，除了使产品价格与功能相符合以外，还要考虑能否为目标市场的消费者所接受，即产品的价格定在何种程度，要看消费者能不能接受，能不能承受。在市场经济中，在纷繁的商品交易中，有时虽然把产品价格与功能之间的关系处理得很好，做到了质价相符，但这种价格在目标市场上的消费者接受不了。在一定的市场范围内，无人购买或购买者甚少，其结果仍然不能取得经营上的成功。因为价格的高低是对目标市场的营销环境而言的，在某一市场上的中价商品，在另一市场上可能是高价商品（原因在于不同地区的收入水平存在很大差异）；同一质量同一价格的商品可能在某一市场受到欢迎，而在另一市场则可能遭到冷遇。所以，企业营销定价是一个复杂的问题，必须认真研究市场营销环境，结合其环境确定商品价格。

（2）心理因素。影响消费者购买行为的心理因素，是指消费者的自身心理活动因素，所以也可称为个别因素。由于消费者的个性千差万别，因而影响消费者的心理因素也很复杂，但就其主要方面来说，有以下五个方面。

① 需求。需求是购买行为的起点，也是市场营销的出发点。消费者的需求是复杂多变的，并且是多层次的（前面第 2 章第一节已详细论述）。恩格斯曾经把消费资料分为生存资料、享受资料和发展资料。相应地，人们的需求也可分为生存的需要、享受的需要、发展的需要三个方面。根据消费者不同需求的特点，企业在营销中可把市场细分为若干市场，生产和出售不同品种的商品。在生产力水平较低的地方，大部分消费者为获得基本的生存资料而劳动，因此他们的主要需求是基本的食物、衣着、住房和其他与生存相关的商品。在这种市场上，消费者对商品的选择不很复杂，因而需要的销售技术也比较简单。随着生产力的提高和生活条件的改善，消费的需求会不断变化，市场也会越来越复杂。特别当人们的闲暇时间增多以后，享受发展方面的需求也就越来越多，观赏商品、礼品商品等就成了营销的发展方面。

② 动机。从心理学角度讲，动机是推动人们进行各种活动的愿望与理想，是一种升华到足够强度的需要，能激励人们以行动达到一定的目的。购买动机是消费者购买行为的基础。消费者的需求引起购买动机，如前所述，由于消费者的需求是千差万别的，因此消费者的购买动机也是多种多样的。具体来说有以下几种。

第一，求实动机。这是消费者以追求商品的使用价值为主要特点的最普遍最基本的购买动机。这类消费者在购买商品时，主要追求商品的实惠、使用方便，不大考虑商品的外形美观，不容易受社会潮流和各种广告的影响。如购买服装时，不赶时髦，不大注意款式而只注意穿着舒服实用。

第二，求安全动机。这是消费者以追求商品使用安全为前提的购买动机。这类消费者购买商品时首要考虑的是该商品在使用过程和使用以后，保证生命安全或身体健康，如交通工具、家用电器、食品、药品等均要求安全可靠，又有利于身体健康。

第三，求廉动机。这是消费者以追求价廉物美为主要特点的购买动机。这类消费者在购买商品时，特别重视商品价格的高低，对商品的花色、款式、包装及质量不大挑剔。有的消费者专门购买一些低档品及处理品等。这一般是经济收入较低或有勤俭节约习惯的消费者。

第四，求新动机。这是消费者以追求商品的时尚和新颖为特点的购买动机。这类消费者在购买商品时特别重视商品的款式新颖、格调清新和社会流行，如在服装上讲究时髦，在家庭摆设上讲究装饰，而对商品的实用程度及价格高低不大注意，这一般是经济条件较好的青年男女及特殊地位的消费者。

第五，求美动机。这是消费者以重视商品的欣赏价值和艺术价值为主要特点的购买动机。这类消费者购买商品时，重视商品的造型、色彩和艺术美，重视对人体的美化作用，如购买服装时十分注重内衣与外衣及上下装的颜色相互协调，还要与自己的体型、肤色相互协调等。

第六，求名动机。这是消费者以追求名牌产品、特点产品的购买动机。这类消费者在购买商品时，十分注意商品的商标、牌号、产地、名声及购买地点，如国产空调买格力、冰箱要买海尔、自行车要买凤凰等等。

总之，消费者的购买动机是纷繁复杂的，同一购买行为可能是多种动机错综复杂交织在一起，有的消费者可能自己也弄不清何种购买动机促使他去购买。但是，企业必须重视分析和研究购买动机，因为购买动机对企业营销活动有深刻的影响。

③ 经验。消费者购买商品的动机是由需求推动形成，而需求的形成又是比较复杂的。它既可以由内在的因素激起，也可以由外在因素唤起。现代市场营销学理论认为，从心理学角度看，绝大多数的购买行为是受后天经验

影响的。

在后天经验理论中，应用比较普遍的是"刺激-反应"理论，简称为"S-P"模式。这种理论认为，消费者的购买动机是下列五种要素互相作用的结果：驱使力、刺激物、提示物、反应和强化。驱使力是一种"不满之感""求足之愿"，可分为原始的和学习的。人们大部分的驱使力是通过后天学习产生的，如人要吃东西是由饥饿引起，或由他人的影响而引起。刺激物就是一种能消除或减缓驱使力紧张程度的物体。当人们的一种驱使力引向某一刺激物时就形成动机。提示物则决定着动机的方向和程度。反应是对诱因或刺激物的反作用。强化是加强刺激物—反应的关系，与物品满足程度有关，如果物品满足程度高，就会引起顾客重复购买，相反，顾客就不满意，不再继续购买。驱使力、刺激物、提示物、反应和强化五个要素相互作用的过程可用图3.2表示。

图 3.2 可通过下列例子加以说明。一个外地顾客出差到上海，在淮海路办事，临近中午突然感到饥饿。这时他正好看到光明邨大酒家在卖鲜肉月饼，阵阵香味扑鼻而来，又看到旁边广告宣传，把光明邨大酒家的悠久历史介绍得清清楚楚。这样他就毫不犹豫地决定购买店家的鲜肉月饼。当这位顾客吃了以后感到十分满意，加深了对商品的印象，下次出差来上海就会不假思索地去购买，回去后还会在同事或家庭中对此加以宣传，扩大了商品的影响。

"刺激-反应"理论告诉我们，一个企业要扩大销售，不仅要了解自己的产品（刺激物）与潜在消费者的驱使力的关系，而且还要善于向消费者提供诱发需求的提示物——适当的广告宣传手段，并且要积极进行反复宣传的"强化"工作，加强消费者的印象。

④ 态度。这是指对一种刺激物的见解和倾向，它表现为对某人或某物的特殊感觉或所采取的某种行动。某人可以是一个销售员，某物可以是一个工厂，也可以是一种产品、一种牌子等。从心理学角度讲，消费者对某一种商品的态度，一般是由三个因素构成的，即认识因素、感情因素、行动因素。认识因素，是指消费者对某商品的信念，包括对商品特点和评价上的信念，如认为某商品是好还是坏，是需要还是不需要。感情因素是指消费者对

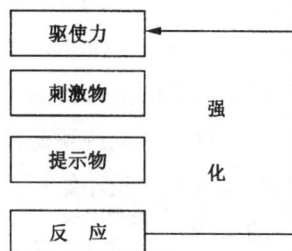

图 3.2   "S-P"模式

商品情感上的反应，如对某商品是喜爱还是反感。行动因素，是指由不同态度引起不同的行动意向。如果态度是正的，其反应是喜爱、赞扬或者购买。相反，如果持否定态度，就会对商品发生攻击力或放弃购买。

态度是从后天经验学习而来的，它受到家庭购买习惯及同辈人的影响最大。此外，个人所属群体对态度也发生一定的影响。

态度影响着消费者的购买行为。企业在市场营销中应当根据消费者的不同态度，设计不同的产品和广告来增强有利的态度或改变不利的态度。

⑤ 个性。这是消费者个人特性的组合。消费者的个性千差万别，因而影响消费者购买行为的个性因素很多，如消费者的性格是随和还是专横、内向还是外向、依赖还是独立、孤立还是合群、爱交际还是沉默寡言、保守还是激进以及自我印象，等等。这里主要分析消费者的"自我印象"对营销活动的影响。

消费者的"自我印象"，是指消费者的自我画像，在心目中把自己塑造成什么样的人，或者企图使别人把自己看成什么样的人。不同的人具有不同的自我印象，不同的自我印象又会影响购买行为的差异性。在现实生活中，消费者往往购买与自己的印象相一致的商品，如果与自己的印象不相称，就拒绝购买。例如一个人认为自己有学者风度，他决不会去购买所谓的"奇装"，而必然选择既端庄又有风度的服装。同时，消费者的"自我印象"感还同参照群体的关系很密切，符合参照群体标准的商品他会乐意购买，不符合的就不会购买。

（3）社会因素。前面分析了影响消费者购买行为的心理因素，它是来自消费者个人内部的。但每一个消费者都是生活在一定的社会中，因而，其购买行为受价值观念及社会因素的影响。社会因素主要包括文化、社会阶层、参照群体及家庭等因素。

① 文化。文化是造成消费者需求差异的重要因素，它是一个广义的概念。从广义上说，文化是指人类从社会历史实践中创造出来的物质财富和精神财富的总和。从狭义上说，是指社会的意识形态以及与之相适应的制度和结构。现在我们一般把文化理解为：人类从社会实践中建立起来的价值观念、道德、理想、知识体系和其他有意义的象征的综合体。文化像我们人类呼吸的空气一样，充满于我们的生活。因此，分析消费者购买行为，必须分析文化因素。

文化是社会的产物，因此人类只能在社会实践中得到。每一个人在娘胎里是处于自然状态的，当他（她）降临人间时，身上不存在任何先天固有的文化细胞。由于人们的文化是从后来的教育学习中取得的，因此不同的文化教育水平，就会带来不同的世界观和人生观，不同的宗教信仰，从而影响消费者的需求差异和购买行为差异。例如，由于审美观念的不同，中国人喜欢的，认为很美的商品，外国人则不一定喜欢，可能表现出不以为然的态度。

文化具有明显的区域性。各个国家由于各自发展的背景不同，在文化上表现出各自的特殊性。但文化又可互相借鉴。例如发明于美国西部的牛仔服装已成为各国青年所青睐的服装，中国古代的四大发明早已成为全世界人民的共同精神财富。

文化是整体的概念，但在一个大文化背景中，又可分为若干不同的亚文化群。亚文化是指存在于一个较大社会中的一些较小群体所特有的特色文化，表现在语言、价值观、信念、风俗习惯等方面的不同。人类社会的亚文化群主要有四大类。

第一，民族亚文化群。几乎每个国家都存在不同的民族，特别像我国是一个具有 56 个民族的国家，除了占人口 90％以上的汉族以外，还存在 50 多个少数民族。由于自然环境和社会环境的差异，不同的民族有着独特的风俗习惯和文化传统。

第二，种族亚文化群。种族是不同肤色的人类群体，如白种人、黄种人、黑种人等。不同种族有着不同的文化传统与生活习惯，例如黄种人吃饭用筷子，白种人用餐时用刀叉。

第三，宗教亚文化群。不同的国家，即使是同一个国家也往往存在好几种不同的宗教，如我国就有佛教、天主教、伊斯兰教、基督教、道教等。不同宗教具有不同的文化倾向或戒律。

第四，地域亚文化群。同一民族，居住在不同的地区，由于各方面的环境背景不同，也会形成不同的地域亚文化，表现出语言、生活习惯等方面的差异。例如我国汉族人口众多，且都讲汉语，但由于居住地域辽阔，又形成各自居住地的地方方言，江南人讲吴语，广东人讲粤语；在饮食方面，北方人以面食为主，南方人则以米饭为主；西南人、西北人喜欢吃辣，江南人偏爱甜食等。

鉴于文化对人们价值观念、生活方式及购买行为的影响，企业在营销中应当密切注意和研究社会文化，以便选择目标市场，相应地制定营销策略。

② 社会阶层。社会阶层是指根据职业、收入来源、教育文化水平来划分的人类群体。不同的社会阶层具有不同的价值观念、不同的生活方式及不同的兴趣。例如发达国家的不同阶层，老富翁追求贵族式的生活；新富翁喜欢购置豪华的住宅、汽车、汽艇，以显示自己的富有；白领雇员追求体面，不求华丽；蓝领工人喜欢光顾折扣商店、二手汽车市场等等。我国的不同社会阶层，工人、农民、知识分子其实际消费和消费需求也都是不同的，农民喜欢光顾农用生产资料商店，农用化肥、农药、农用塑料薄膜、农业机械等是农民经常需要的产品。所以，企业在营销活动中，要对社会阶层进行划分并深入研究其消费动向。

③ 相关群体。相关群体指购买者的社会联系，是影响消费者购买行为的个人或集团。相关群体又分为主要群体和次要群体。一个人的消费习惯和爱好，并不是从娘胎里带出来的，而往往是受别人的影响而逐渐形成的。影响消费者购买行为的主要群体，包括家庭成员、朋友、邻居和同事等，这一群体尽管不是正式组织，但与消费者发生面对面的关系，因而对消费者的行为影响也最直接。影响消费者购买行为的次要群体，包括社会团体、职业团体等，如工作单位、消费者参加的各种团体，这一群体属正式组织，消费者归属其中，虽然对消费者的影响不如主要群体那样直接，但也间接发生作用，如学生在校要穿校服、上体育课要穿运动衫裤。另外对消费者购买行为产生一般影响的还有一种渴望群体，消费者虽不属于该团体，但受其影响也很大，如电影、电视、体育明星等等的影响。

相关群体对消费者购买行为的影响，一般表现为三个方面：第一，相关群体为每个人提供各种可供选择的消费行为或生活方式的模式，使消费者改变原有的购买行为或产生新的购买行为；第二，相关群体引起的仿效欲望，使消费者肯定或否定对某些事物或商品的看法，从而决定其购买态度；第三，相关群体促使人们的行为趋于某种"一致化"，如某体育明星穿了一件较时髦的运动衫，许多青年人也跟着穿，出现"一致化"倾向。相关群体的存在，影响了消费者对某种商品品种、商标、花色的选择。所以，在市场营销中，企业不仅要具体地满足某一消费者购买时的要求，还要十分重视相关群体购买行为的影响。同时要充分利用这一影响，选择同目标市场关系最密切、传递信息最迅速的相关群体，了解其爱好，做好产品推销工作，以扩大销售。

④ 家庭。家庭对消费者购买行为的影响不仅是直接的，而且是一种潜

意识的。不管自觉或不自觉，也无论在什么场合，家庭对消费者购买行为的影响总会体现出来。

家庭的生活方式、文化程度、价值观念及购买习惯对个人影响方式是复杂的，有时是潜移默化，有时是直接作用；有的通过口头表达，有的则非口头表达。例如一位妇女希望他爱人购买一件西服，其愿望可以通过各种方式表现出来。命令式："你一定要买一件西装"；威胁式："现在不穿西装被人瞧不起"；祈求式："发了奖金去买一件吧"；劝告式："你穿了西装很合适很得体"；暗示式："现在穿西装很时髦"，等等。

但是，应该看到，随着商品经济及营销活动的进一步发展，信息传播媒体增多，社会潮流对青年人的影响日益加强，所以家庭的影响将日趋减弱。

综上所述，一个人的购买行为是经济、心理、社会因素之间相互影响和作用的结果，它们综合影响消费者购买行为，形成消费者的感觉，最后形成消费者的购买决策。这个过程可用图3.3作一个总结归纳。

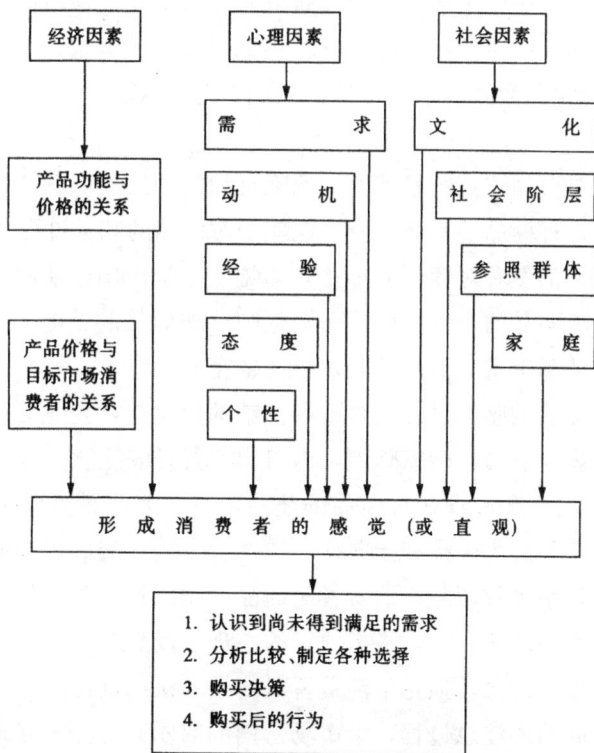

图 3.3　消费者购买行为影响因素

3.2.3　消费者的购买决策过程

消费者的购买决策过程，是指消费者购买行为或购买活动的具体步骤、程度、阶段。由于影响消费者购买行为的经济因素、心理因素、社会因素在不同消费者之间的程度不同，也由于购买的商品性质、用途不同，因而消费者的购买决策过程也大有差异。有的购买商品过程只需几分钟，有的购买商品过程则需几个月甚至几年，如购买牙膏牙刷与购买房子、冰箱的过程是不同的。但不管哪种购买决策过程，消费者在为满足需要而采取购买行为之前，必然发生一系列心理活动过程，因此必须首先分析消费者购买心理活动过程。

（1）消费者购买心理活动过程。消费者在消费需要的基础上产生购买动机，在动机的支配下采取购买行为。尽管各人的购买行为有很大的差异，但购买商品时的心理活动基本相同，经过几个过程。

①　对商品的感知过程。消费者对商品的认识，首先从感觉开始。所谓感觉，是人脑对直接作用于感觉器官的当前客观事物个别属性的反映。任何消费者购买商品，都要通过自己的五官感觉（视觉、听觉、嗅觉、味觉和触觉），使他们感觉到商品的个别特性，从而产生感觉。感觉是最基本的心理现象。

消费者在对商品感觉的基础上，把感觉到的个别商品的特性有机地联系起来，形成对这种商品的整体反映，这就是对商品的知觉过程。

必须指出，消费者对商品的感觉和知觉，都是作用于他们感觉器官的反映，但感觉反映商品的个别特征，而知觉则反映商品的整体。消费者感觉到的商品个别特征越丰富，对商品的知觉也越完整。

消费者对商品的感知过程，给市场营销的启示是，企业必须重视商品的外观，重视包装和装潢，橱窗陈列，以引起消费者的注意。

②　对商品的注意过程。对商品的注意过程，是指消费者购买商品心理活动过程中对商品的集中性和指向性。消费者在同一时间内不能感知许多商品，只能感知其中少数商品。消费者对商品的指向性，显示他们对商品的选择。消费者对商品的集中性，是指他们的心理活动较长久地保持在所选择的商品上。对商品的注意，强化了消费者对商品的认识过程。

消费者对商品的注意过程，给市场营销的启示是，企业必须注意商品橱窗的陈列，注意营销人员的仪表、风度、气质，以引起消费者的考虑。

③ 对商品的思维过程。消费者认识和感觉到了商品的客观存在，并不马上作出购买决定，他们还要根据自己掌握的知识经验和其他媒介，对注意到的商品进行分析、判断和概括，这就是对商品的思维过程。消费者通过思维过程，对商品的价格、质量、外观、颜色、功能等进行全面的认识，从感性阶段上升到理性阶段，这时消费者已接近作出购买与否的行动决定了。

对商品的思维过程，给市场营销的启示是，企业既要重视商品质量，还要降低产品成本，注意产品的设计与造型。

④ 对商品的情绪过程。一般地说，消费者购买商品，有一个从感性到理性的认识过程。但是，在现实生活中，并不是所有的购买行为都是理智思维的结果，在许多场合，则是情感在起作用。如果消费者对商品采取肯定的态度，这时就会产生满意、喜欢、愉快的情绪。如果消费者对商品采取否定态度时，就会产生不满意、不喜欢、不愉快甚至愤怒的情绪。因此，消费者对商品的情绪也影响他们的购买行为。

消费者对商品的情绪过程，给市场营销的启示是，企业不仅要提高产品质量，而且要讲究信誉，注意服务态度，给消费者留下良好的深刻的印象，以情绪促使他们购买。

(2) 消费者购买决策过程。消费者购买商品的决策过程，随其购买决策类型不同而有所变化，习惯性购买行为和复杂性购买行为是不相同的。一般来说，较为复杂和花钱多的购买行为往往凝结着购买者的反复权衡和众多参与者的介入。因此，复杂的购买决策可分为五个阶段：认识问题、收集信息、判断选择、购买决策、购后评价，如图 3.4 所示。

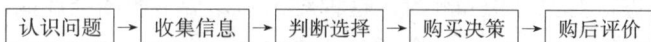

认识问题 → 收集信息 → 判断选择 → 购买决策 → 购后评价

图 3.4 消费者购买决策过程

① 认识问题。指消费者发现现实情况与其所想达到的状况之间有一定的差距，从而意识到自己的消费需求。这种需求是购买决策的起点。需求可由内在刺激或外在刺激引起，以及两者相互作用的结果。内在刺激是指饥饿、干渴、寒冷等刺激使人们意识到对食物、饮料、衣服、住房等的需求。外在刺激是指饮食店里的点心、五金交电公司里的电冰箱、空调器等刺激引起消费者的需求，以及广告、亲戚朋友、邻居、同事等影响而唤起消费者的需求。

② 收集信息。当唤起的需求动机很强烈，而且可以满足的物品又易于

购买时，消费者的需求就能很快得到满足。但在大多数情况下，需求不是立即能够得到满足，如购买一台空调机可能要积蓄几个月，购买一套住房可能要积蓄几十年，因此，需求便储存在记忆中。这时，消费者处于一种高度警觉的状态，对于需要满足的事物极其敏感，有些消费者就会着手收集有关信息。一种是收集同其需求相关的一般信息，如要购买空调机，就从各种广告媒体及其他信息渠道中寻求有关空调机的信息；另一种是收集同其需求相联系的具体信息，如收集空调机的各种牌号、价格、性能、款式、规格等。

对于营销人员来说，这一阶段的一个关键问题，是要了解消费者所要求助的信息来源，以及这些影响来源对消费者购买决策的相对影响程度。消费者购买商品的主要信息来源，一般有以下四个方面。

第一，参照群体来源。指家庭成员、亲戚朋友、邻居及同事等提供的信息，消费者是很依赖于这种信息来源的。

第二，工商企业来源。指从推销员、广告、零售商、商品包装、商品展销会、商品目录及商品说明书等方面获得的信息。

第三，个人经验来源。指消费者本人通过以前购买使用或当前试用中获得的知觉。

第四，公共信息来源。指通过报纸、杂志、电视等大众传播媒介及政府机构发布的信息中获得。

在上述信息来源中，最主要的是工商企业提供的信息，因为该信息针对性强，且较可靠。个人经验则是评价信息可靠性的依据。

③ 判断选择。当消费者收集了各种信息之后，就会对此加以整理和系统化，并且进行对比分析和评价。这种对比和评价一般围绕产品的属性而展开的。

任何一个消费者在购买商品时，不仅要考虑产品质量的优劣、价格贵廉，而且要比较同类商品的不同属性以及属性的重要程度。例如，对于下列产品，人们通常考虑对比和评价的属性主要有如下这些。

电视机：图像、音质、价格、造型

计算机：储存能力、图像显示能力、软件的适用性、反应迅速

汽　车：耗油量、车速、安全、式样、价格

电冰箱：耗电量、容量、价格、式样、保鲜效果

照相机：快速、图像、价格、型号

牙　膏：防蛀、洁齿、味道、香型

在现实生活中，每一个产品的所有属性并非都是最优的，因此，消费者并非对产品的所有属性感兴趣，而只是对其中的几个属性感兴趣，他们对属性分析后，建立自己心目中的属性等级。例如，对于专业摄影者来说，他购买照相机首先考虑的是图像清晰，快速成影，其次才考虑（有的可能不考虑）价格；而对于初学摄影者来说，他首先考虑的是价格，其次才考虑图像。还比如有四辆小汽车，各自属性可用表 3.1 来表示。

表 3.1　不同汽车的不同属性

品牌	价格　元	耗油量　公里/升	车速　公里/每小时	操作	式样
甲	15 万	26	100	7	9
乙	25 万	28	90	10	10
丙	18 万	30	120	9	6
丁	40 万	25	140	10	8

消费者对上述四种品牌的小汽车进行分析评价、比较，他要求购买的汽车价格在 18 万元以下，每升油可跑 26 公里以上，车速每小时跑 100 公里以上，操作至少是 7 以上，式样至少是 6 等以上。根据这些要求，表 3.1 中的乙、丁两种品牌汽车就被排除在外，而在甲、丙两种汽车中进行选择。

可见，每种商品的属性在购买者心目中的重要程度是不同的，企业应当根据购买者对不同属性的态度进行市场细分。

④ 购买决策。是消费者购买行为过程中的关键性阶段，因为只有作出购买决策以后，才会产生实际的购买行动。消费者经过分析比较和评价以后，便产生了购买意图。但消费者购买决策的最后确定，除了消费者自身的喜好外，还受其他因素的影响，如他人态度、预期环境因素、非预期环境因素，可用图 3.5 表示。

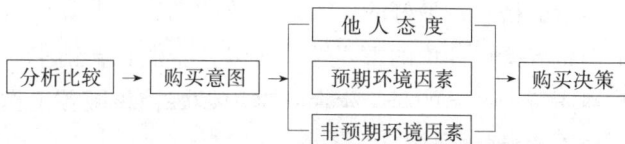

图 3.5　购买决策影响因素

第一，他人态度。这是影响购买决策的因素之一，如妻子要买一条连衣裙，受到丈夫反对，她就改变或放弃购买意图。他人态度对消费者购买决策的影响程度，取决于他人反对态度的强度及他人劝告可接受的强度。

第二，预期环境因素。消费者购买决策要受到产品价格、产品的预期利益、本人的收入等因素的影响，这些影响是消费者可以预测到的，所以称为预期环境因素。

第三，非预期环境因素。消费者在购买决策过程中除了受到上述因素影响外，还要受到推销态度、广告促销、购买条件等因素的影响，这些影响消费者是不大可能预测到的，所以称为非预期环境因素。比如消费者在购买化妆品过程中，她原来准备购买某一品牌的化妆品，后受到各种大众传播媒介的影响，改变了原来的态度。

因此，在消费者的购买决策阶段，营销人员一方面要向消费者提供更多的详细的有关产品的情报，便于消费者比较优缺点；另一方面，则应通过各种销售服务，造成方便顾客的条件，加深其对企业及商品的良好印象，促使作出购买本企业商品的决策。

⑤ 购后评价。一般认为只要有消费者购买商品，就意味着有市场，至于消费者购买商品以后的情况没有引起重视。而现代市场营销学非常重视消费者购买后的行为，因为消费者购买后对产品的评价，具有巨大的"反馈"作用，关系到这个产品在市场的命运。

一般情况下，消费者购买商品后，往往会通过使用，通过家庭成员及亲友、同事的评判，对自己的购买选择进行检查和反省，以确定购买这种商品是否明智，效用是否理想等，从中产生满意或不满意的买后感觉。这种购买后的感觉不仅影响到消费者自己会不会重复购买，而且还会影响他人购买，从而对企业能否扩大市场销售带来重大影响。因为，消费者往往会对朋友、同事诉说这种购后感受，如果不满意的话，甚至会通过大众媒介公之于社会；而满意的购后感受，则会在客观上鼓动、引导其他人购买该商品，这就是西方企业家信奉的格言："最好的广告是满意的顾客"的真谛所在。此格言形象地反映了消费者购后评价的重要性，所以，企业在营销中一定要加强与用户的联系，视质量为产品的第一生命，努力做好销售服务工作，力争获得消费者对产品的良好的购后评价。

3.3 | 生产者购买行为分析

生产者是指工业企业和商业服务企业等生产性集团用户。由于生产者购买商品是用于生产消费，因而他们的购买行为与最终消费者的购买行为有明显区别。

3.3.1 生产者市场的特点

生产者市场，亦称生产资料市场或工业品市场，指工业企业为了获取利润进行再生产而购买产品的市场。

生产者市场作为生产资料商品交易的场所或领域，与消费者市场有着相似的地方，即都要经过生产领域、流通领域。但由于生产者市场的商品来自生产领域，用之于生产领域，因此与消费者市场相比存在着两个区别。一是经济用途不同。生产者市场的商品主要用于生产消费，消费者市场的商品主要用于生活消费。二是运动形式不同。由于生产者市场是联结生产与生产性消费的桥梁和纽带，因此它的运动形式是生产领域—流通领域—生产领域，而消费者市场的商品来自生产领域，但用于消费者个人生活消费，因而它的运动形式是生产领域—流通领域—消费领域。所以，市场营销学上把生产者市场称为中间市场，消费者市场称为最终市场。重视两种市场的区别，对于认识生产者市场的作用具有十分重要的意义。

（1）生产者市场的作用。生产者市场的发展状况虽然直接取决于生产资料生产的发展状况，但是生产者市场的发展也直接影响生产资料的生产以至整个国民经济的发展。

第一，生产者市场的发展，影响着生产的发展规模。当生产者市场规模扩大时，生产的发展规模也随之扩大，反之，如果生产资料流通堵塞或者规模狭小，其结果必然影响再生产的顺利进行，再也谈不上生产规模的扩大。例如，现在我国的汽车市场规模正在逐步扩大，这就使我国的汽车工业迅速发展，成了国民经济主要的支柱产业。

第二，生产者市场的发展，影响着生产的发展速度。社会再生产过程是生产过程和流通过程的统一。生产速度的快慢表现为生产周期的长短，也就是生产时间和流通时间的长短。在一定时期内，如果生产资料流通的速度加快，流通时间缩短，就意味着停留在流通领域的生产资料相应减少，而投入生产中的生产资料相应增加，从而促进生产的发展，加快社会再生产的发展。

第三，生产者市场的发展，影响着产品的品种、规格、质量、成本和劳动生产率等。在其他条件不变的情况下，生产者市场迅速发展，能够按时、按质、按量和分档对路、品种齐全地供应生产资料，满足生产各方面的需要，就能为生产部门增加花色品种、增加产品规格、提高产品质量、降低生产成本和提高劳动生产率创造良好的条件。否则，会起相反的作用。

可见，重视和搞好生产者市场的营销，是国民经济发展及社会再生产顺利进行的条件。

(2) 生产者市场的特点。由于生产者市场同生产资料的生产有直接联系，因此与消费者市场相比，具有以下特点。

① 生产者市场的购买者是企业。在生产者市场上，生产资料的购买者虽然可能是通过个人来进行购买的，但这里的个人不代表他自己，而是代表企业或集体（当然不排斥个体经济的购买）。因此，在从事生产资料营销时，就要以单位或企业为主要对象开展业务活动，要研究用户生产的基本情况、用户的历史、用户的多少等，还要研究不同企业的供应政策和供应方法，以及如何处理好生产企业与用户的关系等，从而达到满足需要的目的。

② 生产者市场的需求属于引发性需求。所谓引发性需求是指由其他需求引申出来的需求。在现实生产中，生产者市场的需求是由消费品的需求引申出来的，例如，生产者市场对钢铁的需求，是由于消费者市场需要汽车、自行车等而引起的。因此，在营销过程中，要重视对消费者市场需求的分析和研究。

③ 生产者市场的需求弹性小。需求弹性是指需求量对价格变化反应的灵敏程度。由于生产者市场的需求取决于生产结构和生产发展速度，需求产品的专用性很强，对产品的品种、规格、型号及质量都有严格要求，不能互相代替，不能任意改变。例如，有的原材料不合要求，生产的产品就必然是次品，甚至是废品，有的机器或设备改变一下型号就不能用了。所以，生产者市场的需求，一般不受广告宣传、价格变动等影响，需求弹性很小。

④ 生产者市场需求结构复杂。生产者市场需求结构是指生产资料按自

然属性划分，各类生产资料的需要量各占多大比例。例如，一个汽车制造厂，钢材需要多少？需要什么型号的钢材？机床需要多少？需要什么型号的机床？需要多少轮胎？需要什么样的轮胎？以及需要多少其他辅助材料？等等。因此，在营销过程中，营销人员必须具备专门的知识，要研究产品形成中的物质结构及单位产品中生产资料的消耗定额。只有这样，才能做好生产资料的供应和销售。

⑤ 生产者市场需求量大，金额高。生产者市场的购买者主要是企业，而企业又是具有一定生产规模，承担一定生产任务的经济组织，所以生产者市场是在企业之间进行，购买频率不高，但交易的生产资料数量大、金额高。这一特点对于营销人员来说，一方面要研究企业的生产规模和生产能力；另一方面要做好收付款手续，以防诈骗，造成损失。

(3) 生产资料的分类。生产者市场交易的对象是生产资料，而生产资料错综复杂，所以从事生产资料营销，首先要对生产资料进行分类。根据生产资料进入生产过程及加入产品成本结构的方式来划分，可分成以下五大类。

① 原材料。它们完全参加生产过程，构成产品的实体，亦一次计入产品的成本。原材料一般分为两类：一类是在自然界原来存在的，如矿产中的原煤、原油、矿石，海产品中的鱼、贝类，森林产品中的木材等；另一类是劳动产品，如棉花、稻谷、烟草、小麦等。这两类产品的特点不同，所采用的市场营销策略的重点也不同。一般来说，前一类产品生产者与用户距离较远，应选择最短分销路线，可通过长期合同由生产单位直接供应给用户。后一类产品大都分散于众多的生产者手中，所以分销环节较多，应根据产品的不同情况进行划分等级，分类储备和运输。

② 半成品和零配件。它们完全参加生产过程，构成产品实体及产品成本的一部分。半成品是指经过部分加工的产品，如钢、铁、水泥、棉纱等，零配件是指经过加工直接装配入整机或整件上的产品。这类产品成交时，主要取决于产品的质量和价格能否符合购买者的要求，所以企业在营销中要注意价格合理、质量优良，并为用户提供各种服务。

③ 主要设备。这是指厂房建筑、机器设备、计算机设备、交通运输部门的客货轮、飞机、车辆等。这类产品价值高，使用周期长，它们参加生产过程，但不构成产品实体，其价值以折旧的形式部分地加入产品成本。由于这类产品体积大、销售对象少、产品技术复杂，因而一般采取直接销售。同

时，营销人员要掌握专门的技术知识。

④ 附属设备。这是指在生产过程中处于辅助地位的各种设备，包括工具、模具、手推车、小电动机、电脑和复印机等办公设备。这类设备不构成产品实体，但其价值也以折旧形式部分地加入产品成本。这些设备的使用寿命一般比较短，价值也比较小，且又属于标准化、通用化产品。所以，对于技术性较强的附属设备，一般由工厂直接销售，其他设备则可以采用间接销售办法。

⑤ 燃料、动力、辅助材料。这是指润滑油、洗涤剂、电力、煤炭及煤气等。这类产品不构成产品实体，但价值完全进入产品成本。由于这类产品使用寿命短，单价低，经常重复购买，要求购买方便。因此，营销策略是通过广泛的分销渠道出售。

3.3.2 生产资料购买决策的参与者和影响购买行为的因素

（1）生产资料购买决策的参与者。由于生产者市场的购买者是企业，大多数企业购买生产资料又是集体共同决策，因此参与生产资料购买决策的人员众多，包括倡议者、影响者、决策者、采购者、使用者。一般的小企业由几个人制定购买决策，大中型企业设立采购部门，有的由专家承担采购工作。一般地说，生产资料购买决策的人员包括五个方面。

① 倡议者。这是购买决策的先导，指根据生产过程需要和产品技术标准，提出购买某种生产资料的一些技术专家。

② 影响者。这是指在企业外部和内部直接或间接影响购买决策的人员，如或直接建议购买，或为企业购买提供情报的一些工程师及管理人员。

③ 决策者。这是指对选择产品与供应者具有最后决定权的一些人员。由于企业不同以及所需的生产资料不同，因此决策者也不完全相同，有的企业可能是设计人员，有的可能是工程主管人员，有的可能是材料主管人员，有的可能是采购人员，有的可能是厂长或经理一人拍板决策。

④ 采购者。这是指直接采购生产资料的人员，他们有权选择产品和供应者，亦担负商业洽谈及签订供应合同的任务。这些人员在常规产品采购中，要比技术性强的产品的采购作用大。

⑤ 使用者。这是指对生产资料实际使用的一些工程技术人员和生产第一线的工人。他们是供需双方协议与企业购销计划的来源者，也是购买的主要评价者。

当然，并不是任何企业采购任何产品都必须有上述五种人员参加购买决策过程。企业中采购中心的规模大小和成员多少会随着采购产品的不同有所不同。一个企业如果采购办公用的文具，可能只有采购者和使用者参与购买决策过程，而且采购者往往就是决策者。在这种情况下，采购中心的人员较少，规模较小。如果采购一台电脑，其技术性较强，单价高，购买情况复杂，参与购买决策过程的人员较多，采购中心成员也就较多，规模较大。

如果一个企业的采购中心的成员较多，供货企业的市场营销人员就不可能接触所有的成员，而只能接触其中少数几位成员。在此种情况下，供货企业的市场营销人员必须了解谁是主要的决策参与者，以便影响最有影响力的重要人物。

只有根据实际情况，采用不同的营销策略，才能取得交易成功。

（2）影响生产者购买行为的因素。前述消费者购买行为的形成是一系列相关因素影响的一个复杂的连续行为，生产者购买行为的形成也如此，除了受上述参与生产资料购买决策的各类人员的影响外，还要受企业内部因素和外部社会环境因素的制约和影响。

① 企业内部因素。任何企业购买何种生产资料、多少生产资料，首先要根据企业内部的需要，否则，采购将是一个浪费。影响生产者购买行为的企业内部因素，主要包括以下四个方面。

第一，企业的采购目标。生产者购买生产资料，一般出于三个动机：一是企业必须盈利；二是尽量降低生产成本；三是能够适应社会和消费者的需要。这三个动机中，最根本的还是企业盈利动机。所以，采购人员在采购中就要考虑所购生产资料的质量、价格、型号、标准化等因素。一般来说，价廉物美、型号对路、标准化、通用化的生产资料受采购人员的欢迎；反之则受冷落。

第二，企业的采购政策。企业在不同的生产时期，其采购政策也会不同。有时购买生产资料注重质量，有时注重价格；有时采购比较分散，有时则比较集中；有的企业购买决策高度集中，有的则相对分散。所以，营销人员要分析研究不同企业的营销政策，才能有效地推销生产资料。

第三，企业的采购制度。各个企业的内部组织结构不同，它们的采购制度也有所不同。有的企业设立若干事业部，采购工作由各事业部自己负责；有的企业只设立一个采购部门，统一负责企业的全部采购工作。由于企业的采购制度不同，具体参与采购工作的人员角色也必然表现不同。如设立一个采购部门的采购人员可以采购企业内部生产所需的各种生产资料，而设立各事业部门的企业，各事业部门的采购人员只采购自己工作所需的生产资料。因此，在营销中，营销人员要注意不同企业的采购组织结构。

第四，企业的采购程序。这是指企业采购生产资料的整个过程。由于企业的生产过程及生产资料本身的不同，其采购生产资料的过程也是不同的。如纺织厂采购棉花是经常性的，是大宗采购，而机器使用是较长时期的，所以采购过程也较长等等。

② 社会环境因素。即企业外部周围环境的因素。任何企业的生产和经营都是在一定的社会里进行，因此必然要受到特定社会的环境因素的制约。影响生产者购买行为的环境因素，是企业不可控制的，主要包括以下三个方面。

第一，政治法律环境因素。企业的生产经营活动必须严格遵守国家各个时期的方针、政策和法令，尤其像我们社会主义国家，企业的采购活动更要考虑政府的有关政策法规。如一个制药厂，不能采购劣质原材料来生产假药，危害人民身体健康，这一点是营销人员必须重视和掌握的。

第二，宏观经济发展环境因素。一个国家在不同的时期，经济发展的政策是不同的。当国民经济处于高速增长时期，生产者需要大量采购生产资料，以支持企业扩大生产规模从而满足社会经济增长的需要。当国民经济处于暂时调整时期，工业采购数量就会适当减少，以避免企业库存过多而形成大量资金积压。另外，某些采购工作从微观角度看是可行的，有利可图的，但从宏观角度看是不可取的。如一个电冰箱厂，单就这个厂来说，添置生产设备，增加一条生产线是有利的，但从社会经济因素来说，电冰箱市场已处于饱和，且未来对氟利昂的使用也将进一步受限。这些因素，企业又是必须要考虑的。

第三，科学技术发展环境因素。科学技术的发展直接影响到企业现有产品的前景和企业新产品开发的速度和方向。在我国，随着改革开放的不断深入，不断引进先进技术，并在此基础上消化、创新，使产品市场寿命周期不断缩短，企业要加快产品的升级换代，对生产资料的采购就提出更高要求。

③ 人事关系因素。生产资料的购买，是由许多具有不同地位、权力、职称的人组成的，因此不同的人事关系也影响了生产者购买行为。例如，各

种企业的采购中心的权限不一样,其他有关部门参与采购决策的程度和影响力也不同。而一般销售企业往往很难洞察买方内部的人事关系,常见的是忽视职位和权力的矛盾,即有的公司上层主管人员地位很高,但对采购的决策很少过问,而中层主管人员却大权在握。

④ 采购人员个人因素。采购人员个人因素,是指参加购买决策过程的每个参加者都具有的个人因素,生产企业的采购任务最终要落实到采购员身上的,因此采购员的个人动机、心理素质、文化素养、业务水平、职务地位、事业心、负责精神等必然影响到具体的采购过程中。当然这些因素又受其年龄、收入水平、教育程度、职业、个性及对风险的态度等影响。

综上所述,影响生产者购买行为的因素,可用图 3.6 来表示。

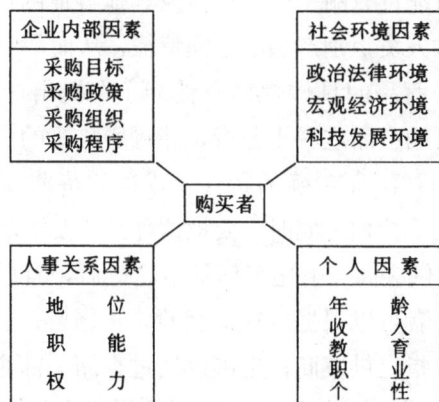

图 3.6　生产者购买行为的影响因素

3.3.3　生产资料的购买决策过程

生产资料的购买决策过程,与前述的消费者购买决策过程相比,步骤更多,也就是说决策过程更为复杂。因为生产资料的购买者是企业,所以生产资料的购买决策过程,必然会牵涉企业内部、外部许多成员参加的一整套复杂活动。生产资料的购买决策过程一般要经过八个阶段,即确认需求、提出需求的种类与特征、确定待购商品的具体规格及性能、调查和寻找供应商、分析供应商的建议书、决定选择供应商、履行常规的购货手续、评价购买结果。

(1) 确认需求。消费者的需求一般是由自身的心理因素引起的,而生产者的需求可能是由企业内部因素，也可能由外部因素刺激引起的。企业内部因素，如企业决定生产新产品而需要增添新设备及原材料；旧机器设备已陈旧，需要更新；已购买的生产资料不能满足需求，企业需要更换原来的供应者等。外部因素，如企业营销人员在贸易展览中或收看了广告以后，发现了价廉物美的替代品等等。当企业购买者意识到通过购买某种生产资料，可以用来扩大企业的利益，并找到市场机会时，购买过程便开始了，而消费者购买过程这一阶段是极其简单的。

(2) 提出需求的种类与特征。当企业购买者确定需求后，即着手确定需求项目的数量与特征。对于标准化的项目无多大问题，但对于复杂项目，购买者一般要同购买中心，如生产、设计、财务、质检等部门一起商量，共同研究，提出产品的可靠性、耐用性、价格及其他特征的标准和要求。企业营销人员应该帮助采购人员识别产品的不同特征，从而帮助购买者识别产品。

(3) 确定待购买商品的具体规格及性能。在提出产品需要类别及特征后，企业要着手对所购产品进一步分析，并将所购买的产品特点或服务转化成对销售商的具体、详细而精确的特性要求，如待购商品或服务的具体规格、性能、型号以及交检期。同时，要把这种具体要求落实到专人。

(4) 调查和寻找供应商。上述工作基本完成后，着手研究所需商品和服务的供应来源。购买者可以根据以往的经验，根据设计、生产、质检、财务等部门的要求，直接指定供应商；也可以通过查阅工商企业名录、电话、广告宣传等途径来寻找供应商，并对查阅到的供应商供应的商品的质量、价格、信誉及售后服务加以分析、比较，从中确定合适的供应商。

(5) 分析供应商的建议书。企业为选择合适的供应商，采购人员可邀请有声望的及与自己所需产品有关的供应商参加座谈讨论，征集建议。这样，供应商必然会送来产品目录，并附有详细的说明。这时采购人员可对各个供应商的产品进行分析比较，最后挑选出理想的供应商。

(6) 决定选择供应商。企业在分析、比较供应商供应产品的质量、价格、性能等的基础上，最后决定选择供应商。在选择供应商时，不仅要考虑供应商的技术能力，还要考虑它是否能按期供货及能否提供优质售后服务等。企业在选择供应商时，一般不要只选择一二家，最好同时选择多个供应商，这样，可以避免对某一供应商的过分依赖，否则，如果关系破裂，将给企业造成损失。

（7）履行常规的购货手续。购买者一旦选择了供应商，就要履行常规的购货手续，即采购员要与供应商具体洽谈，为供应者准备购买目录表，提出产品技术质量要求、购买数量、期望供货期、提供保险单及付款保证，最后签订购货合同，合同中要注明违约处置及仲裁。

（8）评价购买结果。购买者检验购后效果，主要是征询使用者的满意程度。评价购买结果，可能引导购买者继续购买，或者改变供应者，或者减少购买量。所以对于企业营销人员来说，特别要注意这一阶段的工作。

生产资料的购买决策过程的分析说明，企业营销人员只有了解和掌握了工业购买者的需求状况和决策程序，才能针对目标市场制定有效的营销计划。

案例 ┃ 新媒体营销时代的网红青春小酒——"江小白"

中国白酒文化源远流长、博大精深，我国白酒企业经过多年发展，其不论是酿酒工艺还是创造的经济价值都达到了新的高峰，白酒行业的竞争日益激烈。然而在目前国内高端白酒被茅台、五粮液、洋河、汾酒等名酒企业占据，中低端白酒以牛栏山、红星二锅头等为代表的品牌占领大量市场的情况下，一个针对年轻人的白酒品牌却异军突起，迅速火遍大江南北，它就是"江小白"。有人说："'江小白'卖的不是白酒，而是文化。"

◆"江小白"的品牌现状

"江小白"是谁？第一次听说可能会以为这是个人名，其实他是"江小白"酒业旗下的一款白酒，企业赋予了它一个拟人形象：一位戴着眼镜，一身年轻打扮的文艺吊丝男生，名叫"江小白"。从该酒的形象设计和广告语"我是'江小白'，生活很简单"可以看出，"江小白"主打年轻市场，特别是80、90后初试白酒的年轻人群。"江小白"一经推出便受到了很多年轻人的喜爱，上榜2012年中国酒业风云榜年度新品，"江小白"微博被新浪微博评为"2013年度重庆最赞微营销案例"，2015年入选2015年国际调酒师大赛预调鸡尾酒比赛用酒。

◆"江小白"的初印象

"江小白"不仅口味独特，与传统白酒的区别更重要的还体现在产品的包装，它的瓶身设计别致，瓶子上会印刷各种不同的语录，或是表达情感、或是发表对生活的见解，这种白酒瓶就是"江小白"特有的"表达瓶"。消费者还可以DIY，将自己的语录印刷到瓶身上。通过瓶身设计可以看出，"江小白"并没有走传统白酒高端路线，而是更加接地气，重视与消费者的互动，从它的微博和客服，以及经常举办的酒会等各种活动都可以发现，"江小白"试图用年轻的思维打入现代年轻人群，因此，得到了许多年轻消费者的青睐，从2011年发展到现在，其成绩已经让同行刮目相看。

◆ "江小白"的品牌共鸣

"'江小白'的酒品质并不能与现在知名的大厂相提并论，但它能取得成功靠的并不是酒本身，而是"江小白"公司聪明的品牌共鸣策略。"江小白"获得年轻人的好感并产生品牌共鸣是企业营销关注的一个重点。品牌共鸣指的是品牌所有者与品牌消费者之间以品牌为媒介所产生的不同心灵之间的共同反应，通俗地说就是取得顾客的满意度。实行品牌共鸣首先要确定品牌定位，产品只有在站位上与消费者保持一致，才能达到情感上的交流与互动，顾客满意度越高，市场规模就越大。"江小白"结合目标市场和产品特性，确立了"释放情绪，社会回归"的品牌定位，而现在年轻人最需要的也就是释放自己的情绪，借酒不仅能浇愁，也能通过喝酒来认识更多的朋友，丰富了使用场景。对年轻人来说，酒有了更多的作用，"江小白"凭借其亲民的形象，成为年轻人的"朋友"，消费者可以把想说的告诉他，也可以听他的精彩台词，消费者不仅可以喝到酒，还可以通过瓶身的语录获得更多的人生感悟。另外，消费者还可以通过"江小白"表达瓶传达自己的心声，这是传统白酒所不能做到的。

◆ "江小白"的口味

"江小白"属清香型白酒，对初试白酒的人群来说更为友好，入口不会那么辣，因此也有不少女生会尝试一点"江小白"的酒，也使更多的人愿意在私下聚餐、交友中消费。除此之外，"江小白"还经常进行组合销售，将酒与下酒菜搭配售卖，或者赠送卫衣，文化衫等礼品，让消费者感受到"江小白"的温暖，使品牌形象更加丰满立体。另外，"江小白"还经常组织线下活动，不同于传统白酒的餐桌社交功能，"江小白"看到了年轻人更丰富多彩的社交需求，组织各种线下酒会吸引消费者前来，白酒没有了以往稳重、成熟形象的限制，成为了年轻的时尚的消费品，俘获了追求个性、精彩人生的年轻人的心。

◆"江小白"的品牌价值链

"江小白"除了实行品牌共鸣策略，还实行品牌价值链，以企业向用户承诺的最终品牌价值为导向和目标，从企业经营的整个业务链入手，梳理和改善每一个环节，使之符合品牌价值的要求。这样的价值链贯彻企业经营的所有环节，包括产品研发、采购、生产、分销、服务、传播，等等。正如"江小白"酒业的CEO陶石泉所说，在开拓市场时，轻易不会去咬定一个新市场，但一旦咬下去会坚持很长的时间。"江小白"也从来不会去肆意拓展目标群体，但无论遇到多大的困难，都咬住不放，让客户和员工明白无误地了解这种懂得坚持、咬住不放的特性。"江小白"酒业现拥有占地约1 300亩生态种植示范基地——江记农业，总投资逾十二亿元的高粱酒酿造基地——江记酒庄，并占据重庆60%以上的酿酒专家团队，以及布局全国的渠道网络和营销团队。在研发、采购、生产、分销、客户服务和品牌传播方面，"江小白"都努力做到让消费者放心和满意，以接地气、亲近消费者的方式使消费者感受到品牌形象的整体性，感受到企业的诚意及提供的顾客所需要的价值。

——资料来源：根据"2016.11.28《市场营销案例文库》"改写。

根据案例，思考以下问题：

1. 你对"江小白"的品牌共鸣策略，有什么看法？"江小白"的成功抓住了消费者的什么心理？

2. 面对新媒体营销时代的商机，企业应采取何种策略来应对？

3. "江小白"的营销策略，给其他企业以什么启示？

| 本章内容提要 |

1. 顾客让渡价值是指顾客购买商品时的总价值和总成本之间的差额。

顾客总价值是指顾客在购买商品或劳务时得到的一组利益，包括产品价值、服务价值、人员价值和形象价值等四个方面的内容。顾客总成本是指顾客购买这一商品或劳务时付出的全部成本，包括货币成本和非货币成本（指顾客购买商品和劳务时付出的时间、精力和体力成本）两个方面。

2. 顾客满意度，可以从两个方面理解，一是从顾客角度理解是顾客通过对某项产品或服务的消费所感知效果或结果，与他的期望值相比较后所形成的感觉状态；二是从企业角度理解的是衡量企业经营"质量"的重要方式，是企业用以评价和增强企业业绩，以顾客为导向的一整套指标体系。

3. 消费者的需要是市场营销活动的出发点。消费者的需要通常以对商品或服务的愿望、意向、理想、兴趣等形式表现出来。营销者掌握消费者需要及其特征，目的在于，企业的营销活动可以影响消费者的需要，激发消费者的购买欲望，从而实现企业的营销目标。

4. 消费者购买行为的形成是一个复杂的受一系列相关因素影响的连续行为。影响消费者购买行为的主要因素有经济因素、心理因素、社会文化因素。

5. 任何消费者的购买都要经过一系列的心理活动过程，包括消费者对商品的感知过程、注意过程、思维过程和情绪过程四个方面。消费者的整个购买决策包括认识需要、收集信息、分析比较、购买决策和购后评价五个阶段，了解不同阶段可以采取不同的营销策略。

6. 生产者的需要不同于消费者的需要，表现出自己的特点，因而生产者的购买决策也不同于消费者的购买决策。影响生产者购买决策的因素包括企业内部因素、人事关系因素、社会环境因素和个人因素四个方面。

7. 生产者的购买决策过程与消费者的购买决策过程相比要复杂，需要经过认识需要、确定需要、说明需要、寻找供应商、分析供应商、选择供应商、履行购买手续、评价购买结果八个阶段。

本章基本概念

顾客让渡价值　　顾客满意度　　需求弹性　　文化　　社会阶层
相关群体　　购后评价　　动机

| 本章思考题 |

1. 什么是顾客让渡价值？企业研究顾客让渡价值有什么意义？

2. 什么是顾客满意度？顾客满意度对企业有什么影响？企业应通过什么方式来提高顾客满意度？

3. 怎样理解消费者需要？心理学家马斯洛的需求层次理论包括哪些基本内容？

4. 什么是购买动机？消费者的购买动机有哪几种？

5. 影响消费者购买行为的因素有哪些？这些因素是怎样影响消费者购买行为的？

6. 消费者的购买决策包括哪几个阶段？企业掌握购买决策的阶段有什么作用？

7. 生产者的购买决策有哪几个阶段？

第4章

市场信息研究

市场信息是指市场经济运行中，各种事物发展变化和特征的真实反映，是反映它们实际状况、特性、相关关系的各种消息、资料、数据、情报等的总称。市场信息是商品经济的产物。商品经济越发展，市场营销信息越重要。营销大师菲利普·科特勒曾说过："要管理好一个企业，必须管理它的未来；而管理未来就是管理信息。"所以，现代市场营销理论把市场营销信息、市场调查研究、市场预测作为企业掌握经营环境、分析市场动向及供求发展趋势和相关联系的三大支柱。企业为了寻求市场机会和避开市场风险，使自己的内部条件适应不断变化的外部环境，经营者必须经常收集全面而又可靠的市场信息并进行市场信息分析和研究。

4.1 | 市场营销信息系统与管理系统

市场营销信息反映市场动态，反映消费者心理、竞争及市场营销活动，并不断扩散。市场营销信息是企业了解市场、掌握市场供求发展趋势，了解用户、为用户提供产品和服务的重要资源。所以，对于企业营销者来说，就需要有一个市场营销信息系统来方便企业获取市场营销信息和提高企业营销决策投入的能力。

4.1.1 市场营销信息系统的概念

市场营销信息系统是由人员、设备、程序构成的一个持续的、相互作用的结构。其任务是收集、筛选、分析、评估和分发恰当的、及时的以及正确的信息，以用于营销决策者对企业的营销计划进行编制、执行、调整和控制。市场营销信息系统分为传统的人工信息系统和以电脑为中心的现代信息系统两种。

　　传统的人工信息系统是通过人工运用计算器、打字机、复印机、电话等工具来收集、处理、传递信息。它往往借助资料、报表、报告、账目等物质载体来传递信息，形成企业人员之间组成的营销信息系统。

　　以电脑为中心的营销信息系统是由人使用电脑对输入的信息进行分析处理，以输出有用信息。它是通过电脑之间相互连接来传递信息，形成营销信息系统。

4.1.2　市场营销信息系统的组成

　　一个有效的市场营销信息系统由四个子系统组成，即企业内部报告系统、营销情报系统、营销调研系统、营销分析系统。整个市场营销信息系统如图 4.1 所示。

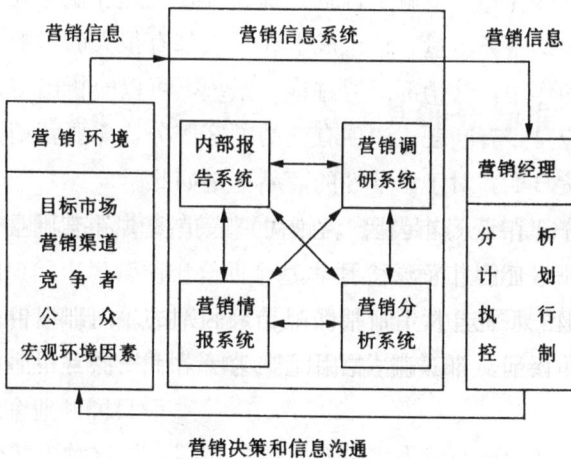

图 4.1　市场营销信息系统

　　图 4.1 中左边的方框表示营销经理们必须注意观察的市场环境的组成内容。中间的方框表示市场营销信息系统的组成部分。右边的方框表示得出的信息流向营销经理，以帮助他们对营销工作进行分析、计划、执行和控制。然后，他们的营销决策和信息沟通又反馈回市场。

下面简要分析中间方框的营销信息系统的四个子系统。

（1）企业内部报告系统。又称内部会计系统或订货处理系统，是一个处理订单、销售、存货水平、应收账款、应付账款等信息的系统，是营销信息系统中最基本的系统。通过分析这些信息，企业能够发现重要的市场机会和问题。

企业内部报告系统的核心是订单—发货—账务处理循环。这类信息应能及时提供给有关经营者使用，以便帮助经营者制定各种营销政策、加强对营销活动的控制。

营销信息在该系统中的传递过程如下：

① 企业收到客户的订货单以后，先审核其信用资料，并检查公司可以供应的存货；

② 将订单复印数份，分送顾客和销售部门，作为凭证；

③ 登录发货账册和发出提货单；

④ 到仓库提货并发运；

⑤ 通知会计做账。

以上五个步骤在作业上就是订货处理、发货处理和账务处理。这些工作的好坏对于客户的服务质量、销售成本和时效都有很大的影响。内部报告系统一般有征信的作用，营销部门通过这一系统，可以分析出该订单是否值得接受和存货供应是否有问题。一项有效的顾客服务，需要营销人员随时掌握存货数量与发货日期，对于季节性的商品更是如此。

（2）营销情报系统。这是指向营销决策人员提供营销环境中各种因素发展变化情报的一整套信息来源和程序。

企业内部报告系统与营销情报系统是有区别的。内部报告系统为经营者提供营销结果的数据，而营销情报系统则为经营者提供营销活动正在发生的信息。

一般而言，经营决策者大多数自行收集情报，但这种方法带有相当的偶然性，一些有价值的信息可能没有抓住或抓得太迟。为了改进营销情报的质量和数量，经营决策人员一般需要采取以下措施：

① 训练和鼓励销售人员去发现和报告营销环境发展变化的新情况；

② 鼓励分销商、零售商和其他伙伴把重要的情报报告公司；

③ 向外界的情报供应商购买信息；

④ 建立信息中心以收集和传送营销情报。

（3）营销调研系统。除了收集内部会计信息和营销情报以外，经营决策者还需要经常对特定的问题和机会进行集中的研究，需要作一个市场调查，一个产品偏好试验，一个地区的销售预测或一个广告效益研究。经营者自己往往没有技能或时间去获得这一信息，需要委托别人来进行正式的营销调研。所谓营销调研是指系统地设计、收集、分析和提出数据资料以及提出跟公司所面临的特定的营销状况有关的调查研究结果。因此，营销调研系统是指对与公司所面临的特定的营销状况有关的信息进行调查、收集、整理、分析和研究的信息系统。

良好的营销调研必须具备五个特征：科学方法、创造性、多种方式、模式和数据的互依性、信息的价值和成本衡量。

（4）营销分析系统。它由分析市场营销数据和问题的先进技术所组成，包括一个统计库和一个模型库（见图 4.2）。

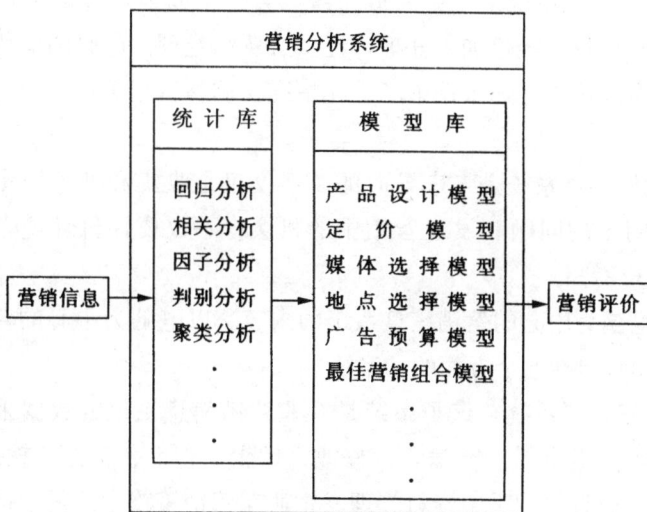

图 4.2　市场营销分析系统

统计库是用统计方法从数据中提取有意义信息的一个集合。模型库是一个能够帮助营销人员作出比较好的市场营销决策的一系列数学模型的集合。而模型本身就是设计出来用以表述某些真实的系统或过程的一组变量和它们之间的相互关系。

4.1.3 以电脑为中心的营销信息系统

（1）以电脑为中心的营销信息系统的特点。与传统手工处理系统比较而言，以电脑为中心的营销信息系统有如下五方面的特点。

① 系统性。电脑营销系统从系统的角度解决企业营销所需要的信息，并把系统的问题放在整体中处理，力求达到整个系统的最优化。它对企业内部的购销调存业务信息和企业外部市场信息进行统一收集与管理，以实现市场信息管理整体最优化。

② 连续性。与手工处理系统不同，电脑营销系统不是间歇的、断续的营销研究活动，而是企业全部市场信息连续作业的系统。

③ 高效性。现代计算机强大的运算能力，使对市场信息的处理速度和处理范围都大大增强，计算准确、传递及时，提高了效率；另一方面，对信息的综合、分析和加工提炼，又保证了信息的质量，提高了使用效果。

④ 适应性。该系统是一个开放系统，它要不断地从外部市场和营销环境中输入各种信息，经过加工处理，提供给营销经理。电脑的应用加速了这一过程，使企业可以迅速根据市场变化情况，调整营销策略，提高了企业应变能力。

⑤ 预测性。该系统是未来导向的。不仅仅是收集和处理历史数据，它还要预测营销中的问题和发现营销中的机会；不仅要评价环境，还要预测环境。

（2）以电脑为中心的营销信息系统的内容。以电脑为中心的营销系统模型（见图4.3）包括七个方面的子系统。

① 信息管理子系统。该子系统是企业营销信息系统的数据采集和管理中心。对各种数据资料进行输入、修改、编辑、查询、存储、输出等处理。它可以替代企业日常的手工资料管理。企业在营销策略中所需要的全部原始数据都可在此子系统输入，经过编辑、分类等处理后，形成各种数据库文件，并可以根据管理人员的要求随时调出供查询检索使用，也可以以各种报表的形式在打印机上输出。

② 订货管理子系统。企业对于客户的订货要求必须给予及时处理，根据订货量安排生产，按期如数向客户交货。订货管理子系统主要完成如下工作：根据客户的订货要求及现有库存情况、生产情况决定是否允许订货；

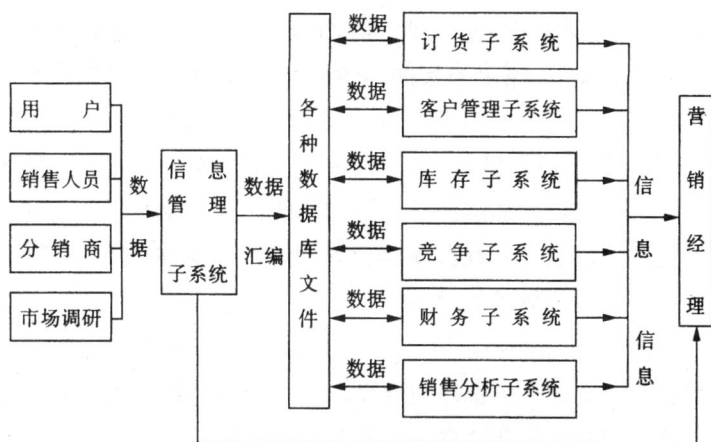

图 4.3　以电脑为中心的营销信息系统模型

汇总订货量交生产部门安排生产计划；对客户的订货合同进行录入、分类、统计、查询等处理，形成相应的输出订货合同数据库文件，并可随时考核合同的执行情况。

③ 客户管理子系统。客户包含现实的客户和潜在的客户。客户管理子系统一般进行三方面的处理：第一，建立客户档案，形成用户文件。第二，分析客户情况，作出客户评价。分析客户情况包括分析客户的历史购货情况，购买能力和订货的可靠程度，在此基础上，对客户作出划分，如重点用户、主要用户和一般用户、新用户等，在营销策略上区别对待。第三，发现潜在的客户。通过市场调查分析潜在客户的情况，了解他们对产品性能、花色、规格等方面的要求；亦可形成客户档案数据库，判断各销售区潜在的市场机会。

④ 库存管理子系统。完整的库存子系统有两个主要功能。一个功能是对库存变化情况及时作出簿记，维护库存记录的准确性和完整性，向管理人员提供各种库存统计报告和查询结果，称之为库存会计功能；另一个功能是以材料不缺不压为出发点，为各类原材料选择最佳订货时间、订货量等控制指标，称为库存控制功能。在企业未建立完整的管理信息系统之前，作为营销信息系统的一个子系统，可以主要体现第一个功能。要求能够建立出库、入库、库存账目。具有计算日出库、日入库量、盘点统计等功能，并根据需要查询各种产品现有库存状况和每月盘点结存状况。

⑤ 竞争对手管理子系统。企业的竞争对手包括竞争企业（同行业）和竞争产品（同类产品）。该子系统为竞争企业和竞争产品建立档案，并结合本企业营销，进行竞争状况分析。要完成竞争对手的有关信息的收集、编辑、统计、查询等工作，随时向决策人员提供竞争企业的规模、技术、生产能力、产品、价格、广告和销售渠道等方面的信息，及竞争产品的质量、产量、价格、规格等信息。并在此基础上，对竞争企业和竞争产品作出评价，区分主要竞争对手和一般竞争对手。

⑥ 财务结算管理子系统。该子系统是企业财务管理系统的一部分，这部分不包括企业的全部财务管理的内容，只是处理与销售环节和市场有关的财务账目。这部分工作包括：第一，根据订货合同及开票数量进行结算、记账，并分析资金的正常用途、托收、承收及挂账情况，随时给予控制；第二，如果企业产品的销售价格实行的是浮动价，而不是统一价，则要求这部分具有核算价格的功能；第三，要根据客户的标志（重要客户、一般客户）确定不同客户的折扣率；第四，要求具有查询、打印销售台账及报表的功能。

⑦ 销售分析子系统。该子系统对其他子系统已经形成的数据库文件中的数据进行有效的分析，使决策者能够直观地了解到企业产品的销售情况，亦可根据有关模型进行市场预测工作。通过统计处理，可以进行市场需求分析，比较各地区对产品的需求情况；可以进行销售增长率分析，分析产品的销售趋势；可以进行市场占有率分析，分析产品在各地区市场的占有率情况等等。并可将分析结果按照要求形成各种报表进行打印输出。此部分还可以借助于各种经济预测模型，对市场需求量、产品销售量等指标的未来发展趋势进行预测。

上述以电脑为中心的营销信息系统模型及子系统是一种基本的模型，但不同的企业其营销信息系统具体构成会有所不同，可根据本企业的具体情况增减而变化。

4.2 市场营销信息调研

市场营销信息调研是指企业用各种方式收集有关市场营销活动所需要的信息，并且以科学方法加以整理和分析。市场营销调研取得成功的关键是遵循合理的调研步骤和采用科学的调研方法，否则就会去收集错误的信息，或者收集的费用太大，或者对信息作出错误的阐释。因此，经营者对营销调研的步骤和方法有足够的认识是极为重要的事情。

4.2.1　市场营销调研步骤

有效的市场营销调研包括五个步骤：确定问题和研究目标、制订调研计划、收集信息、分析信息和提出结论（如图 4.4 所示）。

确定问题研究目标 → 制订调研计划 → 收集信息 → 分析信息 → 提出结论

图 4.4　营销调研步骤

（1）确定问题和研究目标。市场营销调研是一项有目的的活动，因此第一步就要求营销经理和营销研究人员认真地确定问题和商定研究的目标。由于每个问题都存在许多可以研究的事情，为了节省研究费用，就需要对该问题作出清晰的定义。对问题的定义既不要太宽也不要太窄。

例如，美国航空公司经常注意探索为航空旅行者提供服务的好方法。一次几位经理组织了一个头脑风暴式（德尔菲法）的小组会，并且产生了一些构思，包括提供较好的食品服务、在航行中热情款待乘客、供应报纸杂志等等，有位经理提出了在 3 万英尺的高空为乘客提供电话通信服务的想法。其他的经理们认为这是一个激动人心的想法，并同意对此作出进一步研究。经初步研究，波音 747 飞机从东海岸到西海岸的飞行途中，每航次电话成本为 1 000 美元，如果每次电话的收费为 25 美元，则每航次中至少有 40 人通话才能保本。公司要求营销部门研究会使用这种新型服务的航空旅行者会有多少。

针对这一案例，在实际研究过程中，如果营销经理对研究人员说："去探索你能够发现空中旅客所需要的一切。"结果，这位经理将会得到许多不需要的信息，而实际需要的信息却可能得不到。如果营销经理说："研究是否有足够多的乘客在飞行中愿意付足电话费，而使公司能够保本提供这项服务。"这样的问题却又太狭窄了。

美国航空公司的市场研究人员，经过研究将下列特定的内容作为调研的目标。

① 航空公司的乘客在航行中通电话的原因是什么？

② 哪些乘客喜欢在航行中通电话？

③ 有多少乘客可能会打电话？价格对他们有何影响？收取的最好价格是多少？

④ 这一新服务会增加多少乘客？

⑤ 这项服务对公司的形象将会产生什么影响？

⑥ 其他因素诸如航班次数、食物和行李处理等与电话服务相比，对公司作出选择的相对重要性是什么？

（2）制订调研计划。营销调研的第二步就是要制定一个收集所需信息的最有效计划。该计划包括以下几个方面的内容：信息来源、调研方法、调研工具、调研方式、调研对象等（如图4.5所示）。

（3）收集信息。营销调研计划经营销经理批准后，营销研究人员就可以执行调研计划，具体工作如下。

设 计 调 研 计 划		
信息来源	第二手资料	第一手资料
调研方法	询问法	观察法　　实验法
调研工具	调查表	机械设备
调研方式	普查　重点调查	典型调查　固定样本调查　抽样调查
调研对象		
经费预算		
人员培训	调研组织者	调研员
作业进度		

图 4.5　设计调研计划

① 收集第二手资料。第二手资料来源于内部资料和外部资料。内部资料是企业内部的会计系统所经常收集和记录的资料，如客户订单、销售资料、库存情况、产品成本、销售损益等；外部资料是从统计机构、行业组织、市场调研机构、科研情报机构、金融机构、文献报纸杂志等获得的资料。

② 收集第一手资料。获取第一手资料的方法有询问法、观察法和实验法等。每种方法都有自己的优缺点和适用范围，企业可以根据自己的情况进

行选择。如果采用询问法收集第一手资料，则必须做好下列工作：第一，设计调查表。调查表是整个调研工作的一项重要工具。调查表设计直接影响调查效果。第二，组织安排好调研力量。现场调研要把调研人员分好工，并掌握进度，保证质量。

（4）分析信息。分析信息的主要目的包括：分析得到信息的渠道是否可靠；分析信息内容的准确性；分析信息间的相互关系和变化规律。

分析信息的一般程序有以下几步。

① 编辑整理。首先检查资料的误差。误差一般有两种：一种是抽样误差，由于抽样调查是用其结果推断全体，因此推算结果与全体必然有一定误差，所以必须加以测定；另一种是非抽样误差，如统计计算错误，调查表内容设计不当，谈话记录不完整，访问人员的偏见，被调查人员回答不认真或前后矛盾等。错误资料必须剔除。其次，要对情报资料进行评价，即审核其根据是否充分，推理是否严谨，阐述是否全面，观点是否成熟，以保证情报资料的真实与准确。最后，筛选掉对营销决策不重要的信息，以免信息过杂影响决策效率。

② 分类编码。为了便于归档、查找、统计、分析，必须将经过编辑整理的资料进行分类编码。如果资料采用计算机处理，分类编码尤为重要。

③ 统计和分析。为了分析信息之间的相互关系和变化规律，根据调查所得到的有用数据和资料，用有关图表表示信息的相互关系及其状况，用模型来表达其规律性。

（5）提出调查结论。营销人员经过研究以后，向营销经理汇报研究结果，否则就容易造成营销经理埋头于大量的数据和复杂的统计技术中去的局面，影响决策的效率。而且研究人员所提出的调查结果应该是与营销决策有关的一些主要研究结果，这样可以减少在决策时的不确定因素。

假设前述案例中的美国航空公司得到的主要调查结果如下。

① 使用飞行电话服务的主要原因是：有紧急情况、紧迫的商业交易、飞行时间上的混乱等等；用电话来消磨时间的现象是不太会发生的；绝大多数的电话是商人打的。

② 每 200 人中，大约有 5 位乘客愿意花 25 美元作一次通话；约有 12 人希望每次通话费为 15 美元。因此每次收 15 美元（$12 \times 15 = 180$ 美元）比收 25 美元（$5 \times 25 = 125$ 美元）有更多的收入。然而，这些收入都大大低于飞

行通话的保本点。

③ 推行飞行通话服务，公司每次航班能增加两位额外的乘客，从而能获得 620 美元的纯收入。但是，这也不足以抵付保本点成本。

④ 提供飞行通话服务增加了公司作为创新和进步的航空公司的公众形象。但是，创建这一信誉使公司在每次飞行中付出了约 200 美元的代价。

营销经理根据研究人员提出的主要研究结果进行决策。由于飞行电话服务的成本将大于长期收入，出现收不抵支，那么在目前的情况下，也就没有实施的必要。

4.2.2 市场营销调研方法

营销调研方法选择是否合理，会直接影响调研结果。因此，合理选用调研方法是营销工作的重要环节。营销调研的基本方法可分如下三类。

（1）询问法。该方法是由调研人员先拟订出调查提纲，然后向被调查者以提问的方法请他们回答，以此来收集资料。具体有四种方法。

① 面谈法。这种方法能直接与被调查者见面听取意见并观察其反应，而且形式灵活，可以一般地谈，也可以深入详细地谈，并能互相启发，得到的资料也比较真实。但该方法成本高，调查结果受调研人员业务水平影响较大。

② 电话调查法。电话调查是由调研人员根据抽样的要求，在样本范围内，用电话向被调查者提问，听取意见。这种方法收集资料的速度快，成本低，并且能以统一格式进行询问，所得资料便于统一处理。但这种方法有一定的局限性，只能对有电话的用户进行访问，不易取得被调查者的合作，不能询问较为复杂的问题，调查难以深入。

③ 邮寄调查。这种方法也称为通讯调查，就是将预先设计好的询问表格，邮寄给被调查对象，请他们按表格要求填写后寄回。这种方法调查范围较广，被调查者有充裕的时间来考虑回答问题，不受调查人的影响，收集意见、情况较为真实。因此在几种询问法中是最经济、最实用的。但问卷的回收率较低，反应速度太慢和反应率也低，被调查者有可能误解问卷的含义，影响调查结果。

④ 留置问卷调查。本法是由调研人员将问卷当面交给被调查者，并说明回答要求，留给被调查者自行填写，然后由调研人员定期收回。

（2）观察法。观察法是指通过观察正在进行的某一特定市场营销过程，来解决某一市场营销问题的方法。调研人员可以到现场观察被调查者的行动如顾客行为、顾客反应等，也可以安装仪器进行收录和拍摄（如使用录音机、照相机、摄影机或某些特定的仪器）来收集市场信息资料。观察法能客观地获得准确性较高的第一手资料，但调查面较窄，花费时间较长。

（3）实验法。实验法是指将选定的刺激措施引入被控制的环境中，进而系统地改变刺激程度，以测定顾客的行为反应的方法。这种方法主要用于新产品的试销和新方案实施前的调查。如某新产品在大批量生产之前，先生产一小批，向市场投放进行销售试验。实验的目的：一是看该新产品的质量、品种、规格、外观是否受欢迎；二是了解产品的价格是否被用户所接受。实验法是比较科学的调查方法，取得的资料比较准确，但所花费用较高，时间也较长。

4.3 | 市场预测步骤和方法

市场预测，就是根据过去和现在推断未来，即利用市场调研所获得的过去和现在的实际资料，运用科学的理论和方法，估计事物在今后的可能发展趋势。市场调研主要是收集、分析过去和现在发生的营销信息，而营销策略是针对环境未来发展趋势制定的。因此，营销者掌握预测理论和方法是制定合理营销策略的关键。

4.3.1 市场预测的步骤

市场预测的全过程是调查研究、综合分析和计算推断的过程。一个完整的市场预测，一般都要经过以下八个步骤，如图 4.6 所示。

（1）确定预测目标。进行一项预测，首先必须明确预测的内容或项目，预测的目标关系到预测的一系列问题，收集什么资料、怎样收集资料、采用什么预测方法等。只有目标明确，才能使预测结论符合决策要求。

（2）收集、整理资料。正确资料是搞好预测的依据。所以，营销人员应根据预测目标的具体要求收集进行预测所需要用到的各种资料，并且对所收集到的资料进行加工、整理和分析，辨别资料的真实性、完整性、可比性和

```
┌─────────────┐
│  确定预测目标  │
└─────────────┘
      ↓
┌─────────────┐
│ 收集、整理资料 │
└─────────────┘
      ↓
┌─────────────┐
│  选择预测方法  │
└─────────────┘
      ↓
┌─────────────┐
│  建立预测模型  │
└─────────────┘
      ↓
    ◇评价模型◇ ──不可用──
      ↓可用
┌─────────────┐
│ 利用模型进行预测 │
└─────────────┘
      ↓
┌─────────────┐
│  分析预测结果  │
└─────────────┘
      ↓
┌─────────────┐
│  输出预测结果  │
└─────────────┘
```

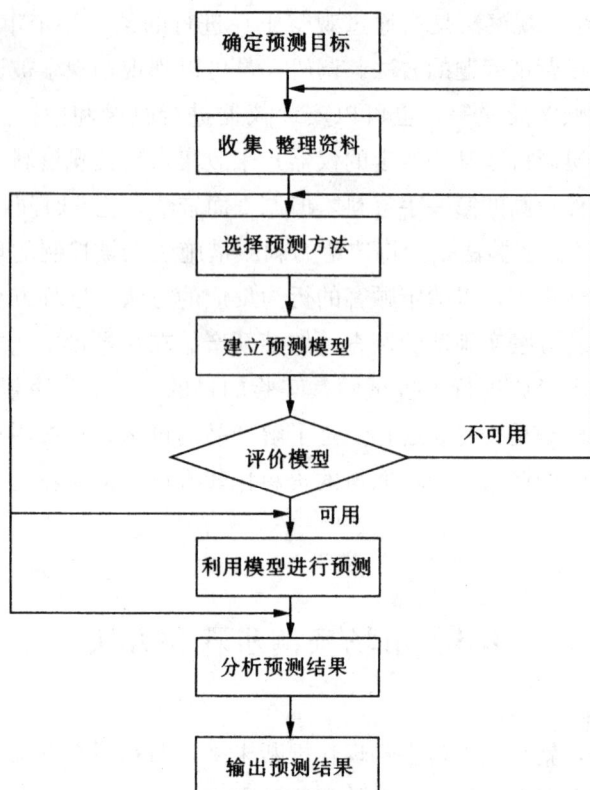

图 4.6　预测步骤

可用性，对不完整和不可比的资料要进行必要的补充和推算，去掉那些不真实的、对预测无用的资料。

（3）选择预测方法。市场预测的方法很多，各种方法都有自己的适用范围和局限性。实际工作中，主要是根据决策对预测结果的要求、占有资料的多少及完整程度、资料所呈现的数据之间关系及其变化规律等，并结合开展预测工作的环境和条件，按照经济、方便、有效原则，选择合适的预测方法。

（4）建立预测模型。预测模型是对预测对象发展规律的近似模拟。因此，在资料的收集和整理阶段，应对收集到的资料，采用一定方法加以整理，尽量使它们能够反映出预测对象未来发展的规律性，然后利用选定的预测技术确定或建立可用于预测的模型。如用数学模型法，则需要确定模型的形式并求出模型的参数；如用趋势外推法，则要确定反映发展趋势的公式；

如用概率分析法，则要确定预测对象发展的各种可能结果的概率分布；如用类推法，则要找到与预测对象的发展类似的事物在历史上所呈现的发展规律等等。

（5）评价模型。由于模型是利用历史资料建立的，它们反映的是事物发展的历史规律，因此，应根据收集到的有关未来情况的资料，对建立的预测模型加以分析和研究，评价其是否能够应用于对未来实际的预测。如果认为事物在未来的发展将不再遵循预测模型所反映出的规律性，则应舍弃该模型，重新建立可用于进行未来预测的模型。如果没有理由认为模型不能应用于预测未来的实际，这才可以利用它进行预测。

（6）利用模型进行预测。根据收集到的有关资料，利用经过评价所确定的预测模型，就可计算或推测出预测对象发展的未来结果。这种计算或推测是在假设过去和现在的规律能够延续到未来的条件下进行的。

（7）分析预测结果。利用模型得到的预测结果有时并不一定与预测对象发展的实际相符。因此，要分析预测误差产生的原因。一般来说主要有以下六种。

① 预测是在假设过去和现在的规律能够延续到未来的条件下进行的，但实际已发生了变化。

② 预测模型是对实际情况的近似模拟。

③ 预测方法选择不当。

④ 预测所用资料不完整或有虚假因素。

⑤ 预测环境或影响预测对象的主要因素发生了重大变化。

⑥ 预测人员的经验、分析判断能力的局限性。

（8）编写预测报告。预测报告是对预测工作的总结。内容包括：资料收集与处理过程、选用的预测方法、建立的预测模型及对模型的评价与检验、对未来条件的分析、预测结果及其分析与评价以及其他需要说明的问题等等。

最后输出预测结果，向营销经理进行汇报。

4.3.2　市场预测的方法

市场预测方法有两种基本形式：定量预测法和定性预测法。如果影响预测对象未来变化的各种因素与过去、现在的影响因素大体相似，呈现一定的规律，并且能够收集到足够的相关历史资料和数据，则可以通过建立数学模型进行定量预测，定量预测法也称为数学模型预测法。如果影响预测对象未来变化的各种因素变动激烈，难以量化，并且采集不到足够的相关历史数据资料，则数学模型预测法就难以奏效，这时应选用非数学模型的定性预测法。

（1）数学模型预测法。数学模型预测方法主要包括两大类：时间序列法和回归分析法。

① 时间序列法。常用的时间序列法有简单平均法、加权平均法、移动平均法、指数平滑法。

a. 简单平均法。即算术平均法，就是以观察期数据之和除以数据个数（或资料期数），求得的平均数，则为下期的预测值。其计算公式为

$$Y_t = \frac{X_1 + X_2 + X_3 + \cdots + X_n}{n} = \frac{\sum_{i=1}^{n} X_i}{n} = \overline{X}$$

式中：Y_t 为预测值；

X_i 为第 i 期的观察值（$i=1$，2，3，$\cdots$，n）；

n 为观察的期数；

$\overline{X}$ 为平均值。

例如：假设某厂 2018 年 7—12 月每月实际的销售量（如表 4.1 所示），预测 2019 年 1 月份的销售量。

表 4.1　某厂 2018 年 7—12 月的预测销售量

月　　份	7	8	9	10	11	12
实际销售量（万元）	240	235	270	245	255	265

$$Y_t = \frac{240 + 235 + 270 + 245 + 255 + 265}{6} = 251.66\,(\text{万元})$$

该企业 2019 年 1 月份的预测销售额是 251.66 万元。

简单平均法的优点是计算简单，但是这种方法一般只适用于销售量变化不大的稳定状态，如果实际情况变化起伏很大，则预测结果同实际销售量的误差就会很大。

b. 加权平均法。该法是在求平均数时，根据观察期各资料重要性程度，分别给予不同权数后再加以平均的方法。通常采用加权算术平均法，其计算公式为

$$\overline{Y}_t = \frac{X_1 D_1 + X_2 D_2 + X_3 D_3 + \cdots + X_n D_n}{D_1 + D_2 + D_3 + \cdots + D_n} = \frac{\sum\limits_{i=1}^{n} X_i D_i}{\sum\limits_{i=1}^{n} X_i}$$

式中：D_i 表示 i 期权数；

　　X_i 为 i 期实际销售额；

　　n 为观察的期数；

　　$\overline{Y}_t$ 为预测值。

上例中如果观察值取 9，10，11，12 四个月，根据每个月的数值对 2019 年 1 月份预测值的不同影响程度确定权数分别为 9 月份（D_1）为 2；10 月份（D_2）为 2；11 月份（D_3）为 3；12 月份（D_4）为 3。

例：上例 2019 年 1 月份实际销售额为 260 万元。

则 2019 年 1 月份的预测销售额为：

$$Y_1 = \frac{270 \times 2 + 245 \times 2 + 255 \times 3 + 265 \times 3}{2 + 2 + 3 + 3} = 259 \text{（万元）}$$

该企业 2019 年 1 月份的预测销售额是 259 万元。

加权平均法的关键是确定适当的权数，但至今还没有找到一种确定权数的科学方法，只能根据经验而定。一般情况是，给予近期数较大的权数，距离预测期远的则权数递减。

c. 移动平均法。也称简单数学平均法，是将观察期的数据由远而近按一定跨期进行平均，取其平均值。随着时间的推移，计算平均值所用的各个时期也是向后移动的。其计算公式为

$$\overline{Y}_t = \frac{X_t + (X_{t-1}) + (X_{t-2}) + \cdots + (X_{t-n+1})}{n}$$

式中：X_t 为 n 期实际值；

　　$\overline{Y}_t$ 为 n 期移动平均值。

例：上例 2019 年 1 月份实际销售额为 260 万元。

则 2019 年 2 月份的预测销售额为：

$$Y_n = \frac{260+265+255+245+270}{5} = 259（万元）$$

该企业 2019 年 2 月份的预测销售额为 259 万元。

运用移动平均法关键是选择合适的 n。一般地说，如果考虑到时间序列中含有大量随机成分，或者序列的基本发展趋势变化不大，则 n 应取大一点，这样平滑修匀的效果更为显著。如果预测对象的基本趋势正在不断发生变化，外部影响与环境正在改变，则 n 应取小一点，使移动平均值更能适应当前变化趋势。

d. 指数平滑法。这是一种特殊类型的加权移动平均法，采用指数加权的方法进行移动平均的预测方法，所取的指数又叫平滑系数。

指数平滑法以本期实际值和本期预测值为基数，分别给两者以不同的权数，计算出指数平滑值，作为预测基础，其计算公式为

$$Y_t = aX_{t-1} + (1-a)Y_{t-1}$$

式中：Y_t 为 t 期平滑预测值；

$\quad\quad X_{t-1}$ 为最近一次实际值；

$\quad\quad Y_{t-1}$ 为最近一次预测值。

在使用上述公式作预测时，a——平滑系数限于大于 0 小于 1 之间（$0<a<1$）。当 $a=1$ 时，$1-a=0$，则 $V_t = X_{t-1}$，即本期的预测值等于上一期的实际销售数。当 $a=0$ 时，$1-a=1$，则 $V_t = V_{t-1}$，即本期预测值等于上一期的预测值。一般说来，本期预测值常介于上一期实际数与上一期预测数之间。因此 a 值取向原则是：当预测数 Y_{t-1} 与实际数 X_{t-1} 差距较大时，a 应取大些；当预测数 Y_{t-1} 与实际数 X_{t-1} 差距较小时，a 应取小些。a 越小，预测值越平滑；a 越大，预测值变化越大。例：上述例子中假定该企业 2019 年 1 月份预测值为 259 万元，实际销售额为 265 万元，如果 $a=0.3$，则 2 月份预测销售额为

$$Y_t = 0.3 \times 265 + (1-0.3) \times 259 = 260.8（万元）$$

$a=0.3$ 的含义是指 1 月份实际销售额的比重（或权数）占 30%，1 月份

预测销售额的比重占 70%。根据国内外的经验，在实际运用中，通常的经验是 a 取 0.1—0.3。

② 回归分析法。在经济活动中，许多经济现象都有一定的相互关系，如商品销售量的多少与消费者的购买力、商品价格等有关，根据事物因果关系，找出变化的原因，对未来作出预测的方法一般称为回归分析法。

回归分析法是通过对两个以上变量之间的因果关系，找出事物变化的原因，用数学的模式预测事物未来的发展变化。如果研究的因果关系只涉及两个变数，叫做一元回归分析，如果涉及两个以上的变数，就叫作多元回归分析。这里主要介绍一元回归分析法。

一元回归分析法，是运用两个变数进行市场预测的方法，如果两个变量之间呈线性关系，就是一元线性回归，则运用的方式称为线性回归方程，公式为

$$\overline{Y} = a + bx$$

式中：$\overline{Y}$ 为因变量，即预测值；

X 为自变量，即引起因变量变化的某影响因素；

a、b 为回归系数，a 为截距，b 为斜率。

求 a、b 的公式为

$$a = y - bx \qquad b = \frac{\sum\limits_{i=1}^{n} X_i Y_i - n\,\overline{XY}}{\sum\limits_{i=1}^{n} X_i a - n(\overline{X})a}$$

其中：

$$\overline{Y} = \frac{\sum\limits_{i=1}^{n} Y_i}{n} \quad \overline{X} = \frac{\sum\limits_{i=1}^{n} X_i}{n}$$

例：表 4.2 是某国 2003—2021 年汽车保有量和汽车配件销售额的分年统计数据。假定该国的汽车保有量近几年将按每年 10% 的速度递增，则可运用一元线性回归方法预测该国 2022 年、2023 年的汽车配件销售额。

设汽车配件销售额为 Y（百万元），汽车保有量为 X（千辆），应用一元线性回归法计算数据结果如表 4.2 所示。

表 4.2　某国 2003—2021 年的汽车统计数据

年份	i	汽车保有量 X_i	汽车配件销售量 Y_i	X_iY_i	X_i^2
2003	1	6.54	7.20	47.088	42.772
2004	2	4.76	9.30	44.268	22.658
2005	3	5.93	9.90	58.707	35.165
2006	4	6.80	10.96	74.528	46.24
2007	5	6.70	11.12	74.504	44.89
2008	6	7.30	10.57	77.161	53.29
2009	7	8.52	12.34	105.137	72.29
2010	8	8.43	11.23	94.669	71.06
2011	9	10.43	14.65	152.800	108.785
2012	10	11.97	16.90	202.293	143.281
2013	11	13.84	20.15	278.876	191.546
2014	12	16.79	17.81	299.030	281.904
2015	13	20.57	31.30	643.841	423.125
2016	14	24.55	26.84	658.922	602.703
2017	15	30.52	42.02	1 282.450	931.470
2018	16	36.92	43.31	1 599.005	1 363.086
2019	17	43.49	49.52	2 156.625	1 891.380
2020	18	51.36	61.06	3 136.042	2 637.850
2021	19	57.99	69.60	4 036.104	3 362.840
		373.41	475.78	15 019.049	12 326.639

根据表中数据得 $\overline{X} = \dfrac{373.41}{19} = 19.653$

$$\overline{Y} = \dfrac{475.78}{19} = 25.041$$

$$b = \dfrac{15\,019.049 - 19.653 \times 475.78}{12\,326.639 - 19.653 \times 373.41} = 1.136\,4$$

$a = 25.041 - 1.136\,4 \times 19.653 = 2.707\,3$

则回归预测方程为 $Y = 2.707\,3 + 1.136\,4X$

2022 年的汽车配件销售额为

2022 年=2.707 3＋1.136 4×57.99×（1＋10％）

        =75.198（百万元）

2023 年的汽车配件销售额为

2023 年=2.707 3＋1.136 4×57.99×（1＋10％）²

        =82.448（百万元）

（2）非数学模型预测法。常用的非数学模型预测方法有直接调查法、经验判断法两种。

① 直接调查法。这是指通过直接向市场——实际的和潜在的购买者做调查来进行预测。常用的直接调查法有以下几种。

a. 购买者意向调查法。这是指通过抽样方式选择一部分潜在的购买者，直接向他们了解某一时期内的购买意向，从而推测购买者购买意向的主要变动趋势。这种预测方法基于这样一种假设：只有潜在的购买者本人最清楚自己将来想要购买什么样的产品。一般而言，用购买者意向调查法来预测未来需求，其准确性相对而言，用于工业品较高，用于耐用消费品次之，用于日常消费品最低。其原因在于影响消费者日常购买的随机因素较多。因此，购买意向调查法一般适用于工业品和耐用消费品需求的预测。

b. 市场试销法。这是指在特定时间内向某一特定地区投放小批量新产品或改进老产品，用收集到的资料进行预测。新产品刚问世时，由于没有历史销售资料，制造商往往不知道产品的市场需求有多大。同时，由于消费者没有关于新产品的感性认识，购买意向调查法难以奏效时，一般采用市场试销法。试销法应用范围很广，不论是生产资料，还是生活资料，均可采用此法。尤其是对一些低值易耗品或日常消费品的短期预测，可以获得比较理想的结果。其计算公式为

$$Y_t = Q \cdot N \cdot D‰$$

式中：Y_t 为下期预测销售量；

    Q 为每单位用户平均消费量；

    N 为总用户数；

    D 为重复购买的比重。

② 经验判断法。经验判断法一般适用于预测对象的环境因素（经济、政治、法律、技术、人文等）变动比较激烈的情况。它是一种主要依靠专家

的经验对预测对象的各影响因素加以综合考虑并作出判断的方法。

经验判断法可以分为个人独立判断法、集体讨论法和德尔菲法①三种。

a. 个人独立判断法。该法由参与预测的人员各自独立地进行判断，然后把各人的判断结果加总得到最后的预测结果的一种预测方法。其计算公式为

$$E_i = \frac{最乐观估计值 + 4 \times 最可能估计值 + 最悲观估计值}{6}$$

$$预测值 = \frac{\sum_{i=1}^{n} E_i}{n}$$

式中：E_i 为某参与预测人员的期望值；

n 为参与预测的人数。

b. 集体讨论法。个人独立判断法的缺点是：每个人掌握的信息总是不全面的，由于预测是由个人独立地进行的，因此不能起到集思广益的作用。集体讨论法在个人判断的基础上增加了集体讨论，有助于克服这个缺点。在集体讨论中，要求每个预测者在作出其预测结果的同时，说明其分析的理由，并允许争论。当然，各人最终的预测结果，还是由各人独立地作出。

集体讨论法的主要优点是集思广益，但缺点有以下三个方面。

第一，在讨论时，如果参加者之间存在着职务、资历等方面的差异，有可能产生"一言堂"。

第二，若参加者对预测结果有与众不同的独到见解，他可能会担心万一将来实践证明其预测不准而带来的难堪，从而采取"随大流"的态度。

第三，若集体讨论中争论过于激烈，会导致意气用事，这会影响预测的精度。

c. 德尔菲法。如上所述，个人独立判断法和集体讨论法各有优缺点。为了发扬两种方法的优点而避免其缺点，美国的兰德公司提出了德尔菲法，它是充分发挥专家们的知识、经验和判断能力，并按规定的工作程序来进行的方法。其基本过程是：先由各专家背靠背地提出自己的预测，然后由预测组织者把这些预测结果集中起来，并返回给各位专家，请他们在参考他人预测

---

① 德尔菲法：德尔菲是古代希腊神话中的地名，相传阿波罗杀死恶龙于该地，后人常用德尔菲比喻神的高超预见能力。

的基础上再次作出预测。如此反复几次，最后得到相对集中的预测结果。

德尔菲法的主要优点是：预测过程迅速，成本较低；在预测过程中，各种不同的观点都可以表达并加以调和；可以弥补缺乏基本数据的不足。当然，德尔菲法也有其不足，主要是：专家意见未必能反映客观现实；责任较为分散，估计值的权数相同；一般仅适用于总额的预测，而用于区域、顾客群、产品大类等的预测时，可靠性较差。

案例 YY 食品集团公司广告效果电话调查

YY 食品集团公司系外商投资企业，YY 集团公司主要生产销售蛋黄派、薯片、休闲小食品、果汁饮料、糖果 XX、果冻、雪饼等系列产品，目前形成具有 1000 余个经销点的强大销量网络，年销售收入逾 5 亿元。2001 年，公司通过并全面推行 ISO9001：2000 国际质量管理体系，将公司的管理水准推上一个新台阶。

2004 年初，YY 集团公司的新产品 "XX 派" 出现在电视广告中，为了分析新产品的电视广告效果，集团公司委托一家市场研究公司进行电视广告效果的市场研究。

一、调研目的

(1) 了解 YY 牌 "XX 派" 食品在全国主要目标市场（城市）的品牌认知度、品牌美誉度、品牌忠诚度；

(2) 了解 YY 牌 "XX 派" 近段时间的（电视）广告认知度；

(3) 分析 YY 牌 "XX 派" 的广告效果：包括广告认知效果、消费者的心理变化效果和唤起消费者购买效果的分析，从而提高产品销售额；

(4) 消费者媒介接触习惯与背景资料研究，为 YY 公司下一步调整广告投放策略提供参考；

(5) 消费者对 "派食品" 的消费（食用）习惯与需求研究，为调整产品的营销策略提供依据。

二、研究内容

(1) 消费者对 YY 牌 "XX 派" 的广告认知率（接触率）；

(2) 消费者对 YY 牌 "XX 派" 的广告内容评价；

(3) 消费者对 "派食品" 的消费动机；

（4）消费者购买/食用 YY 牌 "XX 派" 的考虑因素及原因（动机）；

（5）消费者不购买/食用 YY 牌 "XX 派" 的主要因素；

（6）消费者日常媒介接触习惯。

三、调查方法

电话随机访问

四、抽样方法

将各城区电话号码的全部局号找到，按所属区域分类排列，此为样本的前三位或四位电话号码，后四位电话号码则从计算机随机抽取出来，前三位或四位电话号码跟后四位电话号码相互交叉汇编组成不同的电话号码。

例如：XX 城市的电话号码局域号有 781、784、786、789⋯后四位电话号码库有 1976、5689、9871、0263、1254⋯则抽样出的电话号码为 7811976、7815689、7819871、7810263、7811254、7841976、7845689、7849871、7840263、7841254⋯以此类推。

1. 样本配额要求

在所有城市的产生样本中，要求每个城市至少产生 37.5 个样本（所有城市至少有 300 个样本）在最近 1—2 个月内接触过 YY 牌 "XX 派" 的电视广告。如果达不到这个样本数，必须追加样本，最终将增加总样本量。

目的：在于对这其中 300 个或以上有接触过电视广告的消费者中进行深入分析，挖掘其 "广告直接与间接效果" 等。

2. 样本配额控制方法

计算每个城市每个区域应做的样本量，将每类问卷的样本数按各区的人口比例进行分配，计算出每区应做的样本量。在进行电话访问的同时，记录被访者所在的区域，由负责督导进行统计并随时进行管控（因电话号码的局号是不受区域限制的，有可能同一局号跨越两个行政区），确保各区样本量的准确性。

五、调查结论

本调查项目至实地调查结束时，YY 牌 "XX 派" 的电视广告已连续播放两个多月，从消费者接触到广告内容，到对 YY 牌 "XX 派" 的了解，产生购买动机，到最终促进消费者的购买行动，每个环节都是近期两个多月以来电视广告投放产生的效果。从总体来讲，这段时间的广告活动应该是相对比较成功的，对于提高 YY 牌 "XX 派" 的品牌知名度、促进 YY 牌 "XX 派" 的销售量都起到相当大的进步。

......

在产品的广告宣传上：虽说前段时间的广告投放得到一定的效果，但在媒介选择上需要重新调整，每个城市以当地收视率最高的电视媒介为主，可以不考虑卫视台，多数地方的消费者收看电视以地方电视台为主，较少收看外地台。而且，从现有的调查结果看，虽说卫视台的辐射面较广，但派食品地域差异性较大，每个地方消费者对派产品的品类需求不同。

——资料来源：根据 www.docin.com，2010 年 11 月 29 日改写。

根据案例，思考以下问题：

1. 结合本案例，思考企业如何从调研目的来归纳出具体的调研内容？

2. 电话访问应注意哪些细节问题？

3. 了解市场信息除了电话访问与调查以外，还有哪些方式？

| 本章内容提要 |

1. 市场信息研究是企业寻找市场机会、避开市场风险的前提，也是对营销活动实行有效分析、计划、执行和控制的依据。

2. 市场营销信息系统是一种由人、设备、程序构成的相互作用的综合系统，它能够收集、筛选、分析、评估和分配信息，分为传统的人工信息系统和以电脑为中心的现代信息系统。一个有效的市场营销信息系统包括企业内部报告系统、营销情报系统、营销调研系统和营销分析系统。

3. 以电脑为中心的现代营销信息系统模型一般包括：信息管理子系统、订货管理子系统、客户管理子系统、库存管理子系统、竞争对手管理子系统、财务结算子系统和销售分析子系统。

4. 构造营销调研系统的关键是遵循合理的调研步骤和采用科学的调研方法。营销调研方法可分为三类：询问法、观察法和实验法；其中询问法又可分为面谈法、电话法、邮寄法和留置问卷法。每种方法都有优缺点和适用范围。

5. 企业营销策略是针对营销环境未来状态制定的，因此掌握市场预测步骤和方法是制定合理营销策略的关键。市场预测方法很多，各种方法都有自己的适应范围和局限性，一般分为两大类：数学模型预测法和非数学模型预测法。

本章基本概念

市场信息研究　　　现代市场营销信息系统　　　企业内部报告系统
营销情报系统　　　营销调研系统　　　营销分析系统　　　市场预测
数学模型预测法　　　非数学模型预测法　　　市场营销信息调研

本章思考题

1. 现代市场营销信息系统有哪些特点？
2. 现代营销信息系统一般包括哪些子系统？各子系统有哪些功能？
3. 营销调研分哪几个步骤？其中调研计划包括哪些内容？
4. 营销调研有哪几种方法？各种方法利弊如何？
5. 市场预测的步骤有哪些？
6. 市场预测的常用方法有哪些？其适用范围如何？

第5章
目标市场策略

在企业经济行为日趋国际化的情况下，企业所面临的市场是非常广阔而又复杂多变的。虽然市场维系着企业的生存与发展，但任何一个企业都不可能有这么大的规模服务于整个市场，而只能服务于这个大市场的某个部分。因此，如何找到一个符合企业现有资源的市场部分，确定企业在大市场中的位置，是企业管理者的一个首要决策问题。这个决策通常由市场细分、目标市场选择、产品定位三个过程组成。

5.1 市场细分概念及其细分标准

市场细分是制定市场营销策略的核心，因为市场营销策略包括选择目标市场与决定相应的市场营销组合两个基本概念。而市场细分则是企业选择目标市场的前提和基础，在选择目标市场的基础上才能采取相应的营销组合，制定出正确的产品策略、价格策略、适用的分销策略及促销策略，满足消费者需求，实现企业利润目标。

5.1.1 市场细分的概念

(1) 市场细分概念及其产生的基础。市场细分是指根据消费者对产品不同的欲望与需求，不同的购买行为与购买习惯，把整个市场划分为若干个由相似需求的消费者组成的消费群体，即小市场群。市场细分理论是20世纪50年代中期由美国营销学家温德尔·史密斯（Wendell R. Smith）提出的。

它是营销学研究中继"消费者为中心"的观念之后的又一次革命。市场细分的提出使营销学理论更趋完整。

市场细分的基础和依据是消费需求的多元异质性理论。一般来说,组成市场的无数消费者由于他们所处的地理环境、社会环境、所接受的教育及自身的心理素质、购买动机等的不同,他们对产品的价格、质量、款式等的要求也不尽相同,存在着需求的差异性。但是,也总有一些消费者由于同处一个地理环境,或接受了同样教育,或有相似的心理素质等,因而他们对产品各方面的需求大致相似,这样的一些消费者就构成了一个细分市场。因此,对于贯彻市场营销观念的企业而言,要着重注意和研究异质市场顾客的不同需求及其发展动向。

(2)市场细分的意义。市场细分是现代企业从事市场营销的重要手段,因此它对于企业的营销实践也有着重要的意义。

首先,市场细分有助于企业深刻认识市场,进而选择合适的目标市场。通过细分,企业可以寻找目前市场上的空白点,即了解现有市场上有哪些消费需求没有得到满足,如果企业能够满足这些消费者的需求,则可以以此作为企业的目标市场,这就是市场给予企业的机会。如目前市场上时装店销售的都是适合青年人的时装,而市场上一部分中老年人由于生活水平的提高,生活的时尚化,他们想打扮自己,但却找不到适合自己体型的时装。针对这种情况,上海开出了首家中老年时装店,专门生产和销售适合中老年人身材特点的时装,既满足了中老年人追求时尚、把自己打扮得更美的需求,也使企业有了新的发展目标。

其次,市场细分有利于企业充分、合理利用现有资源,制定或调整企业的营销策略。这一点对于中小企业特别重要。企业发展史说明,在全球企业日趋大型化的时代,仍然有众多的中小企业得到了生存和发展,原因就在于这些中小企业通过细分市场抓住了大企业所留下的市场空隙,发挥自己灵活的优势,根据自己有限的资源条件,实施其营销策略。事实上像索尼、尼西奇等当今许多大型的著名企业,都是从经营某一独特的商品起步,在满足市场空隙地带的需求过程中成长起来的。在科学技术高度发达、人民生活水平普遍提高的今天,消费的需求日趋多样化,这就给广大的中小企业提供了更多的机会。

第三,市场细分有利于满足消费者的需求,提高企业的经济效益。在市场经济社会里，企业的效益在于产品的销路，而产品是否适销对路则要看它是否能满足消费者的需求。通过细分，企业可以发现消费者尚未得到满足的需求，还可以掌握消费需求的发展趋势，以此来生产符合市场需求的产品，从而使企业取得更好的经济效益。

5.1.2 消费者市场的细分标准

由于消费者为数众多，需求各异，因此消费者市场是一个复杂多变的市场。不过，总有一些消费者有某些类似的特征。以这些特征为标准，就可以把整个消费者市场细分成不同的子市场，并据此选定企业的目标市场。

消费者市场的细分标准有很多，但一般常用的方法是分析消费者的两个方面的主要特征：一是消费者生理特征和社会属性的区别；二是消费者对企业安排的营销因素反映的区别。前者包括消费者的地理、人口和心理方面的差异；后者包括消费者对产品的喜爱、追求的利益，以及对广告宣传、价格等的信任程度。这就是通常所说的四大标准：即地理标准、人口标准、心理标准和行为标准。

（1）地理标准。地理标准是指企业按消费者所在的不同地理位置以及其他地理变量（如城市、农村、地形气候、交通运输等）作为细分消费者市场的标准。这是一种传统的划分方法。相对于其他标准，这种划分标准比较稳定，也比较容易分析，因为，一般来说，处在同一地理条件下的消费者，他们的需求有一定的相似性，对企业的产品、价格、分销、促销等营销措施也会产生类似的反应。

地理标准主要包括以下一些因素：

① 行政区域。如国家、省、市、区县、乡村等。行政区域的大小往往意味着人口数量的多少即市场密度的大小。但这种划分人为的影响较大。

② 地理位置。如沿海地区、内陆地区、华北、东北、西南等地区。不同的地理位置，带来不同的消费需求和生活习惯。

③ 气候。如我国气候分热带、亚热带、中温带、暖温带、寒带等。不同的气候需要不同的产品，寒带需要取暖器、热带需要制冷空调。还有很多产品都与气候密切相关，如布匹、运动用品，等等。

利用地理因素作标准来细分市场，这是最简便的一种细分方法，但地理因素多是静态因素，不一定能充分反映消费者的特征。因此，有效的细分还需考虑其他一些动态因素。

(2) 人口标准。人口标准是指按人口变量的因素来细分消费者市场的标准。人口是构成市场最主要的因素。人口因素主要包括：

① 年龄。将消费者按一定年龄标准划分为相同的细分市场，如婴幼儿市场、少年市场、青年市场、中年市场和老年市场等。

② 性别。不同的性别具有不同的消费需求和购买行为，这是自然生理差别引起的差异。按性别标准可划分为男性市场、女性市场。

③ 家庭。包括家庭规模（家庭人口数量）、家庭结构（单身、结婚、有无子女、子女是否独立等）。

④ 经济收入。如高收入、中等收入、低收入等。

⑤ 教育水平。如大学以上、大专、高初中、小学、文盲等。

⑥ 宗教。如天主教、基督教、伊斯兰教、佛教、道教等。

此外，诸如职业、国籍、民族等也都是人口统计方面的因素。

人口变量因素是最常用的细分标准，因为消费者的需求与这些因素有着密切的联系，而且这些因素一般比较容易衡量。如美国的服装、化妆品、理发等行业的企业一直按性别细分，汽车、旅游等企业则一直按收入来细分。再如玩具市场可以用年龄来划分，家庭用品、食物、房屋等则可以依据家庭的规模和家庭结构来进行划分。

不过，这些因素的细分作用有时也并不十分明确，如现代女性越来越多地购买和使用以往只有男性才使用的产品，也就是说，随着社会的发展，某些产品的消费者在性别或其他因素上的界限会缩小甚至消失。因此，还有必要从更深的层次上即消费者的心理和行为上来进行细分。

(3) 心理标准。指根据消费者的心理特点或性格特征来细分市场的标准。心理标准主要表现在以下三个方面。

① 社会阶层。如西方国家分上流社会、中产阶级、下层社会，或者按收入分为大款、白领、工薪等阶层。我国分为农民、工人和知识分子阶层等。不同阶层的人以不同的消费来显示其不同的身份和社会地位，像一些大款讲究高档豪华的消费品，白领阶层追求时髦和名牌，工薪阶层则更重视实惠。

② 生活方式。生活方式是消费者对自己的工作和休闲、娱乐的态度，如追求时髦或顽固守旧、崇尚奢华与节俭朴素、唯乐主义与工作狂，等等。

生活方式不同的消费者，他们的消费欲望和需求不一样，对企业市场营销策略的反应也各不相同。在国外，也有人用"AIO"系数来划分消费者的不同生活方式，如 Activities（活动）：指消费者的工作、假期、娱乐、运动、购物、社区交往等活动；Interests（兴趣）：指消费者对家庭、食物、服装款式、传播媒介、成就等的兴趣；Opinions（意见）：指消费者对社会问题、政治、商业、经济、教育、产品、文化、价值等的意见。企业可以通过市场调查研究，了解消费者的活动、兴趣、意见，据此划分不同生活方式的消费者群。

③ 个性。个性也是消费者市场细分的一个重要因素。很多企业给其产品赋予某些个性特征，以迎合消费者的个性并因此而获得成功。如在 20 世纪 50 年代，美国福特汽车公司和通用汽车公司就曾利用个性特征来推销其福特牌和雪佛莱牌汽车。人们认为福特牌汽车的购买者有独立性，易冲动，有男子汉气概，敏于变革并有自信心；而雪佛莱牌汽车的拥有者则是保守、节俭的，他们重名望，缺乏阳刚之气，恪守中庸之道。

（4）行为标准。行为标准是指按消费者的购买行为、购买习惯细分市场的标准。用行为作为细分市场的因素，通常可以考虑以下各方面：

① 产品购买与使用的时机。这是指有规则或无规则的购买、平常购买或节假日购买。我国现在也有很多合资或独资企业利用节假日大作宣传，如国庆节、劳动节、春节、儿童节、母亲节、情人节等，以促进产品的销售。随着法定休假日的增加，"假日经济"浪潮的兴起，已有更多的商家把目光放在了节假日消费上。

② 产品利益。产品利益是指消费者购买产品时所追求的好处，也就是产品带给消费者的利益，如高品质、优良服务、多功能等。牙膏的购买者有的是为了防蛀牙，有的是为了洁白牙齿，有的是喜欢某种香味，有的是因为价格低廉等等。因此，企业可依据消费者所追求的产品利益来细分市场，然后推出具有某种利益的产品，并通过适当的方式进行推销。不少企业的实践证明，这是一种比较有效的细分方法。

③ 使用者。使用者包括不使用者、潜在使用者、过去使用者、初次使用者、经常使用者等。企业可以通过赠送样品来吸引潜在使用者，采取折扣等奖励方式来鼓励经常使用者等。

④ 使用状况。使用状况包括使用量和使用频率等，如大量使用、中量

使用、少量使用或经常使用、不常使用等。实践证明，大量使用者所占的人数比例并不大，但他们所消费的产品数量却占了消费量很大的比重。因此，不少企业往往把抓住大量使用者作为营销的主要目标。

⑤ 品牌忠诚度。品牌忠诚度包括绝对忠诚，一般忠诚，不忠诚等。在绝对忠诚者占多数的市场里，企业可以不用担心竞争者的轻易进入；但若消费者的忠诚度不高或是不忠诚者，企业则要设法改进营销工作来吸引他们，促成他们的购买行为。不过，品牌忠诚度易受其他因素影响，如产品脱销，降价促销等，比较难衡量。

⑥ 购买阶段。此阶段一般包括尚未知道、知道、有兴趣、有购买意愿、已经购买、重复购买等阶段。了解消费者处在何种购买阶段，企业就可以采用有针对性的营销措施。如对尚未知道者着重对产品的介绍，对有兴趣者则可以着重宣传产品的功能、利益、经销商店等，以促使他们购买产品。

⑦ 态度。态度包括喜爱、不感兴趣、讨厌等。根据程度的不同，可以对态度进行更细的划分。消费者对产品或企业的态度会直接影响他们的购买行为。企业应利用适当的媒介来影响消费者的态度。

5.1.3 生产者市场的细分标准

生产者市场的购买者一般是集团组织，购买的目的主要是用于再生产。生产者市场的细分标准有的与消费者市场的细分标准相同，如地理环境、产品利益、使用率、品牌忠诚度、购买阶段、态度等。但是，生产者市场还有着与消费者市场不同的特点，因此，生产者市场也有其不同的细分标准。

生产者市场的细分标准主要有三种。

（1）最终用户。不同的最终用户对同一产品的市场营销组合往往有不同的要求。如同样是轮胎，不同的生产者的要求就不一样，飞机轮胎的质量要求高于拖拉机轮胎的质量要求，载重卡车与赛车的质量要求也不一样。高技术产品生产者更看重产品的质量、服务而不是价格。有时候，一个用户就有可能形成企业的一个细分市场。因此，企业应根据最终用户的不同，来制定不同的营销策略，以促进产品的销售。

（2）用户规模。很多企业也根据用户规模的大小来细分市场。用户的购买能力、购买习惯等往往取决于用户的规模。在西方国家，很多企业把用户分成大用户和小用户，并建立适当的制度与之打交道。大用户数目少，但购货量大，企业往往采用更加直接的方式与之进行业务往来，这样，可以相对减少企业的推销成本；小用户则相反，数目众多但单位购货量较少，企业可以更多地采用其他的方式，如中间商推销等，利用中间商的网络来进行产品的推销工作。

（3）用户的地理位置。用户的地理位置对于企业的营销工作，特别是产品的上门推销、运输、仓储等活动有非常大的影响。地理位置相对集中，有利于企业营销工作的运筹、开展。很多国家和地区，由于自然资源和历史的原因，形成了若干的工业区，如美国五大湖地区是钢铁工业区，就形成了对矿产品的集中需求；我国以山西为中心的煤矿区，则形成了矿山机械的需求市场。随着经济结构的调整，新疆地区将成为我国新的纺织工业区，对纺织机械有着大量的需求。

除此之外，购买决策核心的状况及购买决策者的特点等亦可作为细分生产者市场的标准。

5.1.4 市场细分的方法与条件

（1）市场细分的方法。企业市场细分可以利用单一的因素来进行，如按收入水平的高低来划分服装市场，以年龄来划分玩具市场等，这种划分比较简单易行。但是，消费者或用户的需求很少只受到单一因素的影响，而往往是多种因素左右着某种需求。因此，为使细分出的市场更有效，更切合实际，往往需要使用多种因素作为标准，利用多因素的组合来进行市场的细分。

例如，要对服装市场进行细分，就可以利用与服装消费最密切的三个因素：性别、年龄、个人收入来划分出 18 个细分子市场（见图5.1）。根据企业的技术条件、生产经验等，选择了生产月收入1 000元以下的中年女性服装市场。

再如，一家铝制品公司用以下一系列因素为标准划分生产者市场（见图 5.2）。

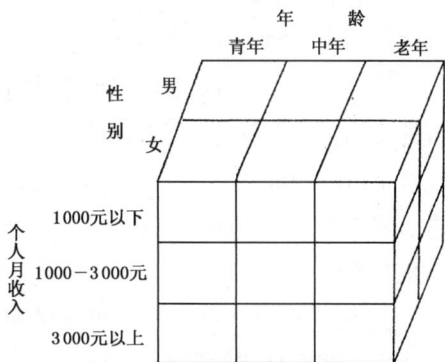

图 5.1　服装市场细分图示

最终用户细分　产品应用细分　用户规模细分　追求利益细分

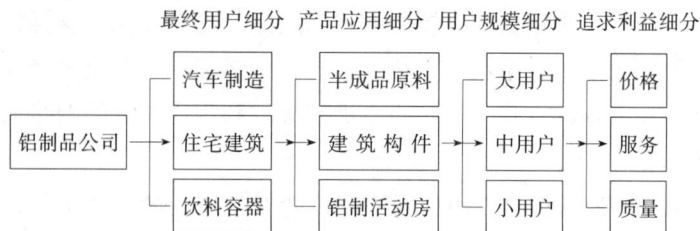

图 5.2　生产者市场细分

如图 5.2 所示，这家公司首先以最终用户为标准进行细分，并选择了"住宅建筑"为其目标市场。然后用产品应用为标准细分为半成品原料、建筑构件、铝制活动房三个子市场，并选择"建筑构件"市场为其目标市场。其次，再以用户规模为标准分为大用户、中用户、小用户三个子市场，进而选择中用户为其目标市场。最后，还根据追求利益的不同把建筑构件的中用户细分为重视价格、服务和质量的三个子市场，并最终决定为重视服务的中型建筑构件商提供产品。经过这样一系列的因素划分，这家铝制品公司的目标市场就非常明确，非常具体了。

（2）市场细分的条件。市场细分的标准和方法有很多，但并非所有的市场细分都是有效的。要使细分出的市场对企业有用，必须具备下列三个条件。

① 可衡量性。这是指市场细分后企业可以获取有关顾客特性的资料的程度。也就是说，企业可以通过调查研究，对细分市场的购买力、市场需求和市场规模等进行数量化的准确的评估。假如根据某种标准划分出来的市场，顾客非常分散而又处于遥远的地区，这样的细分就很难进行衡量。没有具体的顾客资料，企业就很难制定有针对性的营销策略。

② 可进入性。这是指企业能够有效地集中营销力量进入并服务于细分后的市场。企业细分出来的市场，应该能使企业的资源得到充分的利用，而且这个市场的消费需求也是企业能够满足的，企业可以通过适当的营销手段进入或占领这个市场。当然，企业的所作所为应该有一定的法律规范，是法律所允许的。

③ 可盈利性。企业细分出来的市场应该有一定的规模和市场潜力，使企业能够获取足够的利润。这就要求细分的市场要大得能使企业实施一整套营销方案，产品的市场销量与企业的生产规模相一致，使企业能实现规模经

济效益。假如家具企业利用身高进行市场细分，选择专门生产身高 2 米以上者使用的特大型家具，以此作为企业的目标市场，则这个细分市场就显得狭小了，因为我国身高 2 米以上的人毕竟只是极少数。因此这个市场就不值得企业进行营销，这个细分市场就缺乏可盈利性。

5.2 目标市场策略

企业进行市场细分的最终目的是为了有效地选择并进入目标市场。所谓目标市场，就是企业要进入的那个市场部分，即企业拟投其所好，为之服务的那个顾客群（这个顾客群有颇为相似的需要）。任何企业在市场细分的基础上，都要从众多的细分子市场中选择那些有营销价值的、符合企业经营目标的子市场作为企业的目标市场，然后根据目标市场的特点与企业的资源，实施企业的营销战略与策略。

5.2.1 细分市场的评估

企业要选择目标市场，首先要确定有哪些细分市场是可供选择的，因为并不是所有的细分市场都是适合本企业的。因此，在确定目标市场之前，要对细分出来的子市场进行分析评估。评估细分市场，主要从以下四方面进行。

（1）市场潜量分析。这是指通过研究细分市场的消费者特性来了解该市场的规模大小。市场规模主要由消费者的数量和购买力所决定，同时也受当地的消费习惯及消费者对企业市场营销策略的反应敏感程度的影响。分析市场规模既要考虑现有的水平，更要考虑其潜在的发展趋势，如果细分市场现有规模虽然较大，但没有发展潜力，企业进入一段时间后就会缺乏发展的后劲，从而影响企业的长期利益。

（2）企业特征分析。这是指分析企业的资源条件和经营目标是否能与细分市场的需求相吻合。有时候，即使细分市场有相当的规模，但与企业的经营目标不符，企业的资源条件也无法保证，那企业将不得不放弃这个市场。因此，企业应该明确自身的经营目标，明了现有的资源状况及资源潜力，如企业的经营规模、技术水平、管理能力、资金来源、人员素质等等，只有这样，才能进入并服务于相应的细分市场，既避免资源不足造成的市场机会损失，也避免资源过剩造成的浪费。

（3）竞争优势分析。这是指分析细分市场上的竞争状况对企业进入市场的影响。如果细分市场上竞争者很少，而且进入障碍不多，则对企业而言这是进入该市场的一个好机会，但要防止其他竞争者也看中了这一市场。如果市场上已有了竞争者，但对手实力较弱，竞争不激烈，企业也可以选择该市场作为目标市场。需要慎重考虑的是竞争非常激烈，且对手实力十分雄厚的细分市场，企业要想进入并获得发展就要付出一定的代价。当然，假如企业有一定的实力，而且对该市场的前景及规模十分看好，则企业也不妨放手一搏，毕竟，一旦成功，这种市场是很诱人的，但企业必须要有足够的准备。

（4）获利状况分析。细分市场所能给企业带来的利润可以说是最后的，但又是最为重要的因素。企业经营的目的最终要落实在利润上，只有有了利润，企业才能生存和发展。因此，细分的子市场应能使企业获得预期的或合理的利润，企业才会选择其为目标市场。

5.2.2　目标市场策略的类型

通过对细分市场的评估，可能会有不止一个细分子市场符合企业的要求，那么，企业应该选择进入哪些市场呢？通常，企业可以有三种选择。

（1）无差异营销策略。这是指企业以整个市场（全部细分市场）为目标市场，提供单一的产品，采用单一的营销组合策略（见图5.3）。这种策略要求企业向市场推出一种型号的产品，统一的包装，固定的价格，采取广泛的分销渠道，进行同一内容的广告宣传。早期的可口可乐公司就是采用这种策略的一个典型例子。当时，该公司只生产一种口味的可乐，采用标准的瓶装和统一的广告宣传。早期的福特汽车公司也曾向所有的消费者提供同一种黑色的小汽车。计划经济条件下的我国企业也是这种策略的典型采用者。

$$\boxed{\text{企业的市场营销策略}} \longrightarrow \boxed{\text{整个市场}}$$

图5.3　无差异营销策略图示

这种策略的优点是产品的品种、规格、款式单一，企业有利于标准化和大规模生产，有利于降低产品开发、生产、仓储、运输、促销等方面的成本。在社会消费水平不高，供小于求的情况下，这种策略是适用的。但是，随着社会的进步，消费者的需求日趋多样化、个性化，这种单一的营销策略就很难再吸引大部分的消费者了。而且，如果同时有多家企业采用这一策略，则容易引发较大部分市场的激烈竞争，较小部分市场的需求会被忽视，从而造成市场机会的丧失。因此，在市场高度发展的今天，只有极少企业采用这种策略。改革开放后的我国家电企业在家用电器产品的生产上，如彩电、冰箱等曾发生过千军万马过独木桥的状况。全国许多地方同时引进国外多条生产线，生产企业遍地开花，生产出来的产品大同小异，造成同类产品的积压。而今天，能在市场上占有一席之地的企业已屈指可数了。主要原因就在于不少企业没有随着市场的变化改变自己的目标市场，仍旧采用无差异的市场策略，致使企业在激烈的市场竞争中被淘汰。

（2）差异营销策略。差异营销策略即企业在对市场进行细分的基础上，根据各细分子市场的不同需要，分别设计不同的产品和运用不同的市场营销组合，服务于各细分子市场（见图 5.4）。这是很多企业采用的目标市场策略，如可口可乐公司除继续生产原口味的可乐外，还推出了新配方的可乐，同时，为不喜欢可乐型饮料的消费者生产了雪碧、芬达等各种口味的饮料。而且推出了各种容量的瓶装及罐装的产品，采用各种促销方式，来进行销售，以迎合不同消费者的需要。

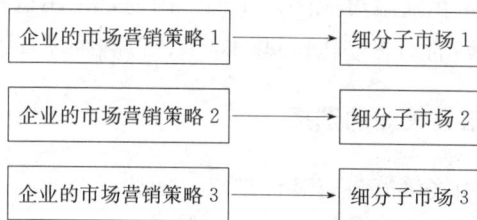

图 5.4　差异营销策略图示

这种策略的优点是通过不同的产品来满足各个细分子市场的需要，可以为企业吸引到更多的消费者，扩大企业的销售额，增强企业在市场上的竞争力。但是，这种策略可能使企业的产品改进、生产、仓储、销售等成本和管理费用提高，同时，营销组合的多样化可能带来企业资源上的短缺以及受到企业能力的限制，造成企业注意力的分散。因此，采用这种策略的往往是那些实力雄厚的大企业。

（3）集中营销策略。这是指企业集中全部力量于一个或极少数几个对企业最有利的细分子市场，提供能满足这些细分子市场需求的产品，以期在竞争中获取优势（见图 5.5）。这是大多数中小企业采用的策略，这样可以充分利用它的有限的资源，发挥其在某些方面的优势，提高产品的市场占有率。如劳斯莱斯公司专门为那些富有的、有地位的名人生产高级汽车。

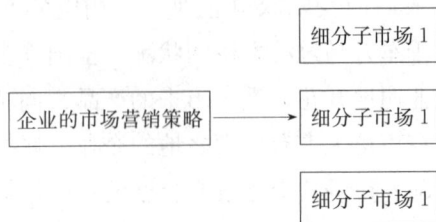

图 5.5　集中营销策略图示

采用这种策略，第一，企业可以深入了解细分子市场的情况，分析消费者更深层次的消费需求，使消费者的需要得到更好的满足。第二，因为产品较少，可以在生产和营销方面实行专业化，以降低成本，增加盈利。第三，企业集中了全部的资源，有利于在这一子市场范围内与竞争强手相抗衡。但是，这种策略的风险比较大。因为企业的目标市场范围较小，企业回旋的余地不大。如果目标市场情况发生变化，如出现强大的竞争对手，价格下跌，消费者偏好转移等，企业就可能陷入困境。因此，采用这种策略的企业，必须密切注意目标市场的动态变化，早作对策，以减少经营中的风险。

5.2.3　目标市场策略的选择

上述三种目标市场策略各有其优缺点，因此，企业在市场营销中不能简单地随意选择，应该考虑以下五方面的因素。

（1）企业的资源。它包括企业的资金和技术实力、生产能力、经营管理水平、人力资源的水准，等等。如果企业实力雄厚，可以采取差异营销策略或无差异营销策略，服务于整个市场；但若企业资源有限，则应集聚有限的资源于一个或少数几个细分子市场，采取集中营销策略，以更好地服务于目标市场，提高市场占有率。

（2）产品的特点。它包括产品的品质、性能、使用寿命、规格、式样等。根据产品的不同特点，企业可以采用不同的市场策略。如果企业的产品性质相似，像汽油、大米、钢铁等，产品的特性长期以来变化不大，可以采用无差异营销策略；而像服装、照相机、家用电器等产品，其特性经常随消费者需求的改变而发生变化，宜采用差异营销策略或集中营销策略。

（3）市场的特点。它包括市场规模、市场需求、市场位置等。如果市场上消费者的需求与偏好相似，消费者的特性差异不大，则企业可以采用无差异营销策略，为所有的消费者提供同样的产品；反之，若消费者之间的特性相差很大，则企业应在细分市场后，采用差异营销策略或集中营销策略。

（4）产品寿命周期。这是指产品的市场寿命周期，包括投入期、成长期、成熟期、衰退期等阶段。企业应根据产品在寿命周期中的不同阶段，采用不同的市场营销策略。在投入期，新产品刚投入市场，品种不多，竞争也不激烈，可采用无差异营销策略，也可以采用集中营销策略，先占领一个市场，再伺机扩展；在成长期和成熟期，竞争者纷纷加入，消费者的需求向深层次发展，企业应采用差异营销策略，以满足不同消费者的需求；而在衰退期，企业要收缩市场，往往可以采用集中营销策略。

（5）竞争者的市场策略。它包括同一部门的竞争者、不同生产部门的竞争者。当今社会，企业普遍处于激烈竞争的市场环境中，进行营销策略的选择，如果不考虑竞争者的状况及采取的策略，就难以生存和发展。如果竞争对手采用了无差异市场营销策略，企业可以同样使用无差异市场营销策略，与对手进行竞争，也可以避其锋芒，实行差异市场营销策略或集中营销策略，抢先向市场的深度进军，占领更深层次的细分市场；如果竞争对手十分强大而且已采用了差异营销策略或集中营销策略，企业则应该进行更有效的市场细分，实行差异营销策略或集中营销策略。

5.3 目标市场产品定位

5.3.1 目标市场产品定位的概念及意义

企业选定目标市场后，还需要更进一步确定本企业产品在目标市场中的竞争地位，这就是目标市场产品定位。目标市场产品定位的实质是通过创造和体现产品的特色，使产品在消费者心目中树立某种形象。未经市场定位的产品，往往很容易被消费者冷落、忽视，因而不能牢固地占领市场。在信息社会中，消费者购买产品已不再是偶然碰巧，而是根据他对各种商品形象的认识，按照先后顺序来决策的。因此，产品定位有利于企业深入地了解市场需求，制定合适的市场营销组合策略，更好地为目标市场服务。

5.3.2 目标市场产品定位的操作过程

目标市场产品定位的操作过程如下。

(1) 确定产品定位的依据。产品定位的依据有很多，如产品的质量好坏、价格高低、技术水平、服务水准、规格大小、功能多少等等，通常可以用定位图来进行分析。根据定位因素的不同组合，可以绘出不同的定位图。例如，以电视机厂为例，采用功能与价格两个不同的变量组合，就可以绘出目标市场的平面定位图（见图 5.6）。

价格 \ 功能	少	多
高	高价少功能	高价多功能
中	中等价格少功能	中等价格多功能
低	低价少功能	低价多功能

图 5.6 目标市场产品平面定位图

如图 5.6 所示，可以用产品价格和产品功能两个因素把目标市场划分成六个小区。

(2) 明确目标市场的现有竞争状况。企业要进入的目标市场往往早已有竞争者在经营，因此，产品定位的第二个步骤就是要在调查、分析的基础上，把现有竞争者的情况在定位图上标示出来，以便下一步的定位操作。还是以电视机为例，假如现在市场上已有三家企业生产电视机，则可以用三个圆圈分别表示三家竞争对手，圆圈的大小表示各个竞争对手产品销售量的多少，圆圈的位置则表示竞争对手在市场上的实际区位（见图 5.7）。

如图 5.7 所示，A 企业生产的是中等价格、较少功能的电视机，它的规模最大；B 企业生产的是高价、多功能的电视机；C 企业生产的是低价、功能少的电视机，它的规模最小。这样，目标市场的竞争状况便可以一目了然。

(3) 确定本企业产品在市场中的位置。了解了现有竞争者的状况，企业

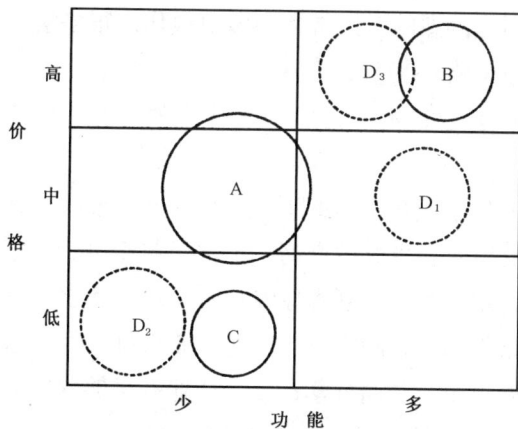

图 5.7　产品定位图示

便可以根据竞争状况和本企业的条件来确定本企业产品在市场中的位置，并据此制定相应的市场营销策略。

5.3.3　目标市场产品定位的策略

目标市场产品定位有三种策略可供选择。

（1）填补市场空位。这是指企业把产品定位于目标市场上的空白处，这样可以避开市场的激烈竞争，使企业有一个从容发展的机会。但决策前企业应明确三个问题。

①市场空白处的潜在顾客数量。市场出现空白，也许并非其他竞争者熟视无睹，而是该处缺乏需求，这一点尤要注意。

②技术上的可行性。企业要有足够的技术能力生产市场空白处的需求产品，否则，企业选择了这种策略也只能是望洋兴叹。

③经济上的合理性。经济上的合理性即企业填补市场空位能有利可图。

如图 5.7，低价多功能，中等价格多功能及少功能高价格的电视机尚无竞争者涉足，企业可在这三处中选择一处作为自己的目标市场。如图中 D 企业经过衡量，选择了 D_1 处为自己的产品位置，即生产多功能而价格中等的电视机。

（2）与现有竞争者共存。这是指企业把自己的产品定位在某一个竞争者的同一位置上，与现有竞争者和平共处。对于竞争者来说，如果有足够的市场份额，而且其既得利益没有受到多大损害，它们一般是不在乎身旁多出一

个竞争对手的。因为激烈的对抗常常会两败俱伤。很多实力不太雄厚的企业
经常采用这种定位策略。

上例中的 D_2，企业也可以选择 C 企业作为它的共存者，即生产低档的
电视机。

（3）逐步取代现有竞争者。如果企业实力十分雄厚，有比竞争者更多的
资源，能生产出比竞争者更好的产品，不甘于与竞争者共享市场，则可以发
动一场攻坚战，把现有竞争者赶离原有位置，取而代之。采用这种策略的原
因，一是与企业条件相符合的市场已被竞争者占领，而且这个市场的需求不
够大，不足以让两个企业共同分享；二是企业有足够的实力，想成为行业领
先者。当然，采用这种策略的风险是相当大的，成功了，企业可以独占鳌
头；但一旦失败，或许企业会陷入万劫不复之境或者两败俱伤。因此，采用
这种策略的企业事前应作好充分的准备。

上例中的 D_3，企业也可以选择生产高价格、多功能的电视机，向 B 企
业挑战，并进而将 B 企业驱逐出这个市场。

5.3.4 产品重新定位

产品在目标市场上的位置确定后，经过一段时间的经营，企业可能会发
现出现了某些新情况，如有新的竞争者进入了企业选定的目标市场，或者企
业原来选定的产品定位与消费者心目中的该产品印象（即知觉定位）不相符
等等，这就促使企业不得不考虑对产品的重新定位。

产品重新定位时，企业首先应找出导致重新定位的主要原因，然后，利
用重新定位来解决出现的问题。如果是出现了新竞争者，则企业可以通过增
加产品的差异性等来与竞争者抗衡或与竞争者拉开距离；如果是企业定位与
消费者的知觉定位不符，则企业可以通过广告宣传来改变消费者的知觉定
位，或者改变产品来迎合消费者的知觉定位，等等。企业应根据具体情况，
找出主因，然后制定补救的措施。

|案例| **"小米"手机成功背后的营销策略分析**

北京"小米科技有限责任公司"（以下简称"小米"）的成功得益于
周密细致的营销策略。

◆ 一、"小米"的发展历史

"小米公司"于 2010 年 4 月在北京银谷大厦成立，是一家专注于智能硬件开发、电子产品研发的移动互联网公司，由前 Google、微软、金山等公司的顶尖高手组建，共有七名创始人，分别为创始人、董事长兼 CEO 雷军；联合创始人总裁林斌；联合创始人及副总裁黎万强、周光平、黄江吉、刘德、洪锋。2011 年 7 月 12 日，"小米"创始团队正式亮相，宣布进军手机市场，公布旗下三款产品：MIUI，米聊，"小米"手机。"小米"的 LOGO 是一个"MI"形，是 Mobile Internet 的缩写，代表"小米"是一家移动互联网公司；其次是 mission impossible，"小米"要完成不能完成的任务；另外，"小米"的 LOGO 倒过来是一个心字，少一个点，意味着"小米"要让我们的用户，省点心。2011 年 8 月 16 日，举行"小米"手机发布会，"小米"手机 1 正式发布，"小米"手机 1 作为"小米"公司研发的第一款高性能智能手机。2012 年 12 月 24 日，圣诞节专场"小米"手机 25 万台开始放购，"小米"让世界刮目相看。2013 年 9 月 5 日，"小米"科技在国家会议中心举行发布会，发布了迄今为止世界顶级四核手机"小米"手机 3。2014 年 7 月，"小米"手机开始进军印度市场。2014 年"小米"公司共销售了 6 112 万台手机，增长 227%；含税收入 743 亿元，增长 135%。2016 年 3 月，"小米"宣布成立"MIJIA 米家"生态链品牌。2017 年，"小米"进军新零售模式，"小米"出货量达 920 万台，同比增加 290%，赶上三星出货量，"小米"和三星约占市场份额的 50%。

◆ "小米"的市场调研

"小米"手机一投放市场就取得很大成功，得益于周密的市场调研和正确的营销策略。公司在手机投放市场以前进行了周密的市场调研。通过调查看到，人们的市场观念一般都是"好货不便宜，便宜没好货"，所以公司就抓住这一特点，推崇高性能，高性价比的智能手机，所以手机一经推出就受到广大用户的青睐，改变了以往价低不能购买好手机的市场环境，"小米"手机最新的 MIUI 在同等价位的手机里，性价比高，质量好，丝毫不输于市面上 2 000 元以上的手机，满足了用户想用高性能手机的愿望。

一般的消费者，想要用配置较好，性能好的手机，其价格均在2 000元以上，但是"小米"的出现，打破了这个现象，1 000元以内，也可以买得好手机，"小米"手机的红米系列，价格不高，但配置高，性价比高。"小米"在价格上采用了尾数定价，招徕定价方式深得众多用户喜爱。"小米"宣传的"为发烧而生"，召集了一大批青年米粉，"小米"手机也因此成为一种时尚风向标，使用"小米"手机，就是青春动力、活泼、好动、七彩的代名词，"小米"手机也同样成为各大年龄段消费者喜爱的手机，获得了很好的粉丝基础。

"小米"手机的销售渠道大部分通过线上进行，物流就是销售中的核心，"小米"在上海设有最大的物流中心，主要覆盖华东的全部和华中的部分订单。随着销量的日渐增多，在北京等地也增设了物流中心，为产品的运输提供方便快捷的通道。同时，"小米"手机热衷于选择与其他公司合作，为"小米"增加了销量。"小米"手机物流采用凡客物流体系。"小米"建立了自己的官方网站，并在网站上建立了帮助中心，微博，官网24小时在线服务，吸引和培养了一大批忠实用户。"小米"在销售方面，第一，规定了支付方式及购买方式。"小米"宣布目前仅支持在"小米"网站上购买，支持在线支付、货到付款两种方式，货到付款目前仅支持现金支付，随后会开通pos机刷卡服务。另外，在线支付方式，订单金额大于200元将免除运费。第二，"小米"与联通合作。2013年12月20日，"小米"公司携手中国联通在北京宣布，正式推出"小米"手机联通合约机，中国联通为"小米"订制性价比高的合约计划，有预存话费送手机和购机入网送话费两种方式。

有了品质优良的产品、制定具有吸引力的价格和合适的销售渠道，还需要有效的促销方式和手段。"小米"公司的促销手段：第一，高调的发布会。宏大的会场，巨幅背投显示屏，没有主持人，没有表演，只有"小米"董事长兼CEO（雷军）的微博进行一个半小时的演讲，该场演讲模仿iphone宣传模式，开创了国产手机饥饿营销的商业模式，"小米"手机最成功之处是在"小米"手机发布会召开前的一系列营销模式，微博实时更新，通过各类手机话题与微博用户互动，高调参与新浪微访谈，极客公园等活动。第二，微博促销。新浪微博定期开展转发微博抽奖的活动，还与"小米"官网一同担任着官方信息发布唯一渠道的职责。此外，"小米"在微博客服上有个原则：15 分钟迅速反应。不论是用户提建议或者吐槽，很快即有"小米"员工回复和解答。第三，限量抢购。每当新产品发布之前，老产品为给新产品铺路，会进行几百元不等的降价，比如"小米"手机 1 曾最低降至 1 299 元，"小米"手机 1S 曾最低降至 1 299 元，"小米"2S 也在前段时间从 1 999 元降至 1 699 元，最后降至 1 299 元。第四，广告促销。"为发烧而生""变焦双摄，拍人更美""十项黑科技""性能怪兽"等都是有效的广告用语，"小米"的每一款手机，都有专属的定位，对性能，对科技，对像素，击中用户需求，激起用户购买欲望。

◆ 三、"小米"的营销策略

"小米"的营销策略，具体来说包含以下内容。

第一，事件营销。"小米"在新浪微博上的首个事件营销是"我是手机控"，雷军动员手机控发照片亮出自己以前用过的手机，吸引了800 000 人参加。最有影响力的案例是"'小米'手机青春版"，2012 年5 月 18 日，发布了"小米"手机 1 代低配版本，售价 1 499 元，限量150 000 部，目标人群是校园学生，推出了一个个性的主题被称为"150 克的青春"。150 克实际上是"小米"青春版的净重量，外包装上印刷着内有 150 克青春，吸引眼球。高潮的环节是"小米"团队八个联合创始人合拍了一个短视频，借用《那些年我们追过的女孩》的风格，雷军等八个联合创始人依据电影的风格拍摄了宣传海报和视频，八个老男人重新感受青春年华，很有噱头和话题。为了提高微博转发量，"小米"发动了一个大招，这是在"小米"全部的事件营销里非常好用的一招，便是转发微博抽取手机回馈粉丝，三天一共送出 36 部"小米"手机。最后的结果是，关于"'小米'青春版"的那条微博转发量达到 2 030 000 次，官方账号增加了 410 000 的粉丝关注。

第二，饥饿营销。"饥饿营销"，是指产品供应者蓄意调低产量，来实现调控供求关系、制造求过于供的"假象"，保持商品较高价格和盈利率的营销计谋。同时，饥饿营销也能够起到维持品牌形象、升高商品附加值的作用。"小米"手机每当发布限量抢购的日期后，网友都会格外关注。依据"饥饿营销"的理论，公司的限量发售并不能够提高商品的价值，却可以使抢购到商品的购买者倍感欣慰。物以稀为贵，购买者通常以为限量发售的商品具备一些特别的意义和附加的价值，再加上"限量"的选择压力，独立思考能力不足的潜在购买者也会参与抢购。所以限量抢购更易激起消费者潜在的购买需求。"小米"式的饥饿营销除了不停提高购买者的心理预期之外，更加关键的是也在不停使手机的成本下降，核心组件的价钱随着时间的推移一个月一降价，甚至一个月降数次价，这就是"小米"公司有能力提供高性价比手机的原因。例如，2013 年 8 月"小米"发布了红米手机、"小米"手机第三代和"小米"电视一代，同时极力宣传其超高性价比。可是，顾客却很难在短期买到它们，依照摩尔定律，电子产品的价钱，每十八个月减少一半，因此半年之后，"小米"公司的商品价格理应下降 16.6％。事实上，半年之后的"小米"商品价格非但不下调，更有甚者，消费者依然很难买到。

第三，社会化媒体营销。这其中包括以下内容。

（1）论坛营销。自创立之初，"小米"就开始积攒社会化营销的经验。当在做 MIUI 系统时，雷军就对黎万强提出了"能不能把 MIUI 做到 100 万"的要求，被逼上梁山的黎万强，只能选择过去在金山被证明最有效，最不花钱的手段：通过论坛做口碑。在 MIUI 早期，黎万强团队就满世界泡论坛，找资深用户，几个人注册几百个账户，天天在一些知名安卓论坛里放广告，被封号后换个号继续放。好不容易拉来了 1 000 人，从中选出了 100 个作为超级用户，参与 MIUI 的设计、研发、反馈等。这 100 个人也是 MIUI 操作系统的点火者，是"小米"粉丝文化的源头。纯靠口碑，第二个星期 200 人，第三个星期 400 人，第五个星期 800 人，一点点成长。到 2013 年 7 月，MIUI 用户数达到了 1 700万。后来，在 2013 年 4 月 9 日，"小米"特别发布了一部专门感谢那 100 个铁杆粉丝的微电影，名字就叫《100 个梦想赞助商》，把他们的名字一一投影到了大屏幕上，对他们表示感谢。"小米"后来也成立了自己的论坛，论坛也是"小米"社会化营销的大本营，到 2013 年 7 月，总用户数 707 万，日发帖 12 万，帖子总数 1.1 亿，算是一个小门户的规模了。

（2）微博营销。在"0 预算"下，黎万强发力的第二点是微博，最开始的预期是起到客服的作用，"小米"对客服服务速度规定是 15 分钟快速响应，为此，还专门开发了一个客服平台做专门的处理。但是后来发现微博的宣传效果超出想象，"小米"非常幸运地搭上了一个大的顺风车，从 2009 年起，新浪微博活跃度稳定持续提升，2011—2012 年达到高峰，"小米"迅速抓住这个机会，将微博开辟为主战场。微博最适用于话题营销，最经典的一个案例是"'小米'手机青春版"。2012 年，在青春版手机发布前大概 1 个半月的时候，"小米"团队开始在微博预热了一个叫"150 克青春"的话题。放了一系列的插画，内容大致是大学时代的经典场景，有男生版、女生版各种象征青春的内容，但就是不公开 150 克到底指的是什么。这个话题大概发酵了 1 个半月，掀起了一阵年轻人怀旧的浪潮。

（3）微信、QQ 空间。"小米"不断尝试用不同的社会化媒体来进行营销。如 2013 年 4 月 9 日米粉节发布会当天，"小米"在微信上做了一个"大家看发布会直播"的抢答活动，具体规则是每 10 分钟一轮抢答，每一轮送出一台新品"小米"手机。活动开始后两个小时内就有 280 万条消息互动量，当天增加 18 万微信粉丝。2013 年 8 月，"小米"又进行了一次新的尝试，将低端手机红米手机独家发布选择在 QQ 空间进行，并将其作为一个互动的预约活动，这也是利用 QQ 空间对社会化营销模式的一次新的探索。

（4）打造粉丝文化节。通过这些社会化媒体，"小米"建立了一个粉丝矩阵。截至 2013 年 7 月，"小米"论坛有 700 多万粉丝，"小米"手机、"小米"公司产品的微博粉丝有 550 万，"小米"合伙人加"小米"员工的微博粉丝有 770 万，微信有 100 万。这些可达上千万，可精细化运营的粉丝，支撑了"小米"的营销神话，比如：2011 年 8 月 16 号发布的"小米"手机百度指数当日飙升至 28 万；2011 年 9 月 5 日，"小米"手机首轮预定 34 小时超过 30 万台；2011 年 12 月 18 日，第一轮开放购买 3 小时出售 10 万台；2012 年 2 月 16 日，"小米"手机电信版 2 天 92 万人参与抢购；2012 年 4 月 6 日米粉节，6 分 05 秒出售 10 万台"小米"手机。而支撑起这个强大粉丝团体的关键，黎万强认为是把用户当朋友，鼓励用户参与。在黎万强看来，"小米"是要和用户做朋友，让用户能够参与产品设计，研发，软件升级，销售等整个流程里，将用户变成自己的合作伙伴，实际是和用户一起创作产品。

"小米"手机仅用了几年，就打开了销路，且成为中国市场的佼佼者，是多方面苦心经营的结果，是值得其他企业学习的。

——资料来源：根据2018.8，"网络营销能力"，http：//www. wm23. cn，改写。

根据案例，思考以下问题：

1. 根据本案例，思考"小米"公司如何寻找目标市场？

2."小米"所选定的目标市场有哪些特征？这个目标市场是通过怎样的细分过程来确定的？

3."小米"成功的基本经验是什么？我们可从中得到什么启示？

｜本章内容提要｜

1. 企业要在日益扩大的市场里站稳脚跟，得到发展，就必须对企业面临的市场进行有效的细分。企业应选择合适的细分标准，使细分出的市场具有可衡量性、可进入性和可盈利性。

2. 目标市场就是企业所选择的、准备在其中进行经营活动的细分市场。通过细分市场的评估，企业可以根据企业的资源条件、产品和市场的特点、产品寿命周期的不同阶段以及竞争对手的策略，选择无差异、差异或集中营销策略。

3. 企业选定目标市场以后，还要确定本企业产品在目标市场上的优势竞争地位，企业可以生产市场上没有的产品，也可以与竞争者并存或逐渐把竞争者驱逐出市场。一旦原有的优势丧失，企业需要重新进行产品定位。

｜本章基本概念｜

市场细分　可衡量性　可进入性　可盈利性　目标市场
无差异营销策略　差异营销策略　集中营销策略　产品定位　重新定位

| 本章思考题 |

1. 企业为什么要进行市场细分？
2. 如何进行市场细分？
3. 目标市场策略的类型和特点有哪些？
4. 选择目标市场要考虑哪些因素？
5. 如何进行目标市场产品定位？

第6章
产品策略

目标市场确定以后，企业就要根据目标市场的需要来开发和生产满足市场需求的产品，有了产品，企业还要制定相应的品牌、包装策略，利用合理的产品组合，根据产品在市场上的寿命状况，运用各种营销策略，以使企业的产品能受到消费者的欢迎，同时不断推出新的产品，力争长盛不衰。

6.1 | 产品整体概念

产品是企业市场营销组合的首要因素。一个企业要实现自己的目标，在激烈的市场竞争中取得一席之地，必须拥有适销对路的产品。就消费者来说，他们也是通过产品才与企业发生联系。产品在满足消费者需要的同时也使企业的经营目标得以实现。

从不同的角度理解，可以对产品的定义作各种表述。人们通常理解的产品是狭义的，是指有一定物质形状和用途的物体；但从市场营销的角度来看，产品应该是广义的，是指向市场提供的能满足人们某种欲望或需要的一切物品和劳务。上述广义的定义是产品的整体概念，即把产品理解为由实质产品、形式产品和延伸产品三个层次所组成的一个整体（如图6.1所示）。

6.1.1 实质产品

实质产品指产品向购买者提供的基本效用或利益。人们购买产品不是为了获得产品本身，而是因为这种产品能满足某种需要。如洗衣机带来省力，

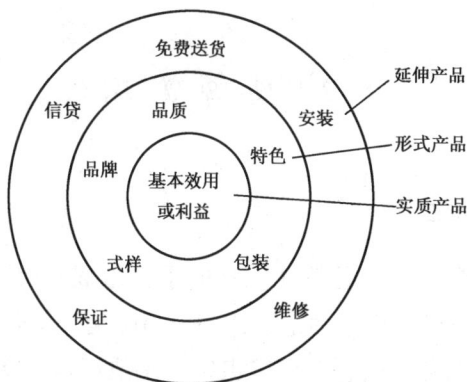

图 6.1　产品的整体概念

汽车带来便捷，电视机带来娱乐，钻戒带来美与身份象征等等。产品如果没有这些效用或利益，人们就不会进行购买。因此，实质产品是产品的核心，也是企业营销的根本出发点。

6.1.2　形式产品

形式产品指实质产品借以实现的形状、方式。实质产品所描述的仅仅是一种概念，效用或利益要通过一定的形体才能得以实现。形式产品主要表现在五个方面：品质、特色、式样、品牌及包装。如电视机的画面、音质的好坏、款式的新颖、品牌的知名度等。

6.1.3　延伸产品

延伸产品指顾客购买产品时所得到的附带服务或利益。如提供信贷，免费送货，安装、维修及其他售后服务。顾客往往希望一次购买能满足某一方面的全部需要。IBM 公司还由此产生了"系统销售"的概念，它出售的不仅仅是计算机的硬件设备，而是整个操作系统。

在产品的整体概念中，随着生活水平的提高，消费的升级，企业市场营销的重点逐渐地由内层转向外层。过去人们购买产品时看重的是它的使用价值。今天，消费者已不仅仅满足于产品品质的优良，款式的新颖，而更在乎这件产品的使用所给人带来的心灵愉悦。可以预料，产品概念的外延还将会随着社会的进步，消费需求的发展而进一步扩展。企业所提供的附加服务与利益在现代市场竞争中的地位也愈加重要。

6.2 | 品 牌 策 略

6.2.1　品牌概述

(1) 品牌的概念。品牌是整体产品的重要组成部分，具有较广泛的含义。根据美国市场营销学协会的定义："一个品牌是一个名字、名词、符号和设计，或者是以上四种之组合，用以识别一个或一群出售者之产品或劳务，以之与其他竞争者相区别。"根据这种解释，组成品牌的有关因素有以下四个方面：

① 品牌名称。这是指品牌中可以用语言称呼——即能发出声音的那一部分。如：昂立、健力宝、太阳神、可口可乐、春兰、海尔等。

② 品牌标记。这是品牌中可以辨别但不能用语言称呼的那部分，通常是一些符号、图案、颜色、字体等。如"春兰"品牌中的"春兰"两字图形是由兰花的花瓣形状所组成，"昂立"品牌中的"昂立"两字是由半圆形而其中间三角形所组成的标记。

③ 商标。商标是指受到法律保护的整个品牌或品牌中的某一部分。企业通过向国家有关管理机构提出申请，登记注册之后，便取得了使用整个品牌或品牌中某一部分的专用权。其他单位或个人要使用，则要征得商标权所有人的同意，否则就构成了侵权。所以商标是一种法律名词。

④ 厂牌。这是我国的习惯用法，包括厂牌名称和厂牌标志。如"长虹"彩电、"海尔"冰箱，既是"长虹"集团、"海尔"集团的厂牌标志，又是该集团生产的彩电、冰箱的品牌。

(2) 品牌的作用。品牌是消费者识别产品的一个重要标志，它对于消费者辨明产品的来源，了解产品的质量及其他特性，保护消费者的权益，具有十分重要的作用。具体地说：

① 识别产品。消费者购买产品，首先要知道该产品的产地和企业名称。品牌就可以回答这个问题。因为企业名称一般都很长，不易记忆，而品牌一般都比较简单、扼要、清晰，容易为消费者所记住。如在我国，由于长期计划经济的影响，企业名称通常用数字表示，如自行车一厂、二厂、三厂等。

在成立集团以前，很多消费者知道上海有"凤凰""永久"牌自行车，却很少有人能说出它们是上海自行车几厂生产的。因此，品牌可以帮助消费者识别产品，以在众多的产品中挑选符合自己要求的产品。企业则可以通过各种方式，建立消费者对本企业产品的品牌偏好，同时赋予产品品牌鲜明的标志、独特的形象，以给消费者留下深刻的记忆。

② 保证质量。品牌代表着质量，消费者之所以要购买某个品牌的产品，往往是因为这种产品有着较高的质量和良好的服务。现实生活中，名牌产品就是有着较高质量和服务水平的产品。对于企业来说，都要提供优质的产品和服务，以维持和提高品牌的形象和声誉。

③ 维护权益。企业产品的品牌一经注册，就取得商标的专用权，从而防止其他企业的侵权行为。一旦发现假冒品牌或产品，则可依法追究索赔，保护企业的利益。消费者也可以利用产品的品牌来保护自己的权益，一旦发生产品质量问题，消费者就有据可查，通过品牌来追查有关厂家或销售者的责任。

6.2.2　品牌设计

一个读起来朗朗上口、特色鲜明的品牌，无疑会更容易被消费者认知、记忆，进而获取消费者的信赖和激发消费者的购买欲望，促进企业产品的销售。因此，很多企业在为确定一个品牌的名称，设计一个与众不同的品牌标记而煞费苦心，并不惜耗费巨资。

但是，品牌设计是一个复杂的过程，在设计过程中应遵守以下一些原则。

（1）容易识别，便于记忆。品牌设计既要简洁明了，通俗易懂，又要新颖别致，能传递给消费者明确的信息，以利消费者准确理解。名称应易于拼读、发音。像 EXXON（埃克森）、MAXAM（美加净）等就能给人留下深刻的印象。

（2）表达产品特色与效益。品牌既要与产品实体相符合，又要能反映产品的基本用途和它给消费者带来的效益，使消费者一接触到产品的品牌，便能知道是一种什么样的产品。如"大力神"起重机、"雪花"冰箱、"黑又亮"鞋油、"奔驰"汽车，等等。

（3）激发消费者的购买欲望。一个构思独特，造型新颖的品牌能启发消费者的联想，引起消费者的兴趣，从而激发消费者的购买欲望。如德国大众的"桑塔纳"轿车。"桑塔纳"原是美国加利福尼亚的一座山谷名称，该山谷中经常刮起一股强劲的旋风，当地人称"桑塔纳"旋风，以"桑塔纳"为轿车品牌，使人联想到此车也会同"桑塔纳"旋风一样风靡全球。再如上海的"双狗"牌门锁，会使人感到十分安全、可靠。

（4）适合国际市场。随着国际经济交往的增加，企业产品营销的范围在不断扩大，品牌的设计要符合不同的民族习惯，不同的宗教信仰。不同的国家、民族，其文化的差异、宗教信仰的不同构成了生活方式、消费习惯的差异。如在我国，"大象"一词含有一种稳重、踏实、吉祥（"象"与"祥"同音）的意味，被广泛用于产品的品牌；但在英语里，"大象"还有"愚蠢""笨拙"的含义，往往不受欢迎。再如不同的图形、颜色、图案在不同的国家、民族，其意义迥异。这些都是有志打入国际市场的企业在进行品牌设计时要特别留意的。

（5）受法律保护。品牌的名称、标记要通俗易懂，这样易为消费者理解和接受。但若过于大众化则往往易被假冒、模仿，模糊法律界限，不利于法律的保护。如可乐、尼龙、阿司匹林、Walkman（随身听）等，在历史上都曾是某一种产品的品牌，但现在却成了一类产品的通用名称。因此，品牌设计要特色鲜明，以保证企业对某一品牌的独占性。

6.2.3　品牌策略

品牌策略是企业营销管理的重要方面。企业是否给其产品规定适当的名字，是企业营销部门首先考虑的问题。企业通过精心设计品牌，并向政府申请注册取得批准，可以增加产品的价值。品牌策略一般有以下几种。

（1）品牌化策略。这是指企业的营销部门给其销售的产品确定相应的品牌。是否需要命名品牌，这是企业营销部门首先要考虑的问题。

历史上的产品大都没有品牌，但商品经济发达的今天，绝大部分产品都确定了品牌，这是因为品牌化虽然可能会使企业增加部分成本，但却能给企业带来诸多好处：① 通过品牌树立企业形象，促进企业产品信息的迅速传播，以吸引众多的品牌忠诚者；② 声誉良好的品牌能给企业带来较好的收益，名牌产品的销售价格往往较一般同类产品为高，且名牌本身就具有相当的价值。据《金融世界》杂志 1995 年对世界著名商标的评估，可口可乐和万宝路的商标价值分别是 390.5 亿美元和 387.1 亿美元，分列第一、第二位；③ 注册商标可以使企业的产品得到法律保护，防止产品被模仿和抄袭，以保持企业产品的差异性。

不过，由于品牌的使用特别是名牌的创立需要花费不少费用，有的企业也采用非品牌化策略。这主要是节约品牌包装等的费用，使产品以较低价格出售。价格低使产品具有相当的竞争力，成本低则使企业能保证一定程度的利润。

（2）品牌所有权策略。生产企业如果决定给一个产品加上品牌，通常会面临三种品牌所有权选择：① 生产商自己的品牌；② 销售商的品牌；③ 租用第三者的品牌。

一般地说，生产商都拥有自己的品牌，他们在生产经营过程中确立了自己的品牌，有的更被培养成为名牌。但是，20 世纪 90 年代开始，国外一些大型的零售商和批发商也在致力于开发他们自己的品牌。这主要是因为这些销售商希望借此取得在产品销售上的自主权，摆脱生产商的控制，压缩进货成本，自主定价，以获取较高的利润。此外，也有一些生产商利用现有著名品牌对消费者的吸引力，采取租用著名品牌的形式来销售自己的产品，特别是在企业推出新产品或打入新市场时，这种策略更具成效。

（3）家族品牌策略。决定使用自己品牌的企业，还面临着进一步的品牌策略选择。

① 统一品牌策略。指企业决定其所有的产品使用同一个品牌。这样可使企业节省品牌设计、广告宣传等费用，有利于企业利用原有的品牌声誉，使新产品顺利进入市场。但统一品牌策略具有一定的风险，如果其中有某一种产品营销失败，可能会影响整个企业的声誉，波及其他产品的营销。

② 个别品牌策略。指企业决定其不同的产品采用不同的品牌。这样可以分散产品营销的市场风险，避免某种产品失败所带来的影响；也有利于企业发展不同档次的产品，满足不同层次消费者的需要。但使用个别品牌策略，企业要增加品牌设计和品牌销售方面的投入。

个别品牌也可以是不同的产品采用不同的品牌。

③ 品牌延伸策略。这是指企业利用已成功的品牌来推出改良产品或新产品。那些著名的品牌可以使新产品容易被识别，得到消费者的认同，企业则可以节省下有关的新产品促销费用。如金利来从领带开始，然后扩展到衬

衣、皮具等领域；娃哈哈集团从儿童营养液扩展到果奶、纯净水、营养八宝粥、AD钙奶、红豆沙、绿豆沙等。但这种策略也有一定的风险，容易因新产品的失败而损害原有品牌在消费者心目中的印象。因此，这一策略多适用于推出同一性质的产品。

④ 多品牌策略。这是指企业决定对同一类产品使用两个或两个以上的品牌名称。这是由美国P&G公司首创的。这样可以抢占更多的货架面积，扩大产品的销售，争取那些忠诚度不高的品牌转换者，同时也能占领更多的细分市场。如与P&G公司合资的广州宝洁公司就是这种策略的典型，它拥有海飞丝、飘柔、潘婷、沙宣等品牌。多种品牌还可以加强企业内部的竞争机制，提高经济效益。

此外，在国际营销中，由于国家、民族、宗教信仰等的不同，为了避免品牌命名不当而引起的市场抵触，适应不同市场的消费习惯，多品牌也是一种适用策略。

（4）品牌更新策略。企业确立一个品牌，特别是著名品牌，需要花费不少费用。因此，一个品牌一旦确定，不宜轻易更改。但有时，企业也不得不对其品牌进行修改，导致这种情况的原因有：原品牌产品出问题，倒了牌子；原品牌市场位置遇到强有力竞争，市场占有率下降；消费者的品牌偏好转移；原品牌陈旧过时，与产品的新特点或市场的变化不相符，等等。

品牌更新通常有两种选择。

① 全部更新，即企业重新设计全新的品牌，抛弃原品牌。这种方法能充分显示企业的新特色，但花费及风险均较大。

② 部分更新。即在原品牌基础上进行部分的改进。这样既可以保留原品牌的影响力，又能纠正原品牌设计的不足。特别是自CIS导入企业管理后，很多企业在保留品牌名称的基础上对品牌标记、商标设计等进行改进，既保证了品牌名称的一致性，又使新的标记更引人入胜，取得了良好的营销效果。

6.2.4 著名品牌的创立和保护

著名品牌，通常称为名牌，是指那些具有很高的知名度、良好的质量和服务、深受广大消费者喜爱、能给企业带来巨大经济利益的品牌。品牌是企业的一项无形资产，名牌的价值就更高，其品牌价值往往要几倍于该产品的销售收入。据英国《金融时报》网站 2011 年 5 月 8 日报道，BrandZ 排行榜最新结果：苹果已超越谷歌，成为全球最具价值的品牌，据估算其品牌价值达到 1 530 亿美元。自 2006 年 BrandZ 排行榜推出以来，苹果的品牌价值增长了 1 370 亿美元，涨幅达 85%。苹果公司的股票市值为 3 194 亿美元，是 2006 年的近 6 倍。谷歌的市值为 1 724 亿美元①。还如前述 1995 年列世界第一的可口可乐，品牌价值是 390.5 亿美元，1994 年的销售收入只是 109.42 亿美元（不包括雪碧、芬达等其他产品）。难怪有这样一种说法：即使可口可乐公司所有的厂房、设备在一夜之间被化为灰烬，第二天一早，仍会有众多的金融家、投资商找上门来，要求向公司提供贷款，帮助恢复生产。

反观我国，由于受长期计划经济的影响，人们的品牌概念非常模糊，更谈不上创立著名品牌。对于企业来说，重要的是把产品生产出来，如何销售则是商业部门的事情。改革开放以来，随着人民生活水平的提高，消费渐趋多样化、个性化、高档化，人们购买商品的眼光也变得挑剔起来。同时，随着大量的外国名牌涌入中国，名牌的概念开始植根于国人心中。

进入 20 世纪 90 年代后，人们惊奇地发现，经过一番混战，国内原有的较著名品牌，几乎已销声匿迹，陷入了合资企业的汪洋大海中。世界名牌大举进入中国，名牌消费仿佛成了一种时尚，穿的是皮尔·卡丹、阿迪达斯，吃的是肯德基、麦当劳，喝着可口可乐、轩尼诗、人头马，路上跑的是丰田、奔驰、卡迪拉克，甚至有人非名牌不用。而企业家们则从咋舌传闻中的外国名牌近乎天文数字般的价值，到目睹外国名牌在华夏大地上的销售实绩，无不惊叹名牌的威力，并进而立意创立自己的品牌。于是，从中央到地方，从政府到企业，名牌战略被提上了议事日程。

但是，名牌的创立并非易事，不是一朝一夕所能达成的。到 1997 年初，我国经国家商标局认定的驰名商标只有 19 件，而能称世界名牌的几乎没有，其中青岛啤酒、茅台酒算是小有名气，但规模太小。世界名牌"百威"啤酒 1995 年的品牌价值是 113.5 亿美元，而"青岛"啤酒 1995 年的品牌价值是 25.4 亿元人民币，两者相差极大。

因此，中国企业的名牌道路，可以说是任重而道远。综观世界上著名品

---

① wenku. baidu. com.，2012 年 2 月 11 日。

牌的创立、发展过程，或许可以给我国企业的名牌之路一些借鉴。从当前来说，我国企业名牌的创立、发展和保护过程中，需要注意以下一些问题。

（1）企业首先要有名牌意识。应当知道，著名品牌不是吹出来的，它首先需要有坚实的基础，即可靠的质量、先进的技术、有效的管理、高素质的人员等。有了这些基础，再加上恰到好处的运作，经过长时间的努力，才有可能创造出一个名牌。以为仅靠大量的广告宣传、通过"密集轰炸"，期望在短期内成为名牌，这种想法是不足取的。因此，企业应明了创立名牌的长远性、艰巨性，克服短期行为。世界著名品牌，大多经历了几十年、上百年的发展史，花费了几代人的全部精力。同时，还应当认识到，名牌是精品，但并不等于高价品，名牌不是因高档、名贵而成为名牌，而是靠消费者的喜爱，靠市场占有率形成的。

（2）积极参与国际竞争。名牌是市场竞争的产物，能在国际竞争中战胜众多对手，脱颖而出，能被世界各国市场都予以承认，这才是名牌创立的最高境界——世界名牌。当然，路要一步一步地走，但能否在世界扬名，这应该是我国企业名牌战略的最终目标。要达到这一目标，企业规模是一个非常重要的因素，据《金融世界》杂志 1995 年评估的世界最有影响力的 282 个品牌，产品销售收入 5 271.76 亿美元，相当于我国同年的产品销售总额。在世界 500 强工业企业中，我至今尚无一家入选。因此，我们应加强企业间的兼并与合作，扩大企业的规模，以使企业有向世界市场冲击的实力。同时，要克服"宁为鸡首，不做凤尾"的小生产习惯，开阔视野，发展大名牌。

名牌参与国际竞争，必须适应国际潮流，如当前的"品牌个性化""绿色品牌"等。品牌个性化即通过品牌的宣传赋予产品独特的个性，使顾客对其演绎的个性产生激情，进而采取消费行为。绿色品牌则是因应绿色消费潮流而生，企业通过 ISO14000 绿色质量认证，取得绿色产品标志，树立为消费者认可的绿色形象，以建立消费者的忠诚。

（3）要发展自己的名牌。到目前为止，为数不少的企业基于纯经济利益或其他各方面的考虑，把自己多年奋斗创立起来的品牌拱手出让或贱卖，国有名牌成了别人的"垫脚石"。如原广州肥皂厂的"洁花"牌曾经是全国知名品牌，1988 年广州肥皂厂与外商合资成立了广州宝洁洗涤用品公司，中方把"洁花"作价 500 万元投入合资公司。但"洁花"进入宝洁后就被打入冷宫，而宝洁全力推出由美国 P&G 公司提供的"海飞丝""飘柔"等牌子，每年投入上亿元的宣传费，把原来国人完全不知道的美国商标变成了知名商标，原来的国有知名商标"洁花"反而无人知晓。在合资潮中，这样的例子比比皆是。可喜的是，也有部分企业在外商的高价诱惑下坚决不屈服，坚持发展自己的品牌，如"健力宝"饮料、"黑妹"牙膏等。上海家化公司也在1995 年 4 月以放弃每年 1 200 万元的商标转让费为代价，使"美加净""露美"从冷宫中解放出来，重新回到市场，当年"美加净"就创下了两亿元的销售额。由此可见，为了加快国内经济发展，提高技术水平，与外商合资，让出部分国内市场，这是必须的。但引进的最终目的应是使自己的产品打入国际市场，因此，企业应大力发展自己的名牌，否则，名牌再好，控制权在别人手里，企业就只能永远处于从属和被分割的地位。

(4) 加强对名牌的保护。由于名牌拥有巨大的经济效益，是一种无形资产，因此，无论是国外还是国内，某一品牌产品只要稍有名气，就避免不了被仿冒的命运。有的品牌产品的仿冒数量甚至超过了正品。在世界著名品牌中，几乎找不出没有仿冒品的。因此，如何保护自己的品牌，使之不受到侵犯，成了一个世界性的难题。根据国内外的经验，保护名牌应从以下两方面努力。

① 寻求法律保护。保护名牌的一个最有效、最直接的方法就是利用现有的法律，其中与名牌关系最密切的法律就是商标法。企业通过注册，取得商标的专用权，可以形成封闭的保护屏障，减少被他人盗用的机会。如江苏的红豆集团，在国内把红豆商标全方位注册，又把其他相关行业的红豆商标，以及与"红豆"拼音相似的 200 多个商标注了册，1992 年开始又先后在54 个国家进行注册，把"红豆"从里到外都严密保护起来，为今后打入国际市场做好了准备。此外，在商标注册时，应注意商标权的有效期限，及时续展。

② 加强自我保护。企业利用法律保护有一定的局限性。例如利用专利法可以对产品的技术进行保护，但专利有一定的期限，到期后，法律就不再起作用。而很多世界名牌是靠其独特的技术才得以延续的，因此，有的企业为了保持其技术上的优势，宁愿放弃法律保护，把关键的技术严格保密。如可口可乐就是靠其独特的配方而百年雄踞饮料业之首的。除此之外，企业还可以运用专业防伪技术，利用现代高科技来保护自己的名牌，加大产品被仿

造的难度。在技术保护的同时，企业还应利用各种广告宣传活动，使消费者了解产品，提高消费者识别真伪产品的能力，对假冒产品能正确识别和及时投诉，以利用社会来进行监督，使假冒产品无立足之地，从而起到保护名牌的作用。

当然，创立和保护名牌不是企业能独自完成的，它还需要政府的大力扶持和帮助。而且，消费需求是不断发展、变化的，相应地，企业的产品也应时有更新，使产品能满足消费者的需求，这样才能永葆名牌的魅力。

6.3 | 包 装 策 略

6.3.1　包装的概念和作用

（1）包装的概念。产品包装有两层含义：一是指用不同的容器或物件对产品进行捆扎；二是指包装用的容器或一切物件。包装通常有三个层次：第一层次是内包装，它是直接接触产品的包裹物，如酒瓶、香水瓶、牙膏皮等；第二层次是中包装，它是保护内包装的包裹物，当产品被使用时，它就被丢弃，如香水瓶、牙膏等外面的盒子等，中包装同时也可起到促销的作用；第三层次是外包装，即供产品储运、辨认所需的包裹物，如装一打香水的硬纸盒等。

此外，标签也是包装的一部分，它可能单独附在包装物上，也可能与包装物融为一体，用以标记产品的制造日期、产品说明、有效期、等级分类等信息，促进产品的销售。

（2）包装的作用。包装是整体产品的重要组成部分。特别是随着零售业的不断发展，超级市场已成为产品零售的一种主要方式。超级市场实行的是顾客自助服务的方式，众多的产品排列在货架上，没有销售人员的特别推销，此时，产品的包装就成了"无声的推销员"。人们第一眼看到的往往就是产品的包装。一般来说，设计新颖的包装能够吸引消费者的注意，从而增加产品的销售概率。过去，我国许多企业由于不重视包装，生产的一些产品，尤其是出口产品，只能在国外摆地摊，登不上大雅之堂。很长一段时期，我国的产品在国际市场上处于"一等产品，二等包装，三等价格"的被动局面。随着改革开放的不断深入和新观念的进入，包装的重要性也在逐渐地被我国企业所认识。

具体地说，产品的包装有以下四个方面的作用。

① 保护产品。这是包装的原始功能。在产品从生产者转移到消费者手中，被消费者消耗的过程中，良好的包装可以防止产品的毁损、变质、散落、被窃等。

② 便于储运。不少产品没有固定的形状或形状特殊，不包装则难以进行储存和运输。有些产品则有一定的危险性，如易燃、易爆、有毒等，必须有严密良好的包装才能储运。此外，整齐的包装可以方便储运时的点检等管理工作。

③ 促进销售。包装已被越来越多的厂家用作产品促销的一种工具。通过包装，可以改进产品的外观形象，提高顾客的视觉兴趣，增加顾客的方便，促进消费者的购买。同时利用包装上的说明，增进顾客对产品知识的了解。包装还是一种少花钱或不花钱的广告载体。

④ 增加盈利。良好、美观的包装可以提高产品的身价，使消费者愿意以较高的价格购买，而且，随着生活水平的提高，这种趋势在不断上升。同时，由于包装完好可以减少产品的毁损、变质等损失，等于为企业节省了成本。此外，包装材料本身也包含着一部分的利润。

6.3.2　常用的包装方法和包装技术

(1) 包装的大小。包装的大小主要受消费者的购买使用习惯及购买力的影响。一般地说，日用消费品小包装使用比较方便。随着小家庭的增加，对小包装产品的需求将会不断增加。

(2) 包装的形状。包装的形状主要取决于产品的形状和性质。一般地说，产品的包装要有利于产品的存放、搬运、运输，能美化产品，吸引顾客的注意。特别是食品，顾客购买后往往要存放在冰箱里，因此，食品包装的形状应与冰箱内部结构相符合。

(3) 包装的构造。包装的构造应能突出产品的特点，体现产品的功能，同时应开启方便。有些产品还需要特殊的保护性包装，如危险性药品的包装，应使儿童不能轻易打开。

(4) 包装的颜色。根据研究表明，颜色能影响人们的情绪，进而影响人们的行为。不同的颜色能给人以不同的感觉，如红色的热烈、黄色的宁静、黑色的凝重、紫色的高雅，等等。因此，应针对产品的不同，采用不同颜色的包装与之相配。同时，也应考虑到不同的民族对颜色的偏好与禁忌，以免影响产品的国际市场营销。

（5）包装的材料。包装材料的选用除了能有效地保护产品外，还应该考虑材料与环境保护的关系，如选用多功能、简单化、容易回收的绿色产品包装物，并说明包装物的处理方式，所使用的材料不能有损生态环境。此外，还应考虑包装材料与产品的价值比例，既不能"金玉其外，败絮其中"，也不能"稻草包珍珠"，再现过去那种"一等产品，二等包装，三等价格"的局面。

总之，在使产品的包装更科学、合理的同时，要大胆使用新的材料，采用新的包装方法与技术，设计新的款式，利用目标顾客的消费心理，通过设计者的创意，使包装给顾客一种崭新的感觉，充分体现产品的魅力，从而激发顾客的购买欲望，这是现代包装的一个发展趋势。

6.3.3　包装决策

由于包装在企业产品营销中的重要性，企业除了认真做好包装的设计，使包装充分展现产品的特色与魅力外，还需要运用适当的包装策略，使包装的设计与策略的运用相得益彰，发挥更大的作用。常用的包装策略主要有以下六种。

（1）类似包装策略。这是指企业所有产品的包装，采用共同或相似的形状、图案、特征等，这样可以节省包装设计的成本，有利于提高企业的整体声誉，使新产品迅速进入市场。但如果企业产品相互之间的差异太大，则不宜采用这种策略。

（2）组合包装策略。这是指在同一包装中放入相关联的若干产品，如化妆品、节日礼品盒、工具包、旅行盒等包装，这样既可以方便消费者的购买和使用，也可以有效利用包装物的空间，促进相关产品的销售。

（3）附赠品包装策略。这是指在包装物内附赠物品或奖券，如在儿童用品中附赠玩具是最为流行的一种做法。这样可以提高购买者的兴趣，吸引顾客的重复购买。

（4）再使用包装策略。这是指包装物在产品用完后，还可以作其他用途，如常见的咖啡、果酱瓶用作茶杯，盛装物品的袋子用作手提袋等。这样可以利用顾客一物多用的心理，使顾客得到额外的使用价值。同时，包装物在再使用过程中，还能起到广告宣传作用。

（5）分组包装策略。这是指同一产品根据顾客需要的不同采用不同等级的包装，也叫等级包装，如一件产品用作礼品时可以使用高档包装，若是自己使用则采用中、低档的简易包装，以此来迎合不同的消费者及不同收入水平者的心理需求。

（6）变更包装策略。这是指对原产品包装进行某些改进或改换，开拓新市场，吸引新顾客。当原产品声誉受损，销量下降时，通过变更包装，可以以新形象吸引顾客的注意力，又可以改变产品在消费者心目中的不良形象，制止销量下降，保持市场占有率。变更包装策略还常常用于产品防伪，即企业通过不断推出新包装来抑制仿造者的嚣张气焰。但这种做法成本较高。

6.4 | 产品组合及其优化评价方法

6.4.1　产品组合概念

（1）产品组合、产品线与产品项目。产品组合是指企业生产经营各种不同类型产品之间质的组合和量的比例。产品组合通常由产品线和产品项目构成。

产品线是指在技术上和结构上密切相关，具有相同使用功能，规格不同而满足同类需求的一组产品。如一个汽车制造厂制造轿车、卡车和大客车，那么这个厂的产品线有三条。雅芳化妆品公司的产品线有化妆品、珠宝首饰和家常用品三条。

产品项目是指企业产品目录上列出的每一个产品，是产品线的具体组成部分。很多企业都拥有众多的产品项目，如上述的汽车制造厂轿车有三个型号，卡车有五个型号，大客车有七个型号；雅芳化妆品公司有 1 300 个以上的产品项目，通用电气公司则有 25 万个产品项目。

（2）产品组合的宽度、深度和关联性。产品组合的宽度指企业的不同产品线的数量；深度指每条产品线内不同规格的产品项目的数量；关联性则是

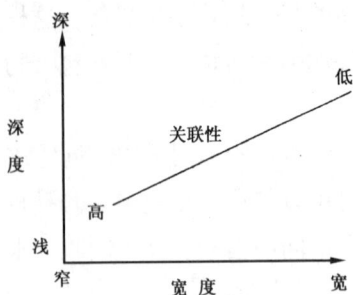

图 6.2　产品组合的宽度、
深度和关联性

指企业各条产品线在最终用途、生产条件、销售分配渠道及其他方面的密切相关程度。

产品组合的宽度越大，说明企业的产品线越多；反之，宽度窄，则产品线少。同样，产品组合的深度越大，企业产品的规格、品种就越多；反之，深度越浅，则产品就越少。产品组合的深度越浅，宽度越窄，则产品组合的关联性越大；反之，则关联性小（见图 6.2）。

产品组合的宽度、深度和关联性对企业的营销活动产生重要的影响。企业通过增加产品组合的宽度，充分发挥企业的特长，使企业的资源得到合理的利用，从而减少企业经营中的风险，提高企业的经营效益。通过增加产品组合的深度，更好地满足广大消费者的不同爱好和需求，以吸引更多的消费者。增加产品组合的关联性，则有利于企业的经营管理，提高企业在某一地区、某一行业的声誉。

6.4.2　产品组合的评价分析方法

企业所处的市场环境是不断变化的，因此，每一种产品在市场上的地位、获利程度等也在不断变化。为了占有稳定的市场份额，保持预期的利润率，企业应相应地不断分析产品项目与产品线变化的情况，使它们保持合理的组合关系。对企业产品组合的状况进行分析和评价，通常有两种方法：波士顿咨询公司的市场成长-市场份额矩阵评价方法；通用电气公司的多因素产品经营组合矩阵评价方法。

（1）波士顿咨询公司的市场成长-市场份额矩阵。波士顿咨询公司的市场成长-市场份额矩阵（见图 6.3）主要是利用企业产品的相对市场占有率和市场增长率作为参数，来了解产品目前所处的地位，决定所要采取的措施。

所谓相对市场占有率是指本企业某产品的市场占有率与同行业中最大竞争对手的市场占有率之比。例如，企业某产品的相对市场占有率 0.4，则表示该产品占有率是最大竞争对手产品市场占有率的 40%；如果产品的相对市场占有率是 4，则表示该产品的市场占有率是最大竞争对手的产品市场占有率的 4 倍，也即该产品是市场领先者。在矩阵图 6.3 中，相对市场占有率用

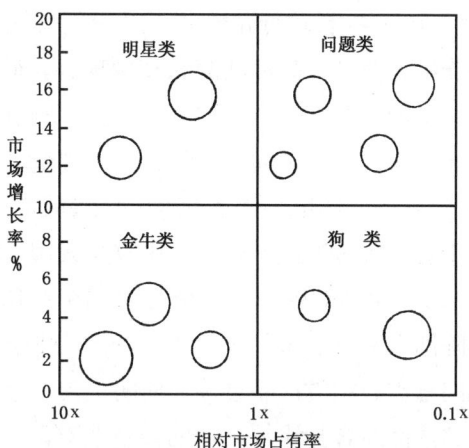

图 6.3 波士顿咨询公司的产品组合矩阵

对数坐标表示。

纵坐标表示的是市场增长率，表示企业产品的年销售增长率。

图 6.3 中的圆圈表示企业现有的各项产品，圆圈的位置表示它们的增长率和相对市场占有率的高低，圆圈的大小则代表各项产品销售额的大小。

图 6.3 中四个象限的位置可根据企业的实际情况随意设置。但一般认为，超过 10％的增长率是高增长率，10％以下则是低增长率，所以往往用10％作为划分企业增长率高低的界限；而相对市场占有率为 1，就意味着该产品已是市场的领先者，因此通常以 1 为分界线把相对市场占有率分成高低两档。这就形成了图 6.3 中所示的四个象限。处于这四个象限的产品分别称为问题类、明星类、金牛类和狗类产品。

① 问题类。这是指那些相对市场占有率较低而市场增长率较高的产品。这些产品可能有发展前途，但需要投入大量的资金才能满足迅速增长的市场需求。企业产品的发展往往从问题类开始，因此，<u>企业应选择有前途的问题类产品，予以大量投资，使其成为明星类产品，待其增长率降低，就有可能成为金牛类产品。否则应予放弃。</u>

② 明星类。这是指那些市场增长率和相对市场占有率都较高的产品。它们往往是市场中的领先者，因而所产生的现金和所需要的现金数量都很大，企业要投入大量的现金来维持高的市场增长率和市场占有率，因此它们不一定能给企业带来大量利润，但它们却有可能成为未来的金牛类产品。

③ 金牛类。这是指那些有较低市场增长率和较高市场占有率的产品。较高的市场占有率能给企业带来高额利润和高额现金，而较低的市场增长率只需要少量的投资，而且，作为市场领先者，能取得规模经济效益。所以，金牛类产品能给企业带来大量的利润，满足企业的现金需要。

④ 狗类。这是指那些市场增长率和市场占有率都较低的产品。这种产品在竞争中往往处于劣势，一般地说，应采用收缩或淘汰的方案。

利用市场成长-市场份额矩阵，企业就可以把企业现有的产品组合状况清晰、明确地在矩阵图上表示出来，以分析、确定企业合理的产品组合。不合理的产品组合是问题类、狗类产品过多，而明星类、金牛类产品太少。

图 6.3 所描述的产品组合是比较合理的。企业有两三个金牛类产品，这是企业发展的支柱，两个明星类产品提供了进一步发展的机会，问题类产品有部分转变为明星类的可能，两个狗类产品则视实际情况予以淘汰。

（2）通用电气公司的多因素产品经营组合矩阵。市场成长-市场份额矩阵采用市场成长率和相对市场占有率两个因素对产品组合进行评价、优化，非常实用，但却过于简单。因此，通用电气公司改进了波士顿咨询公司的方法，提出了多因素经营组合矩阵（见图 6.4）。

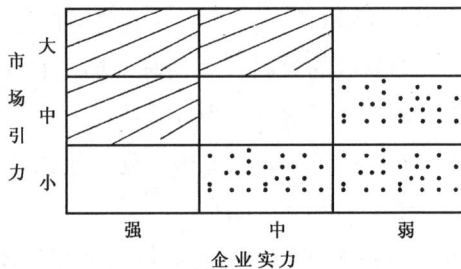

图 6.4　通用电气公司的多因素矩阵

利用多因素矩阵，可以对企业的各种产品，根据其市场引力和企业实力所包含的各种因素进行综合评价，然后填入在矩阵图中的相应位置，从而评价、优化企业的产品组合。

市场引力是市场对企业的吸引力，一般包括市场规模、市场增长率、利润率、市场竞争强度、技术要求等因素，通常根据一定的标准把它分成大、中、小三个等级。

企业实力是指企业满足市场需求的能力，一般包括企业的生产技术能力、产品质量、信誉、单位成本、原材料供应保证、产品市场占有率以及企业管理水平等。通常也根据一定标准把它分成强、中、弱三个等级。

这样，就形成了一个有九个格子的矩阵图。根据产品在矩阵图中的不同位置，就可以采取相应策略，使企业保持合理的产品组合状态。

矩阵图上的九个格子，实际上可以分为三大部分。左上角的三个格子（斜线部分）表示市场吸引力大，企业实力强。对位于这一部分的产品，企业应采用"绿灯"战略，增加投资，大力发展；在左下角到右上角对角线的三个格子（空白部分），表示市场引力和企业实力中等，或一方偏强而另一方偏弱。对这部分产品，企业应采用"黄灯"战略，维持原状，保持现有市场占有率；右下角三个格子（网点部分）表示市场引力和企业实力都较差，对于这部分产品，企业应采用"红灯"战略，压缩投资或放弃。九个格子的具体策略可参见表 6.1。

表 6.1　多因素矩阵策略

市场引力	企 业 实 力		
	强	中	弱
大	1. 保持优势 积极发展	4. 增加投资 争取优势	7. 增加投资 增强实力
中	2. 维持现状 争取盈利	5. 维持现状 保持稳定	8. 选择投资 争取盈利
小	3. 紧缩资金 准备撤退	6. 停止投资 准备淘汰	9. 收回投资 停产淘汰

6.5 产品寿命周期

6.5.1 产品寿命周期含义及特征

产品如同人一样，也有一个出生、成长、成熟、衰亡的过程。随着这种周期性的变化过程，企业的营销策略也应作相应的改变，以维持并伺机延长产品在市场上的寿命。

产品从投入市场到最终被市场淘汰的时间过程，就是产品的寿命周期。

这里所指的是产品的市场寿命，而不是产品的使用寿命周期。也就是说，它表示的是一种新产品开发成功、投入市场后，从鲜为人知，到逐渐被消费者了解和接受，然后又被更新的产品所代替的过程。

产品寿命周期一般以产品的销售量和所获的利润额来衡量，典型的产品寿命周期曲线呈 S 型（见图 6.5），根据销售增长率的变化情况，可以把它分为四个阶段。

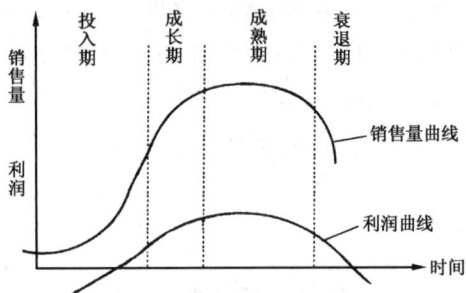

图 6.5　典型的产品寿命周期曲线

（1）投入期。新产品刚刚进入市场，人们对新产品缺乏了解，销售量少，销售增长缓慢，产品还有待进一步完善。产品生产成本和营销费用较高，一般没有利润或只有极少利润。竞争者也很少或没有。

（2）成长期。新产品逐渐被广大消费者了解和接受，销售量迅速增长，利润也相应增加，但也因此引得新的竞争者纷纷加入。

（3）成熟期。大部分消费者已购买了此产品，销售增长趋缓，市场趋向饱和，利润在达到顶点后开始下降。由于要应付激烈的竞争，企业需要投入大量的营销费用。

（4）衰退期。销售量显著减少，利润也大幅滑落，竞争者纷纷退出，原产品被更新的产品所取代。

S 型产品寿命周期曲线是一种理想化的曲线，而在实际的经济生活中，并非所有的产品寿命周期曲线都呈 S 型，不同的产品，其寿命周期曲线也不尽相同。以下是几种比较常见的产品寿命周期类型（见图 6.6 所示）。

① 循环型。循环型又称"循环-再循环"型。这种类型的代表是医药产品。新药品推出时，企业通过大力推销，使产品销售出现第一个高峰，然后销售量下降，于是企业再次发起推销，使产品销售出现第二个高峰。一般地

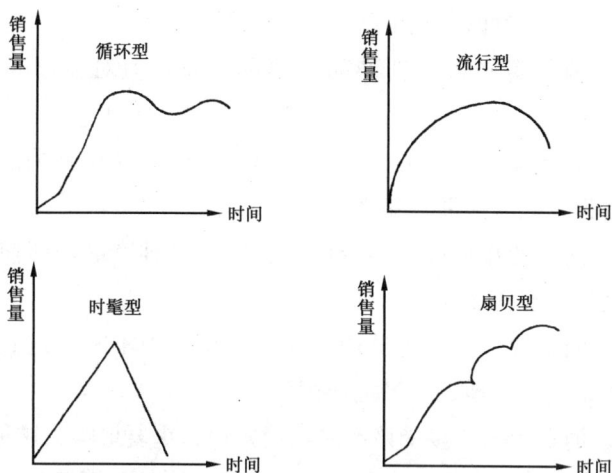

图 6.6　不同的产品寿命周期类型

说，第二次高峰的规模和持续时间都小于第一次。

②　流行型。流行型产品刚上市时只有少数人接纳，然后随着少数人的使用和消费，其他消费者也发生兴趣，纷纷模仿，进入模仿阶段。终于产品被大众广为接受，进入全面流行阶段。最后，产品缓慢衰退。因此，流行型的特征是成长缓慢，流行后保持一段时间，然后又缓慢下降。

③　时髦型。时髦型产品的寿命周期则是快速成长又快速衰退，其时间较短，如电视卡通玩具等。原因在于时髦品只是满足人们一时的好奇心或标新立异，并非人们的必需需求。

④　扇贝型。这种产品寿命周期的特点是不断延伸再延伸。原因是产品不断创新或发现新的用途、新的市场，因此有连续不断的寿命周期。如尼龙的寿命周期就呈扇贝型，因为尼龙不仅可作降落伞，还可用来做袜子、衬衫、地毯等等，从而使其寿命周期一再延伸。

尽管不同产品的寿命周期不尽相同，但为了方便起见，这里讨论的仅是有代表性的 S 型产品寿命周期曲线。

6.5.2　产品寿命周期曲线与产品扩散理论

产品的寿命周期实际上是产品被市场上的消费者接受的过程，也可以说是产品扩散的过程。

（1）消费者接受新产品的过程。新的产品上市后，消费者在接受新产品的过程中，往往要经过以下几个阶段。

① 知晓。消费者知道了新产品上市的消息，但对新产品缺乏全面的了解。

② 兴趣。消费者对新产品产生了兴趣，并积极寻找有关的信息，在了解新产品的过程中，购买欲望随之产生。

③ 评价。消费者开始考虑是否值得去使用这种产品，即使用这种产品将带来哪些效用或有什么风险。

④ 试用。消费者开始少量试用产品，在试用中不断改进其对该产品的评价，以决定是否正式地、大量地使用。

⑤ 接受。消费者正式接受该产品，经常地、重复地购买这种产品。

（2）产品扩散模型及各类使用者的特点。不同的消费者对产品的认识不尽相同，他们接受产品的时间也有先有后，有长有短。有的人会率先使用新产品，但也有的人会很晚才接受这种产品，有的甚至根本就不使用这种产品。一般地说产品的扩散呈一种正态分布形状（见图 6.7 所示）。

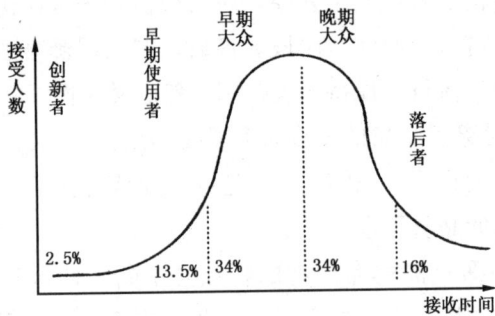

图 6.7　产品扩散模型

图 6.7 表明，新产品进入市场，开始缓慢地被消费者接受，随着使用人数的不断增多，使用者人数达到最高峰，然后开始下降，最后仅留下极少数的使用者或非使用者。

根据产品的扩散模型和消费者接受产品的过程，可以把消费者分为以下五种类型。

① 创新者。这是新产品的最先接受者。这些人通常喜欢冒险，其收入水平、社会地位及受教育程度较高。但这种人一般较少，只占 2.5%。

② 早期使用者。这些人往往有较高的社会地位和较好的经济条件，而

且在某一群体中享有威望，受人尊敬，因此这些人对新产品的扩散起着决定性的作用，约占 13.5％。

③ 早期大众。这是一批慎重的消费者，占 34％。他们一般愿意跟上消费潮流，因此比一般人接受新产品要早一点。

④ 晚期大众。这些人往往对事物有一种怀疑的态度，不主动接受新事物，而是在大多数人都接受之后才进行尝试，此时产品已进入成熟期。这一类型使用者也占 34％。

⑤ 落后者。这是一些思想保守的人，对新事物缺乏反应，因此最后才接受这种产品，有的甚至拒绝使用。这时候产品已进入成熟期后期乃至进入了衰退期。这一类型的消费者约占 16％。

6.5.3　产品寿命周期各阶段的营销策略

由上所述可以知道，在不同的产品寿命周期阶段，企业所面临的情况各不相同，因此，企业应根据产品在寿命周期各阶段的特点，以及消费者的不同类型，相应地、有侧重地采取各种营销措施。

(1) 投入期的营销策略。在投入期，由于新产品刚进入市场，消费者对产品十分陌生，产品销售增长缓慢。因此，企业应该注重提高产品的扩散率，降低成本，尽量缩短投入期。就价格和促销水平来看，企业可以有四种策略选择。

① 快速掠取策略。这是指采用高价格、高促销费用策略。高价格可以使企业迅速回收成本和获取利润，高促销则可以尽快提高产品知名度，吸引消费者。采用这种策略的市场条件是：大部分潜在消费者还不了解这种新产品，已经了解这种新产品的人则急于求购，并且愿意按企业所订价格购买；企业面临潜在竞争者的威胁，急需建立消费者对产品的偏好，树立名牌。

② 缓慢掠取策略。这是指采用高价格、低促销费用策略。高价格可使企业获取利润，而低促销降低了促销费用，使企业获得更多的利润。采用这种策略的市场条件是：大多数消费者已经知道了这种产品；同时需要购买者愿意出高价；而且潜在的竞争威胁不大。

③ 快速渗透策略。这是指采用低价格、高促销费用策略来推销新产品，以使产品迅速进入市场，取得尽可能多的市场份额。采用这种策略的市场条件是：市场容量很大；消费者对这种新产品不了解，但对价格却非常敏感；

潜在的竞争威胁大；产品成本随着企业生产规模的扩大而降低。

④ 缓慢渗透策略。这是指采用低价格、低促销费用策略来推销某种新产品。低价格是鼓励消费者迅速接受新产品，促销水平低则可以节省促销费用，增加企业盈利。采用这种策略的市场条件是：市场容量很大；大多数消费者已了解了这种产品，但对价格反应敏感；存在着相当的潜在竞争者。

（2）成长期的营销策略。在这一阶段，消费者已了解了这种产品，有越来越多的消费者购买和使用这种产品，销售量和利润迅速上升，但利润的上升也使竞争者看到有利可图，竞争渐趋激烈。企业应把重点从使消费者了解新产品、提高产品知名度转到力创名牌、吸引消费者购买上来，保证产品销售的迅速增长，延长给企业带来最高利润的这一时期。

这一阶段企业可以采取的策略有五种。

① 提高产品质量。如增加产品的功能，增加新的花色品种，采用不同形式的包装等，产品的改进可以提高产品在市场上的竞争力，满足顾客更新、更高的需求，从而促成顾客更多的购买。

② 寻找新的市场。通过细分，找出新的、尚未得到满足的细分市场，结合企业的实际情况，组织生产和销售。

③ 扩展企业的分销网络。努力开辟新的销售渠道，使产品更迅速、方便地到达更多的购买者手里。

④ 改变广告宣传重点。前一阶段主要是要扩大产品的知名度，让更多的消费者了解新产品。进入成长期后，广告宣传重点应转向如何说服消费者购买上来，以加强消费者的品牌忠诚度，树立产品的名牌形象。

⑤ 充分利用价格手段。由于生产成本开始下降，企业可以适当地降低产品的价格。初期采用高价格者，更可以大幅度降价，以吸引更多的购买者，排挤竞争者，牺牲目前的短期利润来争取市场占有率的扩大，从而为长期获利打下基础。

（3）成熟期的营销策略。产品进入成熟期后，销售增长速度减缓，在成熟期的后期销售将出现负增长。一般地说，这是产品寿命周期中时间最长的阶段，也是获利最多的阶段。但此时现有市场已达到饱和，市场竞争异常激烈，销售费用不断增加，一些经营欠佳的竞争者被迫退出市场。

为了维持企业的市场地位，企业应采取进攻性的策略，积极增加具有新的竞争力的因素，使成熟期延长。为此可采取以下策略。

① 市场改良。这种策略不是要改变产品本身，而是发现产品的新用途或改变推销方式等，以扩张市场。一是通过发掘现有产品的新用途，促使消费者增加消费量。如把节日用品推广到日常使用，或为了取得更佳使用效果，提倡加倍或多量使用某种产品。二是开发产品的新市场，把现有产品推广到其他细分市场上。如强生公司就曾把婴儿使用的洗发精和爽身粉推广到成年人市场，美国的众多饮料公司则把其饮料从国内市场推广到国际市场。

② 产品改良。这种策略通过提高产品质量，增加新的功能，改进产品款式，提供新的服务等，以吸引新的用户和使现有用户提高使用率。如电视机，除室内使用的以外，又推出了可以室外使用的手提式电视机，可供野外活动时观赏电视节目，也能在汽车内使用。

③ 市场营销组合改良。这种策略通过改变、调整市场营销组合来延长产品的市场寿命：如通过使用各种价格策略（降价或提价、特价、折扣等），增加新的销售渠道，提出新的广告主题，开展各种促销活动，等等，以扩大产品的销售量。

（4）衰退期的营销策略。进入衰退期的产品销售开始急剧下降，利润很少或基本没有，产品失去吸引力或被代替，大部分竞争者退出市场。但另一方面，市场上剩下的消费者会变得更忠诚。

企业根据具体情况，可以采取以下的策略。

① 保留策略。指企业继续把该产品留在市场内。由于其他企业先后退出了市场，它们留在市场内的顾客将由留在市场内的企业接收。因此，企业仍有一定的销量和利润。这种策略又有几种选择。

a. 逐渐收缩。企业逐渐放弃那些销售状况不好的细分市场，将营销力量放在销售状况最好的、具有利润的细分市场上，坚守收缩后的市场阵地。此外，剩下的消费者忠诚度较高，对价格的需求弹性会比较低；而另一方面，随着"收藏热"的持续，一些有收藏价值的产品可以制定较高的价格。因此，即使销售量下降，企业也能因价格高而获利。

b. 维持原状。有的产品看起来像是到了衰退、淘汰的阶段，但一旦条件发生变化，这些产品仍有机会东山再起，再获发展。如杜邦公司的尼龙产品就是一个例子，当它在军事上的使用衰退时，杜邦公司把它用在女性的裤袜上，然后又转向婴儿的裤袜，从而使产品出现了几个生命循环。我国的黑白电视机市场也是如此，当彩色电视机在 20 世纪 80 年代中期席卷大陆时，黑白电视机似乎已到了生命的尽头，但到了 80 年代后期及进入 90 年代后，由于农村消费者的需要和出口的增加，黑白电视机市场又进入了一个新的盛销期。但是，新循环的出现，往往要求市场有相当大的改变，而市场是瞬息万变的，因此，应用此策略风险极大，必须对消费者爱好和市场进行深入的研究。

② 淘汰策略。淘汰策略即企业决定放弃该产品，停止生产和销售处于衰退期的老产品，把企业的资源转到新产品的开发和推广上去，以新产品取代已衰退的老产品，有计划地把原有的消费者转到本企业的新产品或其他产品上去。采用这种策略需考虑以下几个问题。

a. 是将产品完全抛弃，还是予以转让？通常后者较为有利，这样可以回收部分价值，减少企业的损失，也使利润不至于一下子完全消失。

b. 产品是迅速淘汰，还是缓慢淘汰？迅速淘汰可以使企业把全部精力用于新产品或其他产品的开发与推广，而缓慢的淘汰则可以使企业在剩余的市场上多争取一些盈利。

c. 企业是否保留一定量的零部件及服务？答案通常是肯定的，这样可以使老顾客更加信赖企业，有利于树立企业的良好形象。

d. 企业职工的感情如何？一件产品的淘汰可能会引起老职工的依依不舍之情，有时甚至会无限悲怆，因为要与他们亲手创造的产品永别。另一方面，产品的淘汰，生产的停止可能要涉及企业职工的去留问题。对此，企业应认真对待，妥善处理。

6.5.4　产品寿命周期理论的意义

产品的寿命周期理论对于企业的营销工作，有着深刻的启迪作用。

(1) 企业需要不断开发新产品。任何产品都有一定的寿命。可以说没有一项产品能在市场中长盛不衰，特别是随着科学技术的进步和竞争的不断加剧，产品的寿命周期在不断缩短。因此，企业必须时刻注意市场上的产品寿命状况，经常对产品进行分析研究，及时地推出新产品，淘汰老产品，做到"生产一代、储存一代、研制一代、构思一代"，使企业始终保持良好的盈利态势。

(2) 根据产品不同寿命周期采取不同营销策略。产品在不同寿命周期阶段具有不同的特点，企业应根据产品的销售表现，判定产品所处的寿命周期阶段，并结合企业实际情况，采取相应的营销策略，以维持企业在市场上的地位。特别要注意对产品衰退期的判定，应尽量避免"营销近视症"，即避免因产品一时的销售状况不佳而误认为已到了衰退期，从而把一个好产品淘汰。同时，企业也要采取各种措施，延长老产品的寿命，或使之出现新的循环。

（3）根据企业生产实际情况，确定不同寿命周期类型。图 6.5 表示的是呈 S 型的标准产品寿命周期曲线，但并不是所有的产品寿命周期曲线都是标准的 S 型。不同的产品，其寿命周期曲线也是不同的（见图 6.6）。因此，任何企业不能生搬硬套这一理论，而要根据具体的情况进行分析。

（4）根据产品不同地区的寿命采取不同的营销策略。产品寿命周期具有地域性。同一产品在不同区域的市场上，其寿命周期阶段也会不同。在甲地市场，产品可能已进入成熟期，但在乙地市场，这种产品也许刚投入市场，还处在投入期。这一点在相互隔绝的地区之间（特别是国际营销）尤为明显。因此，企业要善于利用产品寿命周期的这种地区性差异，采用不同的营销策略，尽量使现有产品多次获利。

6.6 | 产品开发策略

由产品寿命周期理论可以知道，任何产品都有一定的寿命，而企业要保证正常的收益水平，除了延长市场上现有产品的寿命外，还要经常推出新的产品，才能使产品的利润保持一定的增长速率。

6.6.1 新产品概念

市场营销学中所说的新产品，是从产品的整体概念来理解的。任何产品只要能给顾客带来某种新的满足和新的利益，就都可以看作是新产品。因此，新产品不一定都是新发明的、从未出现过的产品。根据产品创新的不同程度，一般可以把新产品分成四类。

（1）全新产品，指市场上从来没有出现过的、运用新原理、新材料、新技术、新工艺制成的产品，如第一次出现的电话、录音机、电视机、电子计算机等。

（2）革新产品，又称换代产品，指在原有产品的基础上，部分采用新技术、新材料制成的性能显著提高的产品，如从盘式录音机到盒式录音机、黑白电视机改成彩色电视机等。

（3）改进产品，指对原产品的材料、结构、款式、包装等方面作出改进的产品，如在普通牙膏中加入不同物质制成的各种功能的牙膏，手表的形状从圆形到方形、菱形等。

（4）新牌子产品，又称企业创新产品，这是市场上已有的、企业仿制后经过创新标上自己的品牌所形成的产品。如电冰箱厂、电视机厂从国外引进生产线和技术所生产的仿制产品。

这四种类型产品的创新程度由高到低，其中全新产品的创新程度最高，新牌子产品的创新程度最低。一般地说，创新程度越高，其所需要投入的资源就越多，开发的风险也就越大。因此，为了减少新产品开发的风险，必须按照一定的科学程序来进行新产品的开发。

6.6.2　新产品的开发过程

新产品开发的程序可以分为八个阶段。

（1）创意的产生。创意就是开发新产品的设想。有效的创意是开发新产品的前提，没有新的创意就很难开发出新的产品。尽管并非每一个创意都能开发出新的产品，但创意越多，就越可能找到有效的创意，开发出新产品的机会也就越多。

新产品创意的产生来源有很多，主要的有以下几方面。

① 顾客。顾客的需要是新产品开发的出发点，因为新产品只有得到顾客的认可才能销售出去。通过对顾客使用现有产品状况的调查，可以了解顾客对产品的意见和建议，并进一步预测和了解消费者的潜在需求，从而得到对原产品进行改进或直接开发新产品的创意。

② 科研机构及科研人员。科学技术的进步是新产品开发的动力。把科学技术研究的成果用于产品的开发，也是新产品创意的一个重要来源。很多新产品，如电话、电视、电脑等的出现，都基于新的科学技术。

③ 竞争者。通过对竞争者现有产品的分析，可以知道其产品的成功与失败之处，给企业有益的借鉴；也可以通过各种渠道刺探竞争者的新产品开发信息，以获取比竞争者更新或更完善的新产品的创意。

④ 中间商。中间商是企业与顾客的联系纽带，而且处于市场前沿，因此，他们最了解消费者的不满和需要，深晓市场需求的变化趋势，同时也了解竞争者的动态，他们所提供的信息往往能带来有效的新创意。

此外，企业的内部人员、咨询公司、各种传播媒体、专利机构等，往往也能提供有价值的信息而成为新产品创意的来源。

（2）创意的筛选。好的创意对于开发新产品非常重要，但有了创意却并不一定都能付诸实施。因此，还需要对所产生的创意进行筛选，选出可行性较高的创意来进行下一步的开发，及时剔除不可行的或可行性较低的创意，以免造成企业资源的浪费。

在创意的筛选过程中，要注意避免两种偏向："误舍"与"误用"。误舍是指未能认识到该创意的开发潜力而轻率舍弃；误用则是把没有发展前途的创意留了下来，继续开发。这两种错误都会给企业带来损失，在筛选时应特别注意。

创意的筛选主要考虑企业的目标和企业的资源能力，即要选择那些与企业目标相符而企业又有能力开发的创意，以作进一步的开发。一般地，企业可以用新产品创意评价表来进行分析、选择（见表 6.2 所示）。

表 6.2　新产品创意评价表

产品成功的必要条件	权数（A）	企业实际能力水平（B）										评分（A×B）
		0.1	0.2	0.3	0.4	0.5	0.6	0.7	0.8	0.9	1.00	
1. 企业目标	0.20									✓		0.18
2. 营销能力	0.20						✓					0.12
3. 技术水平	0.20								✓			0.16
4. 资金来源	0.15								✓			0.12
5. 生产能力	0.10							✓				0.07
6. 人事配置	0.10								✓			0.08
7. 原料供应	0.05						✓					0.03
总　　计	1.00											0.76

表 6.2 中的第一栏是新产品成功的必要条件；第二栏是根据这些条件的

重要程度确定的权数；第三栏则是对企业的能力进行打分，即分析企业现有能力水平与新产品开发必要条件相吻合的程度；第四栏是各项条件加权后的分值，各加权分值相加，就可以得出总分值，即对该创意开发成新产品的可能性的评价。最后根据企业确定的总分值评价标准进行取舍。

新产品创意评价表是因企业而异的。不同的企业，新产品开发成功的条件是不相同的，每一条件的相对重要程度也不一样。如表6.2所列的企业认为新产品成功的必要条件有七项，根据这七项条件，企业考察了自身的能力水平，最后得出总分值是0.76。一般认为，总分在0.00—0.40为差，0.41—0.75为较好，0.76—1.00为好，而且根据经验，总分在0.70以下的应予淘汰。本项新产品创意评价得分0.76，则属于可进一步开发的范畴。

（3）产品概念的形成与评估。产品的创意仅仅是一种设想，而消费者购买的不是设想，他们只会购买具体的产品。因此，需要把产品的创意更进一步具体化，即把产品的创意转化成产品的概念，把它用文字或图像表示出来。

例如，一家自行车厂针对城市交通拥挤、人们出行不方便的状况，准备设计生产一种新颖的助力车，既可以解决一些消费者骑自行车过于耗费体力的困难，又为他们提供自由、便捷的交通工具。考虑到对环境的保护，这种助力车采用电力作为动力，这就是一项新产品的创意。但如果要使消费者理解和购买，则需要把这个创意进一步具体化，发展成产品概念。

在创意发展成产品概念的过程中，通常要考虑三方面的因素，即产品的目标消费者、产品给消费者带来的效用或利益、产品的使用环境。一个创意可以形成许多不同的产品概念，如根据这三方面的因素，就可以把上述的助力车创意发展成以下的三种概念。

① 工薪阶层上下班使用。价格比较适中，由于市内蓄电池更换较方便，可以使用较小的蓄电池，时速12—15公里，充一次电可以行驶100公里。

② 年轻人郊游使用。由于休闲时间的增加，不少年轻人喜欢到郊外游玩。这种车时速可达30公里，使用较大的蓄电池，充电一次可以行驶200公里。价格可以偏高。

③ 家庭用车。供一般家庭主妇接送孩子上学、采购使用。价格低廉。

产品概念形成后，就可以拿到目标顾客中进行评估。通过对目标顾客的调查，了解该不同概念的产品受消费者欢迎的程度，以及消费者对产品改进的意见，进而从中挑选出最佳的产品概念。例如上述的三个概念中，经过调查发现，年轻人的郊游用车和家庭用车的市场都不大，唯有上下班用车很有市场潜力，因此，发展上下班用的助力车就是最佳的产品概念。

（4）制定营销策略。最佳的产品概念确定以后，企业还要制定产品的营销策略。这个策略是初步的，以后还要进一步完善。营销策略通常由三个部分组成。

① 目标市场的规模、结构和行为、产品的定位、头几年的销售额、市场占有率、利润目标等。仍以上述助力车为例，它的目标市场是工薪阶层，价格适中，第一年销售 5 000 辆，市场占有率达 10%，亏损不超过 250 万元，亏损额由其他产品的盈利弥补。第二年销售 10 000 辆，市场占有率 16%，盈利 500 万元。

② 新产品第一年的预定价格、分销策略和促销预算等。如预定每辆价格为 2 500 元，经销商可享受 15% 的折扣，如每月销量超过 20 辆，该月内每再买一辆可追加 5% 折扣，广告预算为 200 万元，其他促销活动预算 100 万元。

③ 长期销售额、利润目标、营销组合等。如长期销售量目标是拥有 20% 的市场占有率，投资利润率争取达到 20%。努力提高产品质量，促销总预算每年递增约 15%。

（5）经营分析。在选择了产品概念和拟定营销策略后，企业还要进一步分析这一新产品开发方案在企业经营上的可行性，即审核预计销售额、成本、利润等是否符合企业的经营目标，如果符合企业的经营目标，企业可以进入下一步的产品研究开发阶段。否则，就需要对原方案作进一步修正或放弃这个方案。这里重要的是对未来销售额的预测的准确程度，预测越准确，企业经营的风险就越小。有了准确的销售预测，企业才能预计新产品的成本并分析它是否能盈利。

经营分析的方法有很多，常用的如盈亏平衡分析、投资回收期分析、风险分析等等。

（6）产品的研究试制。产品概念一旦通过了经营分析，就可以进行产品的研究试制。企业的研究开发部门与工程技术部门将原来用文字、图像表示的产品概念变成具体的产品。在产品的研究试制过程中，企业的营销部门应与研究开发部门紧密配合，以保证研制出来的产品完全具备产品概念中所提出的各项主要指标，安全可靠，同时通过价值工程分析，争取以尽量低的成本生产出具有更高使用价值的产品。

样品制造出来后，还需要进行功能试验和消费者试验。功能试验通常在实验室或现场进行，主要检验产品的技术性能；消费者试验则是请一些消费者试用这些样品，然后征求他们的意见。

（7）市场试销。在此之前的新产品开发，基本上局限在企业内部。为了进一步测定市场上的消费者对产品的反应，企业还有必要进行试销。通过市场试销，企业可以对推出产品的营销组合进行预先的测试，了解市场上消费者的行为，以便及时修正，减少由于新产品开发错误而带来的风险。尽管并非每个企业、每个产品都需要进行试销，但实践证明，市场试销往往是产品开发过程中的一个重要环节。

试销通常在选定的商店或地区、城市内进行，试销的规模往往取决于投资成本和风险，试销的成本和时间、试销的方法则根据产品类型的不同而有不同的选择。

（8）正式上市。试销成功的新产品，就可以大批量投产上市。这时企业需要投入大量的资金，用来购置设备和原材料，组织生产；同时用来培训推销人员，大做广告，因此，新产品推出的初期，企业往往是亏损的。为了使新产品能成功推出，企业需要作好以下四项决策。

① 推出时机。企业要选择新产品上市的最佳时机。如季节性强的产品应该应季上市；如果新产品是替代老产品的，则要考虑新产品上市对老产品的影响，应在老产品库存量下降后再推出新产品。

② 推出地点。推出地点即决定在什么地方首先推出新产品。通常企业都是先选择在某个主要地区推出新产品，取得立足点，然后逐步展开，扩展到其他地区。因此，企业应选择最有吸引力的或影响力最大的地区作为新产品推出的主要地区。

③ 推出对象。企业应针对最佳的顾客群推出新产品，利用他们的影响力，使产品迅速扩散。这些顾客一般具有以下特征：他们是产品的早期使用者；产品的大量使用者；会对产品有好评的舆论领袖；能以较低成本争取得到的消费者。

④ 推出策略。企业要采用适当的营销组合策略来推出新产品。首先要给营销组合的各因素分配预算，然后安排各种营销活动的先后顺序，使新产

品上市活动有计划地、有序地进行。同时，针对不同的营销环境，企业应采
用不同的营销策略。

6.6.3　新产品的开发途径

由于新产品开发的风险很大，企业除了要按照一定的程序进行新产品的
开发外，还应该了解新产品开发的途径，即企业通过什么方式、以什么作为
前提进行新产品的开发。

通常，企业可以从以下几方面着手，进行新产品的开发。

(1) 需求导向型开发。需求导向型开发即企业根据市场需求来开发新产
品。这是企业新产品开发的主要方式。采用这种方式开发新产品，企业首先
要进行广泛的市场调研工作，分析、了解消费者的市场需求，然后针对市场
的需求来组织新产品的研究开发，开发出能满足消费者需求的产品投放市
场。日本企业打进世界市场的成功经验说明了这种开发方式的重要性。如从
20 世纪 50 年代中期开始，日本开始向美国出口小轿车，但最初无人问津。
然而，到了 1980 年，日本的小轿车在美国销售了 200 万辆，而美国的小轿
车在日本仅卖出 6 000 辆。这其中一个很重要的原因就是日本企业非常注重
消费者的需求，在最初的轿车出口受阻后，他们随即对美国市场进行了深
入、细致的调查研究，根据美国消费者的需要，生产出了质量好、轻型、耗
油低的小轿车，在石油危机、经济危机的 20 世纪 70 年代，一举打进了美国
市场，进而也打进了国际市场。

因此，需求导向型开发的关键在于企业必须了解消费者的需求，作好市
场调查和预测，以作为产品开发的依据。例如，1977 年日本为了摸清世界电
视机的供求情况，以 53 个能生产彩电的国家作为调查对象，进行市场调查，
预测了 1978 年、1980 年和 1985 年的需求情况，并详细分析了需求量大的国
家的市场供求动向，为日本电视机工业的产品开发指明了方向。

需求导向型的开发由于是从市场出发开发新产品，开发的目标比较清
楚，因而成功率比较高；同时，由于深入研究了市场，可以掌握竞争对手的
动向，采取有针对性地开发，与对手进行竞争。但是，这种开发方式要注意
企业的技术能力，即所开发的产品应有利于发挥企业的技术优势；而且，还
要密切关注消费需求的变化动向，以使产品的开发能适应消费需求的变化。

(2) 技术导向型开发。这是指利用企业所掌握的新技术来进行产品的开

发。随着科学技术的迅速发展，新技术、新发明在不断涌现，企业可以利用这些新技术、新发明来开发新产品，然后把新产品投入市场，以求引起消费者对这种新产品的需求。实际上，这种新产品的开发过程有悖于前述的新产品开发程序，是一种非程序化的新产品开发方式。采用这种方式开发新产品，其难度往往比程序化的开发方式要大，但由于它常与重大的突破、重大的改进联系在一起，如能开发成功，将给企业甚至社会带来巨大的动力，可以推动社会经济的迅速发展。当今世界上的很多著名企业，往往都是以技术领先的典范。如索尼公司，从开发日本第一台磁带录音机开始，到Walkman（随身听）风行全球；夏普推出的日本第一台电视机、第一个微波炉、第一个液晶显示电子计算机；美国 3M 公司从光导纤维到人造心脏，从塑料滤膜到熟肉包装纸，等等。它们利用新的技术开发新产品，从而使自己在竞争中处于领先的、有利的地位。

采用技术导向型开发方式，关键是要有创新精神，而且是能克服一切困难的创新精神，特别是企业的主要领导者要有支持创新的意志和勇气。如索尼的 Walkman 的开发成功就在于总经理盛田昭夫的坚持。而美国 3M 公司则把创新奉为最神圣的信条，创新成为公司职工的共同兴趣。

技术导向型的产品开发，由于是采用新的技术、新的发明，往往能带来重大的突破与改进，只要这种新产品的功能有显著的提高，并且符合消费潮流的发展趋势，则它迟早会引发消费者对它的需求，从而使企业保持优势，在竞争中获利。但是，假如消费者没有这种需求，则企业新产品开发的失败也是惨重的。

（3）系列导向型开发。这是指企业在原产品的基础上，通过移植、改进，使原产品增加新的功能、款式等来开发新产品。这实际上是对原有产品的延伸，开发多种多样的系列产品。这是新产品开发的一种最基本的方式，在企业的新产品开发中被广为采用。在很多企业不断推出的新产品中，绝大部分都是对原有产品进行了某一方面的改进，而不是全面的创新。特别是由于生产方法的改进，柔性生产系统在企业生产中的使用，在同一条生产线上可以生产出批量小、型号或品种多的"系列产品家族"，有的在一两分钟内就能更换生产不同型号的产品，从而使这种开发方式如虎添翼。如丰田汽车公司从 20 世纪 80 年代中期开始使用这种灵活的生产线，目前可以生产出20 种不同型号的汽车；日产汽车公司 1989 年开始安装"高技术智能车身装配体系",并宣称日产公司的任何人可以在任何时间、任何地点生产出任何批量和任何型号的日产牌汽车。采用系列导向开发方式,关键是要对原有产品进行深入的研究,以找出能加以改进的部分。同时也要研究消费者的需求变化发展方向,以使产品的改进能适应消费需求的变化。

系列导向型开发,可以节省时间,节约研究开发的费用,开发产品方便灵活,时效快,能适应不同的需求,符合多样化、个性化、独特化的消费发展趋势,可以说是企业新产品开发的一条"捷径"。

总而言之,企业不管采用哪一种开发方式,都要使开发出来的新产品与消费发展的趋势相吻合,这样的新产品才有生命力,企业也才能得到不断地发展。

案例│"润妍"退市,"宝洁"无奈

宝洁公司始创于 1837 年,是世界最大的日用消费品公司之一。2002—2003 财政年度,公司全年销售额为 434 亿美元。在《财富》杂志最新评选出的全球 500 家最大工业/服务业企业中,排名第 86 位,并位列最受尊敬企业第七。宝洁公司全球雇员近 10 万,在全球 80 多个国家设有工厂及分公司,所经营的 300 多个品牌的产品畅销 160 多个国家和地区,其中包括洗发、护发、护肤用品、化妆品、婴儿护理产品、妇女卫生用品、医药、食品、饮料、织物、家居护理及个人清洁用品。

宝洁公司自 1987 年登陆中国市场以来,在中国日用消费品市场可谓是所向披靡,一往无前。仅用了十余年时间,就成为中国日化市场的第一品牌,虽然后来者"联合利华""高露洁"等世界日化巨头抢滩中国市场后曾经一度在某些产品线有超过宝洁的表现,但却丝毫不减其颜色。时至今日,宝洁公司的系列产品,特别是以号称"三剑客"的飘柔、潘婷、海飞丝洗发水系列更是一枝独秀,出尽风头。

宝洁的营销能力虽早被营销界所传颂,但 2002 年宝洁却在中国市场打了败仗,其推出的润妍洗发水一败涂地,短期内就黯然退市。

润妍是宝洁公司在中国本土推出的第一个,也是唯一的一个原创品牌。因此,无论宝洁公司总部还是宝洁(中国)高层都对"润妍"寄予了厚望,满心希望这个原汁原味倡导"黑发美"的洗发水品牌,能够不负众望在中国市场一炮而红，继而成为宝洁向全亚洲和世界推广的新锐品牌。宝洁公司为这个新品牌的推广倾注了极大的心力和大量的推广经费。为了扩展"润妍"的产品线，增加不同消费者选购的空间，润妍先后衍生出6个品种以更大程度覆盖市场，可是市场的反映却大大出乎宝洁的意料。

据业内的资料显示，"润研"产品在2001—2002年两年间的销售额在1亿元左右，品牌的投入大约占到其中的10%。两年中，润妍虽获得不少消费者认知，但据有关资料显示，其最高市场占有率，不超过3%——这个数字，不过是飘柔市场份额的1/10。

一份对北京、上海、广州和成都女性居民的调查也显示，在女性最喜爱的品牌和女性常用的品牌中，同样是定位黑头发的"夏士莲"排在第6位，而"润妍"榜上无名，同样是宝洁麾下的"飘柔"等四大品牌分列1、2、4、5位。时间到了2001年3月，"润妍"上市的半年之后，另一份来自白马广告的调查则表明，看过"夏士莲"黑亮去屑洗发水的消费者中有接近24%愿意去买或者尝试；而看过"润妍"广告的消费者中，愿意尝试或购买的还不到2%。

2001年5月，"宝洁"收购"伊卡璐"，表明"宝洁"在植物领域已经对"润妍"失去了信心，也由此宣告了"润妍"的消亡。2002年4月，在经历了中国市场两年耕耘后，"润妍"全面停产，逐渐退出市场。"润妍"的退市是"宝洁"在中国洗发水市场的第一次整体失败，面对染发潮流的兴起，在"黑头发"这块细分市场中，"润妍"没能笑到最后。

"润妍"的失利真的意味着"宝洁"引以为豪的品牌管理能力开始不适应新经济时代的需要了吗？我们可以回过头去看当时的市场背景。1997年，重庆"奥妮"洗发水公司根据中国人对中药的传统信赖，率先在全国大张旗鼓地推出了植物洗发全新概念，并且在市场上表现极为优秀，迅速取得了极为显著的市场份额。其后，"夏仕莲"着力打造黑芝麻黑发洗发露，利用强势广告迅速对"宝洁"的品牌形成新一轮的冲击。一些地方品牌也乘机而起，就连河南的"鹤壁天元"也推出了"黛丝"黑发概念产品，欲意争夺"奥妮"百年润发留下的市场空白。

在"植物""黑发"等概念的进攻下,"宝洁"旗下产品被竞争对手贴上了"化学制品"、"非黑头发专用产品"的标签。为了改变这种被动的局面,"宝洁"从 1997 年调整了其产品战略,决定为旗下产品中引入黑发和植物概念品牌,提出了研制中草药洗发水的要求,并且邀请了许多知名的中医,向来自研发总部的技术专家们介绍了传统的中医理论。

在新策略的指引下,"宝洁"按照其一贯流程开始研发新产品。先做产品概念测试,找准目标消费者的真正需求,研究全球的流行趋势。为此,宝洁公司先后请了 300 名消费者进行产品概念测试。

——"理想中的黑发是什么?"

——"具有生命力的黑发"。绝大多数消费者如是说。

——"进一步的心理感受?"

——"我就像一颗钻石,只是蒙上了尘埃,只要将她擦亮,就可以让钻石发出光芒。"

在调查中,宝洁公司又进一步了解到,东方人向来以皮肤白皙为美,而头发越黑,越可以反衬皮肤的白皙美。

经过反复 3 次的概念测试,宝洁公司基本上握住了消费者心目中的理想护发产品——滋润而又具有生命力的黑发最美。

经过了长达 3 年的市场调查和概念测试,宝洁公司终于在中国酝酿出一个新的产品:推出一种全新的展示现代东方女性黑发美的润发产品,取名为"润妍",意指"滋润"与"美丽"。在产品定位上,宝洁舍弃了已经存在的消费群体市场而独辟蹊径,将目标人群定位 18—35 岁的城市高阶女性。宝洁认为,这类女性不盲目跟风,她们知道自己的美在哪里。融传统与现代为一体、最具表现力的黑发美,也许就是她们的选择。但是,重庆奥妮最早提出了黑头发的利基,其经由调研得出的购买原因却是因为明星影响和植物概念,而夏士莲黑头发的概念更是建立在"健康、美丽夏士莲"和"黑芝麻"之上,似乎都没有着力强调"黑发"。

并且,润妍采用的是和主流产品不同的剂型,采取洗发和润发两个步骤,将洗头时间延长了一倍。然而,绝大多数中国人已习惯使用二合一洗发水，专门的护发产品能被广泛接受吗？宝洁公司认为，专门用润发露护发的方法已经是全球的趋势，发达国家约有80％的消费者长期使用润发露。在日本这一数字则达85％，而在中国专门使用润发露的消费者还不到6％。因此，宝洁认为润发露在中国有巨大的潜在市场。针对细分市场的需求，宝洁的日本技术中心又研制开发出了冲洗型和免洗型两款"润妍"润发产品。其中，免洗型润发露是专门为忙碌的职业女性创新研制的。

产品研制出来后，宝洁公司并没有马上投放市场，而是继续请消费者做使用测试，并根据消费者的要求，再进行产品改进。最终推向市场的"润妍"倍黑中草药润发露强调专门为东方人设计，在润发露中加入了独创的水润中草药精华（含首乌），融合了国际先进技术和中国传统中草药成分，能从不同层面上滋润秀发，特别适合东方人的发质和发色。

宝洁还通过设立模拟货架让消费者检验其包装的美观程度。即将自己的产品与不同品牌特别是竞争品牌的洗发水和润发露放在一起，反复请消费者观看，然后调查消费者究竟记住什么，忘记什么，并据此进行进一步进行调整与改进。

在广告测试方面，宝洁让消费者选择她们最喜欢的广告。公司先请专业的广告公司拍摄一组长达6分钟的系列广告，组织消费者来观看；然后请消费者选择她们认为最好的3组画面；最后，根据绝大多数消费者的意见，将神秘的女性，头发芭蕾等画面进行再组合。广告片的音乐组合也颇具匠心，现代的旋律配以中国传统的乐器古筝、琵琶等，进一步呼应"润妍"产品的现代东方美的定位。

在"润妍"广告的最终诉求上体现的是：让秀发更黑更漂亮，内在美丽尽释放。即润妍信奉自然纯真的美，并认为女性的美就像钻石一样熠熠生辉。"我们希望能拂去钻石上的灰尘和沙砾，帮助现代女性释放出她们内在的动人光彩。"具体的介绍是：润妍蕴含了中国人使用了数千年的护发中草药——首乌，是宝洁公司专为东方人设计的，也是首个具有天然草本配方的润发产品。

在推广策略上，宝洁公司润妍品牌经理黄长清认为，杭州是著名的国际旅游风景城市，既有浑厚的历史文化底蕴，富含传统的韵味，又具有鲜明的现代气息，受此熏陶兼具两种气息的杭州女性，与"润妍"着力塑造的既现代又传统的东方美一拍即合。于是，宝洁选择了从中国杭州起步再向全球推广，并在"润妍"产品正式上市之前，委托专业的公关公司在浙江进行了一系列的品牌宣传。例如，举办书法、平面设计和水墨画等比赛和竞猜活动等等，创新地用黑白之美作为桥梁，表现了现代人对东方传统和文化中所蕴含的美的理解，同时也呼应着润妍品牌通过乌黑美丽的秀发对东方女性美的实现。

从宝洁的产品研究与市场推广来看，宝洁体现了它一贯的谨慎。但在三年漫长的准备时间里，宝洁似乎在为对手创造蓄势待发的机会。"奥妮"败阵之后，"联合利华"便不失时机地将"夏士莲""黑芝麻"草本洗发露系列推向市场，借用了"奥妮"遗留的市场空间，针对大众人群，以低价格快速占领了市场。对于黑发概念，夏士莲通过强调自己的黑芝麻成分，让消费者由产品原料对产品功能产生天然联想，从而事半功倍，大大降低了概念传播难度。而宝洁在信息传播中似乎没有大力强调它的首乌成分。

并且，宝洁因为四大品牌的缘由，已经成为主导渠道的代表，每年固定 6% 左右的利润率成为渠道商家最大的痛。一方面，"润妍"沿袭了飘柔等旧有强势品牌的价格体系，另一方面，经销商觉得没有利润空间而消极抵抗，也不愿意积极配合宝洁的工作，致使产品没有快速地铺向市场，甚至出现了有广告却见不到产品的现象。"润妍"与消费者接触的环节被无声地掐断了。

——资料来源：根据《市场营销学案例集（第 2 辑新世纪高校经济学管理学核心课教辅用书）》，作者：曾晓洋、胡维平，上海财经大学出版社，2005 年，改写。

根据案例，思考以下问题：

1. 宝洁作为一个大公司，其新产品的开发过程体现了严格的规范性和程序性，请结合案例分析这样做的利弊。

2. "润妍"从产品研究到推广上市的过程中有什么值得借鉴的地方？"润妍"的退市说明了新产品要成功还应考虑哪些因素？

3. 结合本案例谈谈企业的产品策略应该注意哪些方面？

| 本章内容提要 |

1. 市场营销学中所研究的产品是从一个整体的角度来进行的，它包括实质产品、形式产品、延伸产品三个层次。

2. 品牌是产品内涵的一种外在表现形式。要重视品牌的设计和品牌策略的运用。由于著名品牌具有使产品增值的功能，企业应力创名牌并注意对名牌的保护。

3. 包装在营销中的作用在不断增强，包装的方法和技术也在不断更新，运用得当，可以使产品魅力大增。

4. 为保持企业一定的盈利水平，企业应注意随时对产品的组合进行评价和调整，其方法有市场成长-市场份额矩阵与多因素矩阵。

5. 产品在市场上要经历投入、成长、成熟、衰退的过程，在不同的阶段应采用不同的营销策略组合。

6. 新产品的不断推出是企业发展的一个必要条件。开发新产品可以遵循一定的程序，开发的途径主要有需求导向、技术导向和系列导向三种。

| 本章基本概念 |

产品　实质产品　形式产品　延伸产品　品牌　商标　名牌　包装
产品组合　产品线　产品项目　产品寿命周期　新产品

| 本章思考题 |

1. 如何理解产品的整体概念？
2. 品牌的作用是什么？它与商标有何区别？
3. 品牌策略有哪些？如何创立和保护名牌？
4. 包装的作用是什么？包装应考虑哪些因素？
5. 包装策略有哪些？
6. 产品组合的宽度、深度和关联性之间有什么关系？
7. 试述产品寿命周期各阶段的特点和营销策略。

8. 产品寿命周期给我们什么启示?

9. 企业为什么要进行新产品开发?

10. 新产品开发的程序是怎样的? 开发的途径有哪几种?

第7章

价格策略

价格在市场营销组合中与产品、渠道和促销相比，是企业促进销售、获取效益的关键因素。价格是否合理直接影响产品或劳务的销售，是竞争的主要手段，关系到企业营销目标的实现。因此，企业定价要实现营销目标，必须要有自己的价格策略。价格策略是指在制订价格和调整价格的过程中，为了达到企业的经营目标而采取的定价艺术和技巧。定价就是根据产品的实际情况确定产品的市场销售价格。一个产品价格的高低，直接决定企业收益的多少，直接影响企业产品在市场上的竞争力。这就使得定价具有买卖双方双向决策的特征，既要考虑其营销活动的目的和结果，又要考虑消费者对价格的接受程度。

7.1 | 影响定价的因素

企业定价的依据最基本的是产品的质量。一般消费者对商品最为关心、最为敏感、影响最广、最为实质性的就是两个因素：价值和质量。通常所说的"物有所值"，就是说"一分价钱一分货，好货可以卖出好价钱"。即使在买方市场的条件下，好货也都处在一个合理的价格范围之内，"是金子总会发光"。在市场经济条件下，客观上存在一个"人不识货钱识货"的顾客群，情愿购买"物有所值"的好产品，也不愿意购买廉价货。这必然会促使厂商不断提高其产品的内在质量，提高质量不仅可以使定价"物有所值"，而且可以提高企业的信誉和整体形象。但是，在市场经济条件下，商品价格不仅仅是由内在质量决定的，它还会受到市场上各种因素的影响与制约。因此，企业要灵活运用价格策略来实现自己的经营目标，就必须了解影响价格变动的各种因素。从市场营销理论考察，影响定价的因素主要是：成本、市场需求、市场竞争和国家政策四个。

7.1.1 成本因素

产品成本是指在产品生产过程和流通过程中所耗费的物质资料和支付劳动报酬的总和。它是企业制定价格最基本的因素，也是制定价格的最低界限。

一个企业的成本有两种形式：固定成本和变动成本。固定成本，是指在生产经营规模范围内，不随产品种类及数量的变化而变动的成本费用。如企业内所需的机器设备、厂房的折旧、管理人员的薪水等支出，是与企业的产量无关的费用。变动成本，是指随生产的产品种类及数量的变化而直接变化的成本费用，主要有原材料、燃料、运输等费用。生产单位产品的这些成本是不变的，它们被称作变动成本是因为它的数量是随着生产产品的数量的变化而变化的。总成本是一定水平的生产所需的固定成本和变动成本的总和。

企业定价必须首先使总成本费用得到补偿，这就要求价格不能低于总成本费用，企业的销售收入正好补偿固定成本和变动成本的这一点，被称为盈亏平衡点（见图 7.1 所示）。

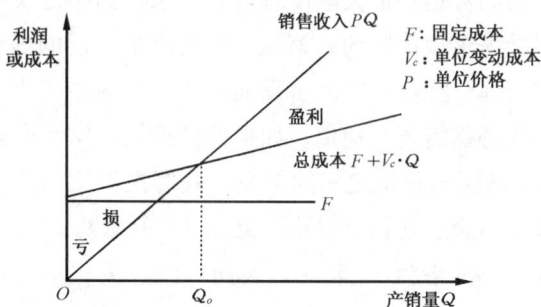

图 7.1 盈亏平衡分析图

图 7.1 表明，随着销售量的增长，必定存在着盈亏平衡点。对盈亏平衡进行分析，可以进一步发挥企业的生产能力，降低产品的成本。

企业在其适当规模内，增产至该极限可以降低生产成本，表现在以下几种因素：① 采购更大批量材料的经济性；② 组织效率较佳；③ 对人力、机械及管理各方面更为专业化。若企业生产未达最大效率水准时，削价可扩展需求，并因而减低生产成本。

如果企业遇上激烈竞争和新产品出现，生产力过剩情况时，就要以维持生存作为企业的主要目标，为保持工厂能继续开工和存货能够出手，企业往往要制定一个低的价格，并且希望该产品的需求是弹性的，只要该价格能够弥补可变成本和一些固定成本，就能够维持生存，一旦企业出现转机，如新产品问世，产品需求转旺，就可能调整定价目标。

7.1.2 市场需求

商品的价格除了受本身价值影响外，还要受供求关系的影响。当市场上某一商品出现供过于求时，其价格就会降低；当供不应求时，价格就会上涨。企业确定的不同的价格，会产生不同的需求，并由此而影响企业的营销目标。

在正常的情况下，价格越高，人们购买得越少；价格越低，人们购买得越多。但也存在着例外：第一，当一种物品价格上涨时，有人认为还要更进一步上涨，则反而会增加对此物品的购买；反之，当一种物品价格下跌时，有人认为将来还要跌，则将反而会减少对此物品的购买。此种情形特别可能发生于一般的投资市场，如证券市场。不过从长期趋势看此种情形是暂时的，当其所预示的局势达到最大限度时，其需求行为必定又会恢复正常的状态。所以最终还受需求规律制约。第二，专为满足人们的虚荣心的物品，如金刚钻及各种宝石等，往往会因跌价反而使需求量减少。因为，这些物品足以炫耀在社会上的特殊需要与地位，如果价格较低，反而失去购买的意义。

（1）市场供求状况与价格之间的关系。我们把供给与需求这两个因素放在一起，便可以相当满意地预测价格（见图7.2所示）。

图7.2说明，当价格为25元时，人们只愿意买1单位产品，当价格为20元时，人们愿意买2单位……直至价格为5元时，人们愿意买5单位产品，因此，图7.2显示了一个原理：价格越低，需求量越高。

我们来看图7.3所示的供给曲线。

图7.3表明，价格为25元时，厂商愿意供给5单位产品；当价格为5元时，他只愿意供给1单位。可见，产品的价格愈高，厂商提供的产品愈多。

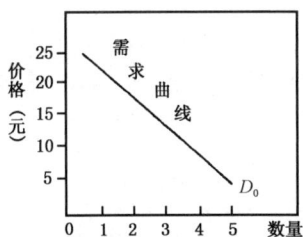

图 7.2 需求曲线   图 7.3 供给曲线

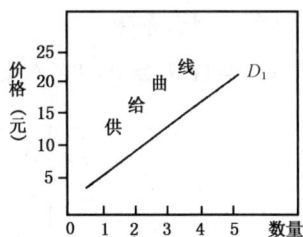

如果将两张图结合到一起，就可以决定交易价格了，它就是供给与需求曲线交点处的价格 E——即供求平衡时的价格（图 7.4 所示）。

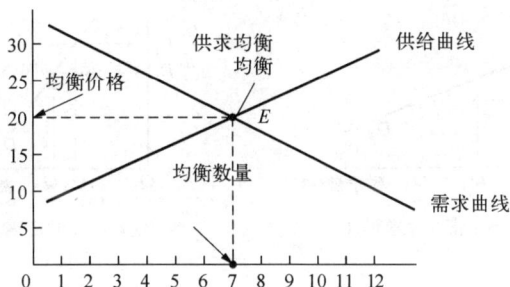

图 7.4 供给和需求曲线

因此，从长期看，产品的价格是由供求关系决定的；均衡价格（长期交换价格）即是供给与需求相等处的价格。

（2）需求的价格弹性。需求的价格弹性，又称需求弹性，是用来衡量价格变动的比率所引起的需求量变动的比率，即需求量变动对价格变动反应的灵敏程度。不同的商品需求弹性是不同的，一般用需求弹性系数来表示需求弹性的大小，其计算公式为

$$E = \left| \frac{\dfrac{Q_1 - Q_0}{Q_0}}{\dfrac{P_1 - P_0}{P_0}} \right|$$

式中：Q_0 为原来的需求量；

Q_1 为变动的需求量；

P_0 为原来的价格；

P_1 为变动的价格；

E 为需求弹性系数。

不同需求弹性状态下的收入变化见图 7.5 所示。

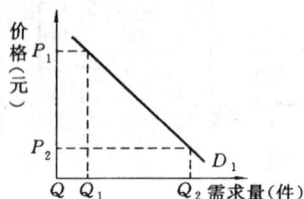

(1) $E=1$，标准需求弹性

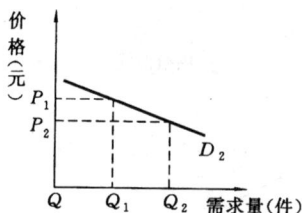

(2) $E>1$ 富有需求弹性

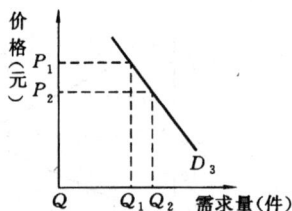

(3) $E<1$ 缺乏需求弹性

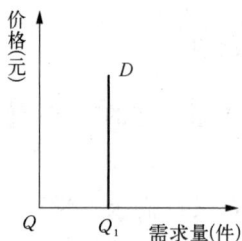

(4) $E=0$ 无弹性

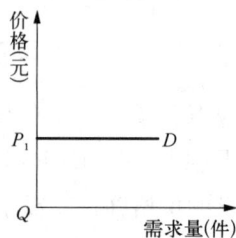

(5) $E=\infty$ 无限弹性

图 7.5 不同需求弹性状态下的收入变化

图 7.5 分别表示不同需求价格弹性状态下企业收入的变动，图中 D_1、D_2、D_3 为不同弹性的需求曲线。价格从 P_1 降至 P_2，需求量（即销售量）从 Q_1 增至 Q_2，但增加幅度因需求弹性不同而表现不同，致使企业收入变化出现差别。前述企业销售收入等于 $P\times Q$ 的矩形面积。（$P\times Q$）弹性为 1 时，$P_1Q_1=P_2Q_2$，收入不变；弹性>1 时，$P_1Q_1<P_2Q_2$，收入增加；弹性<1 时，$P_1Q_1>P_2Q_2$，收入减少。

由于价格的变化与需求的变化一般是反方向的，故弹性系数都取绝对值。

定价时考虑需求弹性的意义在于，不同产品具有不同的需求价格弹性，从其弹性的强弱可以决定企业的价格决策。可分为以下五种类型。

① $|E|=1$，表示标准需求弹性。需求量与价格变动的幅度相等，对这类商品，价格的上升（下降）会引起需求量等比例的减少（增加），因此，价格变化对销售收入影响不大。定价时，可选择预期收益率为目标，或选择通行的市场价格。

② $|E|>1$，需求量的变动幅度大于价格的变动幅度，称需求富有弹性。此时，应通过降低价格，薄利多销以达到增加盈利的目的；反之，提价时要谨防需求量锐减，影响企业收入。这类商品多是非生活必需品。

③ $|E|<1$，这时需求量变动的幅度小于价格变动的幅度，称需求缺乏弹性。这类商品，价格的上升（或下降）仅会引起需求量较小程度的减少（增加），定价时，一般采用提价策略，增加企业盈利。如自来水、牛奶、食盐等日常生活必需品，一般家庭都有一定的使用习惯，价格在适当范围内的涨跌通常对其使用量不会有太大的影响。

④ $|E|=0$，则表示需求完全无弹性，这时，价格无论如何变化，需求量不变。定价时，可考虑企业预期目标。

⑤ $|E|=\infty$，则表示需求无限弹性，这时尽管价格没有什么变化，但是需求还是一直在增长。在这种情况下，企业可以根据自己的实际情况，扩大生产规模，增加产品的供应。

研究企业产品的需求是否有弹性，对确定产品价格策略十分重要，因为，在其他条件不变时，价格的变动应必须保证企业销售总收入的增加。

需求价格弹性强弱主要取决于以下影响因素：① 商品的需要程度；② 商品的替代性；③ 商品的供求状况；④ 消费者的购买习惯等。

7.1.3 竞争因素

产品的最低价格取决于该产品的成本费用，最高价格取决于该产品的市场需求。在这种最高价格和最低价格的幅度内，企业能把这种产品价格定多高，则取决于竞争者同种产品的价格水平。

定价是一种挑战性行为，任何一次价格调整都会引起竞争者的关注，并导致竞争者采取相应对策。在这种对抗中，竞争力量强的企业有较大的定价自由，竞争力量弱的企业定价的自主性就小，通常是随着市场领先者定价。

在这种市场营销过程中，竞争者定价行为必然影响本企业产品的定价。因此，企业要获取这方面的信息，并考虑比竞争者更为有利的定价策略，这样才能获胜。

7.1.4 政策因素

政府对产品的各项政策，是企业确定产品价格的重要依据，如政府决定的产品增值税，直接影响产品成本，进而影响产品的定价。此外，还有政府对产品价格的控制。世界各国对市场物价都有相应的规定，有监督性的，有保护性的，也有限制性的，我国的《价格法》对价格的制定有明确的规定。因此企业定价时，必须遵循。如在通货膨胀情况下，政府甚至会对商品的价格进行全面冻结，以减缓通货膨胀。

7.2 | 定 价 目 标

企业建立定价目标是企业各种定价活动的先导，又是整个定价活动所追求的实现的结果，企业在组织和实施各种经营活动之前，必须建立一个与企业营销总目标相一致的定价目标。由于不同企业所处的内外环境不同，因此，企业的定价目标也不同。但从一般情况来说，定价目标大致有以下六种。

7.2.1 利润最大化的定价目标

追求最大利润，几乎是企业的共同目标，因为它是企业生存和发展的前提条件，但利润最大对企业来说并不一定等于最高定价，定价偏高，消费者接受不了，产品销路受阻，反而实现不了利润。另外，各种替代商品的盛行和竞争者的介入，使企业某种有利的地位不会持续太长，因此企业定价应适当。企业的利润来自全部收入扣除各种成本之后的余额，而不是单位商品价格当中包含的预期利润水平，最大利润更多地取决于合理价格所推动产生的需求量和销售规模。

利润的最大化应以企业长期的最大利润为目标，同时，选择一个适应特定环境的短期目标来制定价格。这个定价目标尽管有时与长期目标存在某些偏离，但却是在一定时期内为实现长期目标所采取的必要和有效的手段。

7.2.2 提高市场占有率的定价目标

市场占有率也称市场份额，是一个企业在某一市场上出售某种产品的销售额或销售量相对该行业同一时期内该种产品在这一市场上的总销售额或销售量的比率。市场占有率是企业经营状况和产品竞争力状况的综合反映。较高的市场占有率可以保证企业产品的销路，便于掌握消费者的需求变化，企业经营效率高，成本低，就能为企业带来较高的长期利润。所以，企业一般尽量保持或增加市场的占有率，并且据此定价。

7.2.3 预期投资收益率的定价目标

预期投资收益率的定价目标即为利润对投资总额的比率。企业对于所投入资金，都期望在预期时间内分批收回。因此，定价时，一般在总成本费用之外加上一定比例的预期盈利，以预期收益为定价目标。但在具体运用时，应考虑企业在市场中所处的地位，如果处于领导地位，则容易达到目标，否则，定价太高会遭到用户的排斥。当然，也不能定价太低，以免影响企业经营的发展。

7.2.4 适应价格竞争的定价目标

在激烈的市场竞争中，厂商的规模无论大小，对于竞争者的价格都很敏感。实力雄厚的大企业能够左右市场价格，为保持自己的地位往往以稳定商品的市场价格为主要目标，当产品的成本或市场出现较大变化时，大企业也带头变动价格以应付市场的变化，而小企业一般只能被动地与大企业的价格保持一定的比例。

当某些企业有意识地通过定价去应付和避免竞争，采取以击败竞争对手为目标，或阻止新的竞争对手的出现时，则往往采用低价倾销的手段力争独占市场，而后制定对企业有利的垄断价格。近几年，我国的汽车、微波炉、彩电等产品的领先厂家就为此引发了一场场价格大战。

7.2.5 维持生存的定价目标

维持生存的定价目标是企业处于不利环境中实行的一种特殊的过渡性目标，目的是使企业能够继续生存。当企业遇到产品成本提高、竞争加剧、价格下跌的冲击时，为避免倒闭，往往以保本价格，甚至亏本价出售产品，只要能够维持营业，争取等到形势的好转和新产品的问世。一旦出现转机，即以其他的定价目标取代。

7.2.6 保护环境的定价目标

随着全球性环境保护意识的增强，消费者对产品的使用所引发的环境问题给予了越来越多的关注，从而使企业不得不用"绿色"的眼光来开发、生产和销售产品。因此，企业定价时需要把用于环境保护和环境消耗的费用支出计入产品成本，而使产品的价格有所提高。据纽约一家公司的一项调查显示，有78%的公众愿意为环保多付5%的消费开支，47%的公众还愿意多付15%的消费开支。

上述企业的定价目标，可以用简单的图表加以概括（见表7.1所示）。

表 7.1　企业定价目标

企业定价目标	利润最大化定价目标	最大利润 满意利润 预期利润
	提高市场占有率定价目标	增加销售量 争取中间商 稳定市场
	预期投资收益率定价目标	降低成本 考虑企业在市场地位
	适应价格竞争 定价目标	稳定价格 应付竞争 质量优先
	维持生存 定价目标	保本定价 等待市场机会
	保护环境 定价目标	社会利益 社会市场营销

7.3 定 价 方 法

定价方法是企业为实现其定价目标所采取的具体方法。由于企业在实际营销活动中存在着复杂的关系，因此企业的定价不能仅仅从自身的愿望出发，也不能机械地运用经济学原理定价，而必须考虑很多各种复杂因素。一般来说，企业可选择的定价方法有三种：成本导向定价法、竞争导向定价法、需求导向定价法。

7.3.1　成本导向定价法

成本导向定价法，是以商品成本为基础，加上预期利润和应纳税金而确定的销售价格。这是一种最简单的定价方法，其计算公式为

$$商品价格 = \frac{总成本 + 预期利润}{商品数量}$$

$$= \frac{总成本 \times (1 + 成本利润率)}{商品数量}$$

成本导向定价法在实际运用中可以分为以下三种。

(1) 成本加成定价法。这种方法是按产品单位成本加上一定比例的毛利，定出售价。其公式为

$$产品售价 = 单位成本(1 + 成本加成率)$$

与成本加成定价的方法类似，还有一种售价加成定价，这种方法一般为零售商广泛采用。其公式为

$$加成率 = (售价 - 进价) / 售价 \times 100\%$$

这里，加成率的确定是定价的关键，加成率因商品不同而有很大的差别，一般在 15%—60%。

加成定价方法历史悠久，它的优点是计算简单，方便易行，不必因需求的变化而频繁地调整价格，而且买卖双方都感到公平合理，卖方将本求利保持合理收益，买方也不致因需求强烈而付出高价。其缺点是，忽视市场竞争和供求状况的影响，缺乏灵活性，难以适应市场竞争的变化形势。特别是成本加成定价，加成率的确定仅从企业角度考虑，因而不仅难以准确得知对应价格水平的市场销售量，使固定成本的分摊缺乏合理性。更为不利的是，加成率确定后，产销量越大，固定成本分摊额就越低，从而价格越低，由此可能丧失一部分应得利润；反之，产销量越小，固定成本分摊额越高，价格越

高，反而加剧了销售的困难。这种定价方法一般限于卖方市场条件下使用。

（2）损益平衡定价法。这是在预测市场需求的基础上，以总成本为基础，根据企业预测的销售量，来实现收支平衡的定价方法。如果预测的销售量超过了收支平衡点即为盈利，没有达到收支平衡点，就会出现亏损。这一预测的收支平衡的需求量，即为损益平衡点。其公式如下

$$单位产品保本价格 = \frac{企业固定成本}{损益平衡点产量} + 单位产品变动成本 \quad (1)$$

$$或 \quad 损益平衡点产量 = \frac{企业固定成本}{单位产品价格 - 单位产品变动成本} \quad (2)$$

在保本价格基础上加入预期盈利，即为实际售价，其公式表示为

$$实际价格 = \frac{固定成本 + 预期盈利额}{销售数量} + 单位产品变动成本 \quad (3)$$

如果该销量能够实现，（1）式可以提供确保企业不亏损的最低限度，（3）式可以提供实现企业目标盈利的可行价格。如果企业销售条件不变，（3）式与（1）式的差额为调价的范围，使企业调整价格时能够心中有数。

（3）目标贡献定价法，又称变动成本定价法，即以单位变动成本为定价基本依据，加入单位产品贡献，形成产品售价，公式为

$$单位产品价格 = \frac{变动总成本 + 预期边际贡献}{预期产品产量}$$

上述公式中的边际贡献就是销售收入减去变动成本后的收益。预期的边际贡献也就是补偿固定成本费用和企业的盈利。由于边际贡献会大于、等于或小于变动成本，因此企业就会出现盈利、保本或亏损三种情况。当市场竞争激烈，或产品市场寿命周期较长，已进入成熟期，固定成本的补偿期很长；或产品线较多，固定成本已在其他产品中得到补偿。在上述情况下，为了提高产品的竞争能力，可以以变动成本为依据制定价格，产品的售价只要能赚回变动成本，或稍高于变动成本即可，即贡献大于零。

7.3.2 竞争导向定价法

竞争导向定价法是依据竞争者的价格并结合企业产品的竞争能力，选择

有利于市场竞争来定价。这种定价法的特点是，只要竞争者的价格不变，即使生产成本与需求发生变化，价格也不动；反之，虽成本与需求不变，由于竞争者价格发生变化，也就相应调整价格。否则，就可能被竞争对手击败。这一类定价法主要有以下两种：

（1）随行就市定价法。这是竞争导向定价法中较为流行的一种，定价的原则是，企业让自己的产品价格跟上同行业的平均价格水平，因有些产品成本难以计算，随行就市定价可以比较准确地反映商品价值和供求情况，保证获得合理的收益。那些小企业是"跟随着领先者"的，它们变动自己的价格与其说是根据自己的需求变化或成本变化，不如说是依据市场领先者的价格变动。至于大企业的定价，通常确定相同的价格。

在产品成本难以计算，竞争者不确定时，企业认为随行就市定价法是一种有效的定价方法。因为这种价格水平在人们的观念中被认为是合理价格，易为消费者接受，并且能与竞争者和平相处，避免激烈竞争产生的风险。对于无特殊需求特色的商品来说，这种定价法是切实可行的。

（2）密封投标定价法。密封投标定价法主要用于投标交易方式，通常用于建筑包工、大型机器设备制造、政府大宗采购等，一般由卖方公开招标，买方竞争投标、密封递价，卖方择优选取，到期公布"中标"者名单，中标的企业与卖方签约成交。投标递价，主要以竞争者可能的递价为转移，但不可低于边际成本，否则便不能保证适当利益。

一般来说，递价高，利润大，但中标机会小，如果因价高而招致失败，则利润为零；反之，递价低，虽中标机会大，但利润低，其机会成本可能大于其他投资方向。因此，报价时，既要考虑企业的目标利润，也要考虑得到合同的机会。一个符合逻辑的出价标准是如何定出一个能获得最大期望利润的递价。

7.3.3 需求导向定价法

企业在定价时，不仅要考虑成本，而且要注意消费需求的变化及消费者价格心理，根据市场和用户能接受的价格定价。这是一种伴随营销观念更新所产生的定价方法。随着需求的日益更新和供应的丰富，企业应清楚地看到，判定定价是否合理，最终并不取决于生产者或经营商，而是取决于消费者或用户。因此，在市场需求强度较高时，可以适当提高价格，而在需求强度较弱时，则适当降低价格。这种定价原则，综合考虑了成本、市场寿命周期、市场购买力、销售地区、消费心理等多种因素。需求导向定价法又称为顾客导向定价法，一般有以下几种具体形式。

（1）理解价值定价法。理解价值也叫"认知价值"或"感受价值"。越来越多的企业认为，定价的关键，不是卖方的成本或实际价值，而是买方对价值的理解，因此，卖方可运用各种营销策略和手段，影响买方对产品的认识，使之形成对卖方有利的价值观念，然后再根据产品在买方心目中的价值来定价。

为了加深消费者对商品价值的理解程度，从而提高其愿意支付的价格限度，企业定价时首先要搞好产品的市场定位。企业针对目标市场开发新产品时，要从价格、质量、服务等方面确定产品在目标市场上的地位，决定产品所能达到的售价，估计在此价格下的销售额，再由销量计算出所需的生产量、投资额及单位成本，然后再计算该产品是否达到预期的利润，最后决定该产品是否值得开发。

运用理解价值定价法的关键是，要把自己的产品同竞争者的产品相比较，找到比较准确的理解价值。因此，在定价前必须进行市场调研。

（2）差别定价法。这种定价法，指对同一产品采用两种以上的不同价格。这种价格上的差异，并不和成本成比例，而是根据顾客、产品式样、地点和时间等条件变化所产生的需求差异作为定价的基本依据，企业针对上述差异，决定在基础价格上加价还是减价。差别定价法有如下几种。

① 不同的产品式样采用不同的定价。企业制定差价时主要根据产品式样的区别对消费者心理的作用来定价。实行这种定价的目的是通过形成局部市场以扩大销售，增加利润。

② 不同的顾客采用不同的定价。由于职业、阶层、年龄或顾客位于不同的地区等，顾客有不同的要求。企业在定价时给予相应的优惠或提高价格，可获得良好的促销效果。如一般的男性买东西不太注重价格，女性则希望以尽可能少的钱买到尽可能多的东西，不管这些东西是否是现实所需。

③ 不同的时间采取不同的定价。企业在定价时根据某些产品销售季节和时间的不同特点制定不同价格。例如旅游景点淡季和旺季收费不同，水泥等建筑材料在寒冷地区的冬季需求少，销售价应定得低一些。

④ 不同的需求场所采用不同的定价。需求场所不同可以制定不同的价

格。例如戏票、球票等票价可因地点和座位不同有所区别，同一罐饮料，在超市、饭店、舞厅的价格也是不同的，这样可以满足不同消费者的需求。

实行差别定价法的前提是：a. 市场必须是可以细分的，且各个细分市场的需求强度不同；b. 商品不可能从低价市场流向高价市场；c. 高价市场上不可能有竞争者削价竞销；d. 不至于违法，或因此引起顾客的不满。

7.4 | 定 价 策 略

消费者接受一个商品的价格，并不仅仅考虑这个价格是否同价值相适应，而是受到许多心理的、社会的、文化的因素的影响。因此，企业定价不仅是一门科学，而且更是一门艺术和技巧。前述定价方法着重于产品的基础价格，定价技巧则着重于根据市场的具体情况，从定价目标出发，运用价格手段，使其适应市场的不同情况，实现企业的营销目标。

7.4.1 新产品定价策略

顾客一般对刚上市的新产品的情况了解不多，因此企业开发的新产品能否在市场上站住脚，并给企业带来效益，定价就显得十分重要。企业在新产品投放市场时，可以在撇脂定价和渗透定价之间做出选择。

（1）撇脂定价。这种策略是企业将新产品以尽可能高的价格投放市场，以赚取高额利润，在短期内收回投资。这就像从牛奶中撇取奶油一样，故得其名。采用此策略有利于企业获取丰厚利润，掌握市场竞争及新产品开发的主动权，同时可以提高产品的身价，树立企业的良好形象。缺点是，不利于市场的拓展，容易使竞争加剧。因此，它适合新产品在最初投入市场时采用，而不适合长期采用。

（2）渗透定价。即低价投放新产品，使产品在市场上广泛渗透，从而提高企业的市场占有率，然后随着份额的提高调整价格，降低成本，实现盈利目标。这一般适用于市场需求弹性大的商品的定价。其优点是薄利多销，以量取胜，不易诱发竞争，便于企业长期占领市场。缺点是本利回收期较长，价格变化的余地小，难于应付骤然出现的竞争和需求的较大变化。

（3）满意定价。又称温和定价策略，这种策略介于"撇脂"与"渗透"

策略之间，价格水平适中，一般是处于优势地位的企业为了在消费者中树立良好的形象，主动放弃一部分利润，既能保证企业获得一定的初期利润，又能为消费者所接受。

7.4.2 心理定价策略

运用心理学原理，根据不同类型的顾客来调整定价，使其能够满足消费者的心理需要，而不是仅仅考虑商品的价值。心理定价策略主要有以下四种。

（1）尾数定价。这是指保留价格尾数，采用零头标价。如将某种商品定为 9.8 元而不是 10 元。消费者通常认为尾数定价是在原来价格上打了折扣，给人以便宜感，另一方面又因标价精确给人以信赖感。尾数定价可以满足消费者求实的心理，使之感到价廉物美。这主要用于弹性较大的零售商品的销售，名牌优质产品就不一定适宜。

（2）整数定价。对于价格较高的商品，如高档时装、耐用品或礼品等，企业可在基础价格上凑成整数，使顾客对这类商品形成高价的印象以吸引社会上高收入阶层。如一件高档西装，定价为 1 800 元，而不定价为 1 795 元，这样反而会增强顾客的购买欲望。原因在于这类高档品的购买者多属高收入者，重视质量、品牌而不很计较价格，认为价格高是质量好的象征。如果以尾数定价则会给人以低价感，商品反而无人问津。

（3）声望定价。市场上不少高级名牌商品，经销多年，在顾客中有较高的声誉，对它们产生了信任感，购买时，不在乎钱的多少，而在乎商品能否显示其身份和地位，这是一种"价高质必优"的消费心理，即使该类产品成本下降，价格一般也不会下降，否则有损于这类商品的形象。

（4）习惯定价。市场上的许多产品，由于习惯的关系，形成一种习惯价格，或称便利价格，高于习惯价格被认为是不合理的涨价，若低于习惯价格又使消费者怀疑是否货真价实。因此，当市场上存在着强有力的习惯价格时，商品的价格应力求稳定。若必须变动时，应同时采取改换包装或品牌等措施，避开习惯价格对新价格的抵触心理，引导消费者逐渐形成新的习惯价格。

7.4.3 折扣定价策略

这种定价策略是在基本价格的基础上，由于顾客及早付清货款，批量采购，淡季采购等，企业给予一定的价格折扣。灵活运用折扣定价技巧，是企业争取顾客，扩大销售的重要方法。折扣定价策略一般有以下五种。

（1）现金折扣。现金折扣是指对按约定日期付款或提前付款的顾客给予一定的现金折扣。其作用有：① 减少信用成本和呆账；② 减轻对外部资源的依靠，减少利率风险，加速资金周转；③ 能有效地对渠道成员进行控制，增强竞争能力。

（2）数量折扣。数量折扣是卖方因买方数量大而给予的一种折扣。但其数额不可超过因批量销售所节省的费用额。数量折扣有非累进折扣及累进折扣两种。非累进数量折扣是规定顾客每次购买达到一定数量或购买多种产品达到一定的金额所给予的价格折扣。累进折扣是规定在一定时间内，购买总数超过一定数额时，按总量给予一定的折扣。数量折扣引导顾客向特定的卖方购买，而不是向多个供应商购买。

（3）交易折扣。交易折扣又叫功能折扣，是制造商根据中间商在市场营销中所担负的不同职能，给予不同的价格折扣，其目的在于用价格折扣刺激各类中间商充分发挥其组织市场营销活动的功能。例如，制造商报价"400 元，折扣 40% 及 10%"，表示给零售商折扣 40%，即卖给零售商的价格是 240 元，给批发商再折扣 10% 即 216 元。

（4）季节折扣。这是指客户在淡季购买产品而给予的价格折扣。这在季节性明显的服装业广为采用，目的是鼓励批发商、零售商淡季购买，有利于产品的均衡生产，减小厂商的仓储费用，加速资金周转。

（5）促销让价。在某种情况下，如企业为了开展广泛的促销，临时把他们的产品价格定得低于正常情况下的价格，有时甚至低于成本。这有利于中间商为产品推广而进行的各种促销活动，刊登广告，橱窗展示等；从而有利于扩大产品影响，提高产品知名度和市场占有率。

7.4.4 分地区定价策略

这种定价主要是在价格上灵活反映和处理运输、装卸、仓储、保险等多种费用。根据商品的流通费用在买卖双方如何分担的情况，分地区定价策略表现为以下四种形式。

（1）原产地定价。这指卖方负责产品装运到原产地某种运输工具上交货，并承担此前一切风险和费用，由买主负责全部的运杂费和承担运输途中受损失的风险。也称离岸价格（FOB），常用于运输费用较大的商品。

（2）区域定价。这指把产品的销售市场划分为几个大的区域，在每个地区内实行统一定价。一般说来，较远的地区定价高些。在市场不能有效细分的情况下，这种定价有利于巩固厂商的市场地位。

（3）买主所在地定价。这指统一运送价格或到岸价格（CIF）。卖方不管买方路途远近，一律实行统一送货，价格也一样，卖方还须负担一切运输、保险费用。这种定价法适用于运输费用较小的商品。

（4）成本加运费定价。成本加运费定价又叫 C & F 定价，在 CIF 价格的基础上减去保险费用即是成本加运费价格。

7.4.5　相关产品定价策略

相关产品定价策略也称为产品线定价，即针对整个产品线制定价格，而不是对单个产品定价。个别产品的定价应服从企业全局利益。如果企业生产的其中两种产品互为替代产品，为了增加一种产品销售量，可以把另一种产品的价格定高。尽管这种定价对后一种产品的销售量不利，但对整个企业利润的增加可能是有益的。如提高畅销品的价格，降低滞销品的价格，可以扩大滞销品的销路，增加企业的总盈利；如果两种产品是互补品，为了增加其中一种产品的销售量，应降低另一种产品的价格直至成本水平。通常是降低购买频率低、需求弹性高的产品价格，同时提高购买频率高、需求弹性低的产品价格，使企业两种产品总的经营效果达到最佳。

相关产品定价不是基于顾客的心理因素，而是根据几种产品使用价值的相互关系，更多地为生产企业所采用。

7.4.6　系列定价策略

系列定价策略也称为分档定价，是把商品按不同档次、等级分别定价，形成系列价格。一般而言，同类产品总有很多规格和型号，其成本也有所不同，如果机械地按成本加成定价，则所定价格种类过多，不利于买卖双方的交易。于是一些零售商店把众多规格的产品分成少数几档，每档产品定一个价格，这样买卖双方省去不少麻烦，又不至于影响企业利润。

分档定价也存在着以下一些困难。

（1）各档价格之间的差距不易把握。如果档价差别过大，会失去愿以中间价格购买的顾客，也容易引起某些中间商或顾客的投机心理，抢购低档价商品，妨碍营销目标的实现；如果档价差别过小，顾客无法分辨质量高低，达不到分档定价的目的。

（2）分档定价在产品成本提高时使企业处于为难境地。如果调整各档价格，则要涉及各种规格产品，明显地会对顾客的购买行为产生消极作用；如果听任成本上升，而不变价格，利润必将减少，也于企业不利。

7.4.7 降价保证策略

降低保证策略是指卖主向买主保证，当商品价格跌落时，对于买主的原有存货，依其数量退还或补贴其因跌价所造成的损失。这种策略对于中间商和用户是一种有效的保证措施，有利于调动他们购货的积极性。但是，实行这种策略时，应注意以下几个问题。

（1）中间商存货过多时，补贴金额很大，生产商因此承受的损失也很大；

（2）中间商存货数量不易核实；

（3）可能导致中间商盲目大量进货，造成虚假旺盛需求，使已供大于求的产品继续大量生产；

（4）导致"价格冻结"，即当需要降低价格时，因考虑过多的补贴而犹豫不决。

针对以上问题，生产商对中间商的降价时间应加以控制，即在适当的时间方能宣布降价。

7.5 | 国 际 定 价

国际定价是指企业的产品市场在海外时所进行的定价决策。国际定价和国内定价的决定因素，原理与方法基本相同，但是，由于其环境的不稳定性和复杂性，企业的国际定价要比国内定价困难得多，企业要在国际市场上稳定发展，就必须时刻关注国际的政治和经济风险，减小由于各种风险所带来的危害程度。

7.5.1 出口定价

随着对外开放的发展，越来越多的企业参与国际市场的竞争，如何做好产品出口，争取广泛的海外市场，并且在竞争中发展壮大，搞好出口定价显得非常重要。

出口定价的基础是商品的出厂成本价格。通常，出口商以出厂平均成本价为基础而追加出口所必须发生的和可能发生的其他费用，而制定价格。出口商一般都编制出出口计价单，把出口所发生的各种费用简单地加到出厂价上去而构成出口价格，该种方法称为出口定价的成本加价法。出口定价除了考虑成本费用外，还要考虑市场需求、政策因素等。

一般来说，影响出口定价的因素有以下两种。

（1）出口商品的成本费用。出口活动主要包括商品的包装、运输、报关、保险、检验和销售等，这些活动需要一定的费用，这是产品按平均成本出厂后所发生的费用。按照不同的交货地点和权责划分，企业所发生的费用各不相同。出口商品的价格首先根据出厂的平均成本，然后加上出口成本费用进行编制。出口定价所计算出的出口价是用本币表示的价格，对外报价时还要求出口商用一定的汇率换算成外币报价。以什么样的汇率换算是出口定价中应该认真对待的问题。

（2）汇率和通货膨胀。汇率是买卖外汇的价格。外汇是以外国货币表示的用于国际结算的各种对外支付手段，两国货币折算的比率或比价，就是汇率或叫汇价。

汇率变动对一国的对外贸易、国际收支等对外活动，尤其是对出口定价产生重要影响。如果本国货币对他国货币贬值，汇率上升，则有利于出口。例如，我国某商品为 100 元人民币，当 1 美元等于 5 元人民币时，该商品出口到国外市场为 20 美元，当 1 美元等于 10 元人民币时，该商品出口到国外市场为 10 美元，这就有利于占领国际市场；反之，汇率下降就不利于出口。因此，汇率变动是企业国际定价必须考虑的因素。因汇率变动使企业遭受损失的现象称为汇率风险。汇率风险主要有交易风险和折算风险两种。国际上出口商采用防范汇率风险的方法有多种，如选择适当的计价结算货币，签订固定汇率的保值条款，卖出远期外汇等。

除汇率变动外，通货膨胀对出口定价也产生一定的影响。在通货膨胀环境下，由于生产成本上升，影响到出口定价，这时，良好的成本会计核算就显得十分重要。为避免通货膨胀对企业造成损失，保证企业的竞争力，必须调整和核算企业产品的种类，提供各种特殊的服务。

7.5.2 跨国公司内部定价

在国际市场营销活动中，处于有利地位的往往是一些以集团形式出现的公司，即企业内部由许多独立经营的分公司和子公司所组成的跨国公司。跨国公司内部的不同分公司或企业之间会发生货物的交换。这时，就要对每一笔交易进行定价，这种定价称为转让定价。

转让定价是指跨国公司内部出售商品所制定的价格，或者说公司各部门之间或子公司之间转让产品的定价。因为各分公司之间都有独立的经济利益，产品如何在跨国公司内部转让就成为令人关注的问题。

一般情况下，转让定价有两种基本方法。

(1) 转让定价比市价低。企业以相对较低的价格，将零部件或产品转移给自己在外国的子公司。这样做的目的：一是减少高额关税的影响，使子公司因此而多获得的利润最终返回总公司；二是帮助子公司抵抗激烈的竞争，占领外国市场；三是享受该国收入税较低的好处。

(2) 转让定价比市价高。有两种情况促使企业以高于市价的价格将零部件或产品转移给自己的国外子公司：一是外国公司的收入税率太高，营销商当然要将收入更多地留在国内以减少纳税总额；二是东道国对外国企业利润汇回本国有限制，在将产品转移到这类国家时，高价可使母公司的收入代替子公司在国外市场的利润。

国际市场营销中，出口定价要受到很多因素的影响，企业除了研究国内市场外还必须研究国际市场的各种情况。

案例 雅阁汽车：一步到位的价格策略

广州本田汽车有限公司是在原广州标致废墟上建立起来的，成立于1998年7月1日，注册资本为11.6亿元人民币，由广州汽车集团和本田工业技研株式会社各出资50%建设而成。建厂初期广州本田引进本田雅阁最新2.0升级系列轿车，生产目标为年产5万辆以上，起步阶段为年产3万辆。生产车型为雅阁2.3VTi-E豪华型轿车、2.3VTi-L普通型轿车和2.0EXi环保型轿车。1999年3月26日，第一辆广州本田雅阁轿车下线，同年11月通过国家对广州本田雅阁轿车40%国产化的严格验收。

2000 年 2 月 28 日，广州轿车项目通过年产三万辆的项目竣工验收。2004 年初广州本田已经达到了年产汽车 24 万辆的产能规模。至今广州本田生产和销售的车型有 4 款：雅阁、奥德赛、三厢飞度和两厢飞度。

对于中国市场来说，广州本田雅阁的价格策略也显得高人一筹，在产品长期供不应求的情况下施放"价格炸弹"反映了厂家的长远眼光。

2002 年被人们称作是中国汽车年，在这一年里，中国汽车实现了一个历史性的飞跃——6 465 亿元的销售收入和 431 亿元的利润总额（同比增长分别达到 30.8% 和 60.94%），使汽车产业首次超过电子产业成为拉动我国工业增长的第一动力。国家计委产业司 2003 年 1 月份公布的数字表明，2002 年全国汽车产销量超过 300 万辆，其中轿车产量为 109 万辆，销量为 112.6 万辆。中国汽车业的暴利早已成了汽车行业内公开的秘密。尤其是中高档车，利润率高得惊人。根据德国一家行业内权威统计机构公布的数字，2002 年中国主流整车制造商的效益好得惊人，平均利润超过 22%，部分公司甚至达到了 30%。

2002 年 1 月 1 日起，轿车关税大幅度降低，排量在 3.0 升以下的轿车整车进口关税从 70% 降低到 43.8%，3.0 升以上的汽车从 80% 降到 50.7%。关税下调后，进口车的价格由于种种原因并没有下降到预想的价格区间，广州本田门胁轰二总经理似乎早有预测。他说："关税从 70% 降低到 43.8%，最终降至 25%，这是一个过程。虽然也有部分人因考虑到进口车将要变得便宜而暂时推迟购车计划，但由于政府实际上决定了进口车的数量，短时间内进口车并不会增加许多。"广州本田宣布了一个令所有人都感到吃惊的决定：2002 年广州本田的所有产品价格将不会下调。

1998 年广州本田成立，就确定了将第六代雅阁引进中国生产，1999 年 3 月 26 日，第六代新雅阁在广州本田下线，当年就销售了 1 万辆。雅阁推出的当年，市场炒车成风，最高时加价达 6 万元以上，成为当年最畅销的中高档车。继 2000 年成为全国第一家年产销中高档轿车超 3 万辆的企业后，2001 年广州本田产销超过 5 万辆，比计划提前了 4 年。2002 年，广州本田产销量为 59 000 辆，销售收入 137.32 亿元人民币，利税 50 亿元。2002 年 3 月 1 日，第 10 万辆广州本田雅阁下线，标志着广州本田完全跻身国内中高档汽车名牌企业行列。

雅阁刚上市时国产化率是 40%，经过几年经营国产化率上升到 60%，2003 北美版新雅阁上市时提升到了 70%，降低了进口件成本；建厂时广州本田的生产规模是 3 万辆，2001 年达到 5 万辆生产规模。到了 2002 年，提升为 11 万辆，规模带来了平均成本的降低，同年完成 12 万辆产能改造。

2003 年，北美版新雅阁（第七代雅阁）的上市终结了中国中档轿车市场相安无事高价惜售的默契，它的定价几乎给当年所有国产新车的定价建立了新标准，使我国车市的价格也呈现出整体下挫的趋势。随之而来的是持续至今的价格不断向下碾压与市场持续井喷。

广州本田借推出换代车型之机，全面升级车辆配置，同时大幅压低价格的做法。2003 年 1 月，广州本田新雅阁下线，在下线仪式上广州本田公布新雅阁的定价，并且宣布 2003 年广州本田将不降价。其全新公布的价格体系让整个汽车界为之震动：排量为 2.4 升的新雅阁轿车售价仅为 25.98 万元（含运费），而在此前，供不应求的排量为 2.3 升老款雅阁轿车的售价也要 29.8 万元，还不包含运费。这意味着广州本田实际上把雅阁的价格压低了 4 万多元，而且新雅阁的发动机、变速箱和车身等都经过全新设计，整车操作性、舒适性、安全性等方面都有所提高。其总经理门胁轰二的解释是："一方面，广州本田致力于提高国产化率来降低成本，有可能考虑将这部分利润返还给消费者；另一方面，这也是中国汽车业与国际接轨的必然要求。"业内人士认为，这正是广州本田在新的竞争形势下调整盈利模式的结果。

雅阁 2.3 原来售价 29.8 万元仍供不应求，新雅阁价格下调 4 万元，而排量、功率、扭力、科技含量均有增加，性价比提升应在 5 万元左右。广州本田新雅阁的售价与旧款相比相差比较大，旧雅阁 2.3VT1-E（豪华型）售价 30.30 万元，相差近 4 万元，算上新雅阁的内饰、发动机和底盘等新技术升级的价值，差价估计在 6 万元。旧雅阁 2.0 的售价为 26.25 万元，比新雅阁也高两三千元。广州本田此次新雅阁的低价格是在旧雅阁依然十分畅销的前提下做出的。尽管事先业内已经预期广州本田新雅阁定价将大幅降低，但新雅阁的定价还是引起了"地震"。

广州本田新雅阁此次定价将成为国内中高档轿车的价格风向标，即将下线的上海别克君威 2.0 和 2.5、一汽轿车 M6 自在此列，市场热销的帕萨特、风神蓝鸟、宝来、福美来也将难逃干系。在雅阁降价前 2002 年 12 月，第一辆索纳塔下线，有消息说风神阳光 6 月入局，东风公司与 PSA 的标致 307 也有可能下线。新雅阁的定价，无疑将是他们的一个难以回避的参照系。降价后 2.4 升新雅阁已接近了 1.8T 帕萨特的售价。上海通用 2 月 10 日上市的别克君威，就是盯准了新雅阁价格，先推 3.0，而将 2.0 和 2.5 虚席以待。1 月 21 日，备受市场关注，甚至被不少媒体视为 2003 年中高档最值得期待的一汽 2.3 升 M6 下线，一汽轿车 M6 项目有关人士透露"豪华版价格将在 25 万—30 万元，不会超过 30 万元"，而之前，业内一致认为 M6 的价格将在 30 万元左右。4 月，2.3 升技术型马自达 6 接受预订，售价 23.98 万元。

新雅阁一步到位的定价影响了整个中高档轿车市场的价位，广州本田的这种定价策略一直贯穿到之后下线的飞度车型营销之中，广州本田车型的价格体系也因此成为整个国内汽车行业价格体系的标杆，促使国产中高档轿车价格向"价值"回归，推动了我国轿车逐渐向国际市场看齐。广州本田生产的几款车型几年来在市场上也一直是供不应求，2003 年广州本田更以 11.7 万辆的销售使增长超过 100%，成为增幅最大的轿车生产商。销售最火爆时，一辆雅阁的加价曾高达 4 万元。这一年，我国轿车的产量也首次突破 200 万辆，达到 201.89 万辆，同比增长 83.25%。

——资料来源：《市场营销学案例集（第 2 辑新世纪高校经济学管理学核心课教辅用书）》作者：曾晓洋、胡维平，上海财经大学出版社，2005 年。

根据案例，思考以下问题：

1. 请分析雅阁价格调整的市场背景是什么？
2. 根据本案例，分析雅阁价格调整的原因是什么？
3. 从本案例中，可以看出竞争对手针对雅阁的价格调整作出了哪些反应？

| 本章内容提要 |

1. 价格是市场营销组合中的关键因素，是促进产品销售的最有效的手段。

2. 在市场竞争条件下，影响企业产品定价的主要因素有：成本因素、市场需求因素、市场竞争因素以及政策因素。

3. 合理选择定价目标，要根据企业所面临的环境和企业内部条件。可供企业选择的定价目标有：利润最大化、提高市场占有率、预期投资收益率、适应价格竞争、维持生存、保护环境等定价目标。

4. 定价方法是企业实现其定价目标的具体方法。可供企业选择的定价方法主要有：成本导向定价法、竞争导向定价法、需求导向定价法。

5. 企业在以上定价的基础上，运用定价策略对价格进行修正。第一是新产品定价策略，应在"撇脂"与"渗透"定价之间进行选择；第二是心理定价，采用尾数定价、整数定价、声望定价等满足顾客的心理；第三是各种折扣定价，企业建立现金折扣、数量折扣、交易折扣、季节折扣和促销折扣；第四是分地区定价，根据不同地区确定不同的价格。其他还有相关产品定价、系列定价、降价保证等。

6. 出口产品的定价有其特殊性，除考虑成本费用外，还要注意汇率、通货膨胀等因素。跨国公司应确定公司各部门或子公司间的转让定价，最大限度地体现公司的利益。

7. 价格策略是市场营销组合中的重要环节，直接影响企业的收入。企业必须仔细考虑顾客的需求，了解竞争者的意图，采取灵活的价格策略。

| 本章基本概念 |

固定成本　　变动成本　　盈亏平衡分析　　价格弹性　　撇脂定价
折扣定价　　渗透定价

| 本章思考题 |

1. 在市场经济条件下，影响企业产品定价的主要因素有哪些？

2. 企业的定价目标有哪些?

3. 如果企业的主要目标是获得最大利润,为什么不把产品价格定在期望的利润上?

4. 企业的基本定价方法有哪几种?

5. 为什么成本加成定价法仍然是一种非常流行的定价方法?它有何局限性?

6. 企业有哪些基本定价策略?

7. 为什么可采用心理学的定价策略?采用这种策略是否违反了定价原则?

第8章

分销策略

在现代商品经济条件下，大部分制造商都不是将自己的产品直接销售给最终顾客，而是由位于制造商和最终顾客之间的众多执行不同职能、具有不同名称的营销中介将产品转移到消费者手中，这些营销中介形成了一条条分销渠道。一个生产企业，除了重视产品策略、定价策略，合理地制定促销策略外，选择配置中间商和有效地安排商品的运输和储存，也是企业市场营销的重要工作，将直接影响企业经济效益的提高。

8.1 | 分销渠道概念与类型

8.1.1 分销渠道概念

分销渠道，也称分销途径或销售路线，指产品从制造商转移到消费者所经过的各中间商连接起来形成的通道，它与商品的实体转移有区别。综合起来，分销渠道具有下列特征。

(1) 分销渠道的起点是制造商，终点是最终顾客。

(2) 分销渠道是由各中间商组成。一般指的是参与了商品所有权转移或商品买卖交易活动的中间商组成的商品流通渠道。中间商包括批发商、零售商、代理商和经纪人。其中后两类中间商并不对商品拥有所有权，但他们参与了商品交易活动，因此也可作为分销渠道成员。其他营销中介如银行、保险公司、运输公司、仓储公司、咨询公司、广告公司以及其他机构（如海关、商检局等）不介入商品所有权的转移过程或商品买卖交易过程，不处于渠道之中，但与渠道运行有着密切联系，分担着渠道成员的大量营销工作，起着便利交换、提高分销效率的重要作用。如运输公司或仓储公司参与了商品实体转移活动，但它们却从未介入任何商品的买卖交易活动，它们只是提供了服务，因此不是渠道成员。

（3）分销渠道中存在着五种以物质或非物质形态运动的"流"（见图8.1所示）。

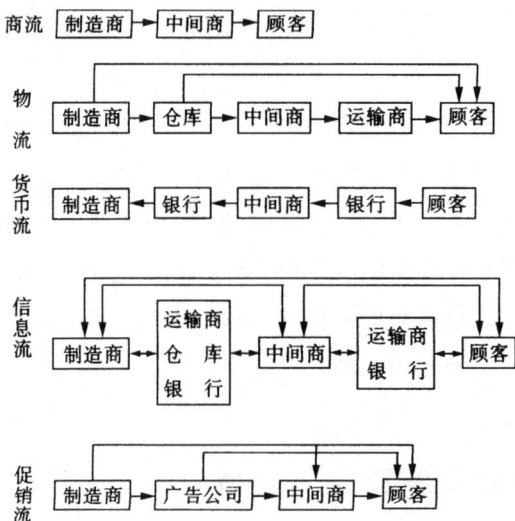

图 8.1 分销渠道中的五种"流"

（4）渠道成员各有其不同的工作性质和组织形式，但它们之间具有共同利益关系，通常能彼此合作，协力完成营销任务。当然，它们之间有时也会发生矛盾和冲突，需要解决和协调。

分销渠道选择是否得当，将直接影响企业的营销目标能否实现。因为：

第一，分销渠道是实现产品销售的重要途径。企业营销目的是为了满足消费者需要，实现利润目标。要实现这一目标不仅取决于企业能否生产出符合社会需要的产品，而且也取决于这些产品能否及时地销售出去，这就需要选择合理的分销渠道。

第二，分销渠道是企业了解和掌握市场需求的重要来源。分销渠道既是产品转移的途径，又是企业收集用户反馈信息和市场情报的途径。在产品销售过程中，企业可以了解产品是否符合社会需要；是否价廉物美；是否遇到竞争；是否需要改进等情况。特别是企业可以通过分销渠道，利用它们与消费者的直接联系，充分发挥它们作为企业的"耳朵"、"眼睛"和"参谋"的作用。

第三，分销渠道合理是加速商品流通和资金周转，节约销售费用，提高经济效益的重要手段。如果企业产品销售不通畅，则会造成产品积压，资金呆滞，企业经济效益下降。反之，能正确地选择销售渠道，配置中间商和合理地安排运输和储存，则能保证产品及时销售出去，加速资金周转，提高资金使用效益；同时也能节约销售费用，降低产品成本，从而降低产品的销售价格。

可见，分销渠道策略在企业整个营销组合策略中占重要的地位。

8.1.2 分销渠道类型

（1）直接渠道和间接渠道。按照商品在交易过程中是否经过中介环节来区分，有直接销售渠道和间接销售渠道。

直接销售渠道是指生产企业不通过流通领域的中间环节，采用产销合一的经营方式，直接将商品销售给消费者。一般来说，工业生产资料中的大型生产设备、原材料等，消费资料中的鲜活食品和服务等大多采用这种直接渠道。

间接销售渠道是指商品从生产领域转移至消费者或用户手中经过若干中间商的分销渠道，是一种多层次结构的分销渠道。一般来说，日用消费品如牙膏、牙刷、油盐酱醋等，工业消费品中的小型工具如小五金等，采用这种间接销售渠道。

间接销售渠道，根据其中间环节的多少，可以分成消费品市场分销渠道和工业品市场分销渠道两种模式（见图 8.2 所示）。

（2）宽渠道和窄渠道。按照企业在横向方面同一层次上并列使用的中间商的多少，分销渠道分为宽渠道和窄渠道。

宽渠道是指企业使用的同类中间商很多，分销面广泛。一般日用消费品，如毛巾、内衣、暖瓶等都是通过宽渠道销售，由多家批发商经销，又转卖给更多的零售商去进行销售。这种分销渠道能大量地接触消费者，大批地销售商品。

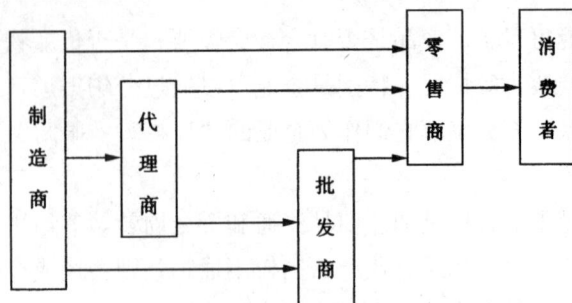

(a) 消费品市场分销渠道

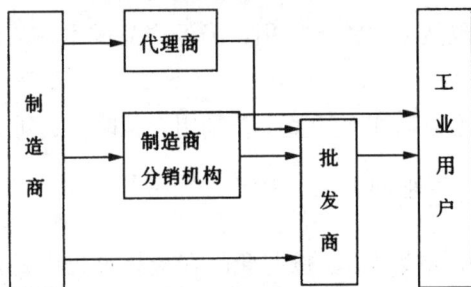

(b) 工业品市场分销渠道

图8.2　间接渠道的基本类型

　　窄渠道是指企业使用的同类中间商很少，分销面狭窄，甚至一个地区只由一家中间商统包，独家经销。窄渠道一般适用于专业性较强的产品或较贵重的耐用消费品。

　　选择合理的分销渠道，关键是要制定正确的分销策略。根据国内外市场营销的实践，企业可以选择的分销策略有三种基本类型。

　　① 广泛性分销策略。该策略即通过尽可能多的中间商或分销点来销售产品。消费品中的日常用品和工业品中的一般原材料，通常采用这种分销方式。这类产品市场需要面广，顾客要求购买方便，一般较少重视品牌。因此，扩大销售的关键是将产品尽可能分销到顾客可能到达的所有商店。例如牙膏厂、制皂厂总是希望各家杂货商店都销售自己的产品。其考虑的是经销网点越多越好。

　　② 选择性分销策略。该策略即在同一目标市场有选择地使用一个或几个中间商。这种分销策略适用于耐用消费品、高档消费品、工业生产资料等商品。一些声誉卓著的老制造商或前景好的新制造商，往往借助选择分销路

线，吸引一批中间商，同他们建立密切的业务关系。相比之下，选择性分销路线有如下好处：

a. 有利于厂商之间互相配合和监督，共同对顾客负责。对于经销商来说，如果经营不力，效率不高，就有可能被制造商淘汰，这对它们是一种压力和督促。而对于制造商来说，由于产品经营集中于某几家中间商，每一家购进数量都相当可观，如果产品和服务质量下降，中间商可能停止进货，这对制造商也是一种督促。

b. 由于经销商数目较少，制造商和中间商之间可以配合得更加默契，建立起密切的业务关系。

c. 由于生产企业与中间商相对固定，因而能增强市场竞争能力。

国内外实践经验证明，一些制造商常常在起初采取广泛分销路线，以后根据实际需要，逐步调整，淘汰不理想的中间商，剩下较少的理想的中间商。这样做，销售额不但不会降低，而且会有所提高。

(3) 独家分销策略。该策略即制造商在某一地区市场只选择一家批发商或零售商经销其产品。独家分销一般双方订有书面协议，规定在这个地区内制造商只对选定的中间商供货，而中间商亦不能再经营其他竞争性产品。独家分销一般较多为特殊品制造商采用。尤其是消费者特别看重品牌，需要提供特殊服务的产品。

实行独家分销的好处是：产销双方能密切配合、协作；购销手续简化，交易成本降低；容易控制渠道，减轻同类产品的竞争威胁；有助于提高产品的形象，得到更多利润。缺点是：经销面窄，可能因此失去更多顾客，引起销售额下降；同时，过分依赖单一的中间商，市场风险增大，万一中间商经营失误或效率下降，就有可能失去某一地区市场；难以找到愿意合作而又合适的中间商。

8.1.3 分销渠道类型的发展趋势

随着商品经济的发展，分销渠道的类型发生了很大变化，现代市场营销活动必须注意这种变化，这是搞好市场营销的重要工作。根据实践经验，分销渠道类型有以下变化。

(1) 分销渠道的纵向联合。制造商分销渠道的纵向联合，西方也称作建立垂直营销系统（VMS），它是指用一定的方式将分销渠道中的各个环节的成员联合起来，采取共同目标下的协调行动，以促使产品分销活动整体效益的提高。这种纵向联合的分销渠道大致可分为两种形式，即契约型的产销结合和紧密型的产销一体化。

① 契约型的产销结合。契约型的产销结合通常是指制造商同其所选定的中间商（包括各个环节上的中间商）以契约的形式来确定各自在实现同一分销目标基础上的责权利关系和相互间的协调行动，以保证分销活动有较好的整体效益。从我国的情况来看，契约型的产销结合大致有以下三种形式。

a. 特约经销。这是指制造商同一家或几家拥有稳定市场分销网络的中间商建立长期的特约经销关系，将产品主要提供给这些中间商进行销售，并给予一定优惠。而这些中间商也相应承担满足制造商的销售条件和服务要求等义务，以此建立起稳定的产销关系。

b. 厂店挂钩。这是指制造商直接同一些大型零售商或专业商店建立联合关系，保证向这些商店提供所需的货源，指导这些商店的经营活动，并通过这些商店建立自己的市场窗口，扩大制造商影响，反馈市场信息。

c. 批发代理。这是指制造商以契约形式委托一些大型批发商基本代理自己的产品批发业务，而制造商则将主要精力集中于产品的开发和生产。

契约型产销结合的主要特征在于：一方面，分销渠道中各环节的成员以契约形式共同为分销系统整体利益的实现承担着相应的义务，采取统一行动；另一方面，尽管分销渠道中各环节的成员保持着某种形式的长期合作关系，但基本上仍是相互独立的经济实体。这又区别于产销一体化的紧密联合，这是一种比较灵活的分销渠道纵向联合方式。

② 紧密型的产销一体化。紧密型的产销一体化是指企业以延伸或兼并的方式建立起统一的产销联合体，使其具有生产、批发和零售的全部功能，以实现对分销活动的全面控制。产销一体化的形式也有所不同。

a. 自营销售系统。拥有庞大资本的生产企业自行投资建立自己的销售公司和分销网络，直接向市场销售产品。

b. 联合分销系统。制造商同中间商共同投资或相互合并建立起统一的产销联合体，共同协调产品的产销活动。

分销渠道的纵向联合并不一定完全是以制造商为主体形成的，有些大型批发商往往也通过向生产和零售两头拓展业务或兼并企业的方法，建立起各种形式的产销联合体。如西方所出现的批发商倡办的零售企业"自愿连锁"

和零售商自己组成的联购分销的合作组织"直营连锁""特许连锁",是由中间商为主体的分销联合体。

分销渠道的纵向联合可以在一定程度上缓解和避免渠道成员间由于追求各自利益而形成的相互冲突,以及由此对分销系统的整体利益造成的损失。而且还由于多层谈判、重复服务等活动的减少而提高分销活动的效率,并由于整体协调功能的增强而使分销活动的整体效益得到提高。

(2)分销渠道的横向联合。分销渠道的横向联合,西方也称作建立水平营销系统。通常是指由两个以上的制造商联合开发共同的分销渠道。这种横向联合又可分为暂时的松散型联合和长期的固定型联合。前者往往是为了共同开发一个市场机会,而由各有关制造商联合起来,共同策划和实施有助于抓住这一市场机会的分销渠道策略,如由某一企业负责建立商流网络,而另一企业负责物流事务等;后者则往往以建立同时为各有关企业开展分销活动的销售公司为主要形式。如美国的百万市场报纸公司就是一家为五家报纸实施分销业务并为它们所共有的销售公司。

分销渠道的横向联合可以较好地集中各有关企业在分销方面的相对优势,从而更好地开展分销活动。如:各企业都有自己的一部分分销网络,联合起来就可同时扩大各企业的市场覆盖面;或者各企业有各自不同的分销技术优势,联合起来这些技术就可得以共享;建立共有的分销渠道还能在一定程度上减少各企业在分销渠道方面的投资,并由于协同作用的产生而降低各自的经营风险,提高分销活动的整体效益。

(3)集团型联合。以企业集团的形式,结合企业组织形式的总体改造来促使企业分销渠道的发展和改造,也是企业当今分销渠道策略的重大变化。企业集团是由多个企业联合而成的,具有生产、销售、信息、服务以及科研等综合功能的经济联合体。在这样的经济联合体中,往往同时含有生产企业、销售机构、物流机构、科研机构甚至金融机构的功能。集团中的销售机构和物流机构同时为集团内各生产企业承担产品分销业务。如日本的综合商社就是企业集团中的主要销售机构,担负着整个企业集团产品的对外分销业务。

企业集团的形式是多种多样的,有以生产企业为主体的,也有以商业企业为主体的,甚至有以金融机构或科研机构为主体的。从其分销功能来看,有只包含批发功能的,也有延伸到零售功能的;有只具备商流功能的,也有同时具备物流功能的；有只经营同类产品的，也有各种产品都经营的。

企业集团的联合形式是一种比较高级的联合形式。从分销的角度看，它往往能集商流、物流、信息流于一体，分销功能比较齐全，系统控制能力和综合协调能力都比较强，对分销活动能进行比较周密的系统策划，并能建立起健全高效的运行机制，从而能促使分销活动的整体效益有较大的提高。

8.1.4　网络营销

(1) 网络营销的概念。网络营销，是随因特网（Internet）的广泛运用而出现的一种新的营销方式，它是企业营销实践与现代信息技术、通信技术、计算机网络技术相结合的产物，是企业通过联机网络，利用电脑通信和数字交互式媒体来进行的各种营销活动。网络营销的产生，是科学技术发展、消费者价值观念变革、商业竞争加剧等综合因素所造成的。

(2) 网络营销的产生和发展。国际互联网是一种集通信技术、信息技术、计算机技术为一体的网络系统。Internet 就是众多计算机及其网络，通过电话线、光缆、通信卫星等联结而成的一个计算机网。它将不同类型的网络、不同机型的计算机互相联结起来，构成一个整体，从而实现网上资源的共享和网络信息的共享。

随着现代电子技术和通信技术的应用与发展，人类前进的脚步也日益加快。1946 年，世界上第一台计算机在美国宾夕法尼亚大学启动，代表人类进入计算机时代。23 年之后的 1969 年，美国加利福尼亚大学洛杉矶分校的大型主机与千里之外的斯坦福研究院的大型主机成功连接，标志着人类社会从此跨进了网络时代。1982 年，美国高级研究规划署（ARPA）开发研究的 TCP/IP 网络传输协议被确定为标准网络传输协议。这一协议的诞生，实现了网上用户信息资源的共享，对网络发展起了重大作用。1990 年，WWW（World Wide Web 简称 Web，即环球网）系统软件开发成功，WWW 技术的应用，推动了 Internet 的商业化进程。1992 年以制定 Internet 相关标准及推广应用为目的的 Internet 用户协会（ISOC）成立，标志着 Internet 真正向商用过渡。经过 20 多年的发展，Internet 取得了极大的成功。尤其是近几年爆炸性的发展，在世界范围内刮起一股 Internet 旋风，人类开始步入网络社会，越来越多的企业也认识到国际互联网对企业经营发展的作用，纷纷抢占这一制高点。美国《财富》杂志统计的全球前 500 家企业几乎全在网上开展了营销业务。网络营销已经成为 21 世纪企业营销的主流，许多实体商店出现衰败的趋势。

（3）网络营销的特性。网络营销相对于传统的市场营销，一般有以下五个特点。

① 互动式、即时式的交流。网络营销与传统的营销方式最显著的区别是由网络的本身特性即技术决定的。计算机显示屏代替了纸张；企业与消费者之间的交流变成了互动式的、双向的过程。生产商可以与最终用户直接联系，而无需任何中间商，中间商的重要性被降低。

对企业来说，通过因特网，企业可以迅速获得关于产品概念和广告效果测试的反馈信息，也可以测试消费的不同认同水平，从而更加便于对消费者行为方式和偏好进行跟踪，更可以将目标顾客定在个人。在整个营销过程中，企业可以不断与顾客进行交流，有利于与消费者建立稳固的长期关系，因此，网络营销的实质可以说是"先开发客户，后开发产品"。

在社会分工日益细分化和专业化的趋势下，消费者对单向的营销沟通方式已厌倦，并且信任度下降。消费者日益主动地通过各种可能的途径获取与商品有关的信息并进行分析比较。这些分析可能不很准确，但是消费者可从中获得心理上的满足。消费主动性的增强来源于现代社会不确定性的增加和人类追求心理稳定和平衡的欲望。网络的互动性是满足消费者这种消费主动，求得心理稳定、平衡的有效方法，也是网络营销有别于传统营销方式的显著特点。

互动式营销需要消费者化被动为主动。消费者是否有主动查询信息的动机将是互动式营销能否有效发挥其潜力的关键因素，在消费者搜索信息动机强烈的市场中，厂商如果能够通过互动式媒介提供图文并茂的充足信息，将能大大引发消费者的购买欲望。

② 降低流通成本。随着市场竞争的日益激烈化，为了在竞争中占优势，企业想方设法吸引消费者，但消费者日益成熟，很难说还有什么新颖独特的方法能出奇制胜。一些营销手段即使能在一段时间内吸引消费者，也不一定能使企业盈利增加。市场竞争已不再依靠表层的营销手段，而是依赖更深层次上的经营组织形式上的竞争。经营者迫切地去寻找变革，以尽可能地降低商品从生产到销售的整个供应环节上所产生的成本和费用比例，缩短运作周期。网络营销正是适应经营者求变要求的利器。网络的利润来自交易费用、

中介费用的大大降低，商贸交易的多个环节在互联网中得到了大大简化，从产品出厂到消费者手中的过程可以借助互联网把一系列流通环节免掉，以节约大量昂贵的店面租金，减少库存商品资金占用，也可以使经营者规模不受场地限制，减少流通费用；还便于收集用户信息。企业所需支付的只是物品配送费及网络建设成本费用。而运作周期缩短，又从根本上增强了企业的竞争优势。在因特网上，企业规模的大小变得无关紧要，"大企业变小，小企业变大"，一切都存在于虚拟之中。

网络在传递信息方面的费用要比传统营销方式低廉且传递速度快捷，这对于着重提供大量信息，需要大量零售人员的企业来说，互动媒介无疑是威力强大而又经济的工具。

③ 信息传播速度快，面广量大。网络传播范围广、速度快，而且无时间地域限制、无时间版面约束，内容详尽、多媒体传送、形象生动，增强了企业传播信息的效率。同时，电脑可贮存大量信息供消费者查询。企业通过互联网可以方便、快捷地进入任何一个国家的市场。特别是随着中国加入世界贸易组织，互联网是中国企业进入国际市场的一条迅捷通道，关税的降低使更多的电脑进入家庭，金融业的开放将推动以信用卡为特征的网上支付方式的发展，网络营销的成本也会进一步降低，制约网络营销发展的物流业也有大改观，从而更扩大了网络营销的范围。

④ 网络用户异于传统消费者。网络用户与传统消费者相比，具有以下一些特点。

a. 年轻化。根据美国 Georgia 技术研究所的 GVU（Graphic, Visualization 和 Usability）1996 年的 Internet 用户数据，美国用户平均为 33.9 岁，欧洲用户平均为 28.8 岁；中国互联网信息中心发布的最新报告也表明，我国的网民中年轻人占绝对优势，21—35 岁的年轻人占了网民总数的 72.5%。

b. 生活水准较高。根据 2017 年统计：美国 Internet 行业的年平均薪资为 70 043 美元；一般行业的年薪资为 47 860—110 738 美元①。我国最新的调查也表明，收入在 5 000 元以上的网民所占比例和以往相比有所增加。

c. 独特的价值观念。他们擅长理性分析，头脑冷静，可面对一大堆数据

---

① "美国薪资最高的 7 个网络安全职位"，http://netsecurity.51cto.com/art/201805/5.

资料仔细研究，并以此作决定。他们不是那种轻易受舆论左右的人，对铺天盖地的广告有相当强的抵抗力。因此，对信息的组织和整理，成为网络营销商的当务之急。

d. 新鲜感强。对新鲜事件的孜孜不倦的追求也是网络用户的特色。他们对于未知的领域充满好奇心，不安分守己，对事物喜欢追根究底。

此外，网络用户都缺乏耐心，在搜索某一类信息时，往往只看首先搜索到的信息，希望立即就能查到所需内容，如果企业在搜索引擎中不是排在前面，就很容易被他们忽视。

⑤ 产品销售的国际化与消费的极端个性化相统一。市场经济发展到现在，产品无论在数量还是品种上都已极为丰富，特别是日用消费品，消费者能够以个人心理愿望为基础挑选和购买商品或服务。但是，他们不但希望能作出选择，更渴望选择。消费者更加注重自我，他们需求得更多，但要求也越来越独特、越来越千变万化。他们有自己独立的想法，对自己的判断力充满自信。消费者开始制定准则，从理论上看，没有一个消费者的心理是完全一样的，每一个消费者都是一个细分市场。心理上的认同感已成为消费者作出购买品牌和产品决策的先决条件，个性化消费成为消费主流。网络使企业和顾客之间的关系变得非常紧密，可以形成"一对一"的营销关系，从而使一个消费者就是一个细分市场成为可能。

（4）网上销售的方式。网络营销的方式不同于传统市场营销方式，它有以下四种。

① 网上购物：这是网上销售最简单的形式，指在企业网络的产品页面上附有订单，浏览者对产品比较满意，可直接在页面上下订单，然后付款、取货，完成整个销售过程。这是一种直接在企业网站上购物的形式。

② 网上商城：网络商城和真实世界中的商城一样聚集了来自多个厂商的产品，供消费者挑选。

③ 网络拍卖：借助于在线服务的方式进行，为交易双方提供专门场所，不参与交易，网站设立对买方和卖方即物主与竞标人的信用进行信任度评价和累计积分系统。这是买卖双方都无法与对方谋面，也不知道对方是谁而进行的一种网上拍卖活动。

④ 电子商务：利用计算机网络进行的商务活动，即交易各方以电子交易方式而不是通过当面交换或直接面谈方式进行的任何方式的商业交易方式。

根据最新统计，2017 年，全球零售电子商务销售额达到 23 000 亿美元，2021 年电子零售收入预计增长至 48 800 亿美元。2017 年，全球排名前 3 的网店收入达 1 000 亿美元①，全球网民人数已达 41.57 亿人，互联网普及率达54.4%，亚洲网民数占全球网民数的比重最高，达 48.7%。全球已有七个国家网购用户数量过亿，中国是全球最大的互联网用户市场，网民规模达7.72 亿人，普及率达到 55.8%。从网购人数增长区域来看，未来几年增长最快的地区将是中东和非洲。2018 年，预计有 16 亿人至少在网上购物一次，占所有互联网用户的 50% 以上。其中，亚太地区网购人数将占全球一半。从区域上看，欧洲是全球最大的跨境电子商务市场，而北美的跨境电商市场处在高速发展阶段。预计至 2020 年，全球跨境 B2C 电子商务将突破 1 万亿美元②。电子商务通常有如下模式：

a. B to B（商家对商家），主要进行企业间的产品批发业务，因此也称为批发电子商务。它是一个将买方、卖方以及服务于他们的中间商（如金融机构）之间的信息交换和交易行为集成到一起的电子运作方式。

b. B to C（商家对消费者），以著名的美国 Amazon 即亚马逊网络书店最为成功。在物流、销售连锁、品牌上形成优势。

c. C to C（个人消费者对个人消费者），即美国 eBay 采用方式，这样可以让用户自己解决付费、运输和验货等问题，避免了结算、货运等矛盾。

d. C to B（个人消费者对商家），倒转式拍卖，提供各种商品的第三方评价，以利于消费者的参考。

（5）网络营销与传统营销的整合。以美国西北大学教授舒尔兹等为代表的专家学者 1993 年提出的整合营销理论认为传统的以 4P（产品、价格、渠道、促销）为核心的营销框架，重视的是产品导向而非真正的消费者导向，即制造商决定制造某一产品后，设定一个能够收回成本且达到一定目标利润的价格，经过制造商为主控的销售渠道，然后对企业销售进行相当程度的促销。也就是说，传统营销是一种由内而外的营销，制造商的经营哲学是"消费者请注意"。

整合营销理论认为，制造商的经营哲学应是"请注意消费者"，企业在

---

① 中华人民共和国商务部网站，2018.6.10。
② 中国国际电子商务网，2018.4.11。

营销观念上要逐渐淡化 4P 而突出 4C。即

① 消费者（consumer）：要销售那些顾客想购买的产品，真正重视消费者。

② 成本（cost）：要了解消费者满足其需要与欲求所需付出的成本。

③ 便利（convenience）：要给消费者提供方便，使消费者便利地购买商品。

④ 沟通（communications）：要考虑怎样加强与消费者的沟通与交流。

实际上，4P 理论与 4C 理论并非互不相容，只不过在传统营销的条件下，4P 理论的一些内涵并没有真正得到实现。如限于条件，很难与消费者进行双向的沟通。而网络营销则做到了传统营销提出但尚未做到的事情，也就是整合营销所提出的要求。利用网络的特点，企业可以真正做到以消费者为导向，与消费者进行双向的平等的沟通与交流。

（6）我国网络营销的现状。1994 年，我国正式接入 Internet。近年来，我国的网络营销业随着网络用户的剧增而有了一定的发展，我国电子商务近年来发展相当迅速，2016 年中国电子商务交易额 22.97 万亿元，同比增长 25.5%。其中，B2B 市场交易额 16.7 万亿元，同比增长 20.14%；网络零售市场交易额 5.3 万亿元，同比增长 39.1%，生活服务电商交易额 9 700 亿元。截至 2016 年 12 月，中国电子商务服务企业直接从业人员超过 305 万人，由电子商务间接带动的就业人数已超过 2 240 万人。2016 年中国规模以上快递企业营收为 4 005 亿元，与 2015 年的 2 769.6 亿元相比，同比增长了 44.6%，受电商网购包裹持续刺激，近年来全国规模以上快递企业营收持续增长[①]。总体看，我国电子商务的主体正在从媒体和电子商务服务商转换为企业，传统企业正在大规模进入电子商务领域。全国大约 50% 的大中型企业已上网，部分大中型企业集团在实现企业内部 ERP 管理的基础上积极开展网络营销、网上采购、供应链管理和客户关系管理。但仍存在不少问题，主要有以下两方面。

① 技术因素：a. 电脑普及率受条件限制，网民人数不够普及，上网收费太高，购买力有限。b. 网络硬件设施不够完善，网络传输速度不快，支付

---

① "2016 年度中国电子商务市场数据监测报告"，电子商务研究中心：发布日期：2017 年 5 月 24 日。

方式滞后。c. 安全问题。网络受到黑客攻击，其中包括世界首富、微软公司主席比尔·盖茨的信用卡都受到过攻击。尚处于起步阶段的我国网络业则更缺乏安全防范。

② 非技术因素：a. 消费者受传统购物观念束缚。b. 物流网络不配套。如被炒作的著名的"72小时网络自下而上测试"活动最大的问题就是不能及时供应网上订货。c. 企业信息管理与分析能力太低，缺乏网络技术与营销管理的复合型人才，制约了网络营销的发展。

目前，我国企业对网络营销的认识多局限在仅把网络看成产品信息传递的一个通道，而实际上，网络营销蕴含着更深更广的内涵，它支持着企业的整个营销体系。

8.2 | 中　间　商

8.2.1　中间商的功能

中间商是介于生产者和消费者之间，专门从事商品由生产领域向消费领域转移业务的经济组织。中间商的出现和存在是社会分工和商品经济发展的产物。同时，中间商通过它的基本功能对生产企业的分销活动发挥着重要作用。中间商的基本功能是通过购销活动达成商品交换。主要包括：购买、销售、仓储、运输、分类、分级、分装、融资、提供市场信息和承担风险等功能。

（1）购买。批发商和零售商都必须为了使商品向顾客流动而买断商品，代理商根据委托协议接收供应商的产品。

（2）销售。每个中间商必须与顾客或买主联系，推销商品，促进货畅其流。

（3）仓储、运输。为了把产品集中在适当的地点，以便购买、准时交货和保护产品免遭变质和损失，中间商必须担负或多或少的商品储存运输工作。

（4）分类。把从多种供应来源取得的相关产品分类组合，按顾客需要的花色品种编配起来形成系列商品项目。

（5）分级。对于许多产品，特别是规格质量较为复杂的产品，要由中间商在出售前进行检查、试验和评价，并按一定的质量标准划分成若干等级、档次，以利推销。

（6）分装。在许多情况下，中间商应该完成分装职能，即将购进产品的大包装拆零编配，提供适应顾客的小包装。

（7）融资。中间商一般应该向顾客提供商业信贷，协助融通完成交易所需资金。另外，中间商通过提前订货，准时付款，又为供应商融通了资金。

（8）提供市场信息。中间商是制造商与顾客发生联系的纽带，应负责向制造商、顾客提供市场信息，包括市场行情倾向、竞争状况、产品的质量问题、顾客需求和商品价格等，从而减少制造商生产的盲目性、顾客购买的盲目性。

（9）承担风险。在大多数情况下，中间商要承担产品在流通中发生的滞销积压、降价、变质、陈旧过时、被淘汰等造成的经济损失。批发商和零售商对商品拥有所有权，因此要承担全部市场风险。但代理商一般不承担市场风险。

8.2.2　中间商的分类

中间商可以从不同角度进行分类，按是否拥有商品所有权可分为经销商和代理商；按其在流通过程中的不同作用，分为批发商和零售商。下面主要分析批发商和零售商。

（1）批发商。批发商是介于制造商与零售商之间的中间商。批发商一般分为两大类：制造商控制的批发商、独立批发商。

① 制造商控制的批发商。这种批发商一般指制造商自设的批发机构和股权控制的批发机构。制造商自设批发机构，在工业品分销中是很普遍的，其分销机构承担着征集订单、储存、送货等多种业务，而销售办事处只是收集传递订单的公司职能部门。此外，制造商还可在展销会和批发市场上长年租赁展台、场地，设立批发窗口。

② 独立批发商即商业批发商。商业批发商根据具备功能的多少可以分两类。一类是完全服务功能批发商，即不仅具备购销功能，还具备储存、运输、送货、分类、分级、分装、提供市场信息、融资、承担风险等功能。这往往只有大型综合批发商才能做得到。另一类是有限服务功能批发商。这一

一般是指中小型批发商,它们往往量力而行,突出某一方面的优势。如卡车批发商只承担销售和送货;现购自运批发商一般不负责送货,由买者自己提货;邮购批发商则将商品目录寄给零售店和团体用户,然后根据订单通过邮政系统发送货物。

(2)零售商。零售商是直接面向个人消费者从事销售活动的企业或个人,是分销渠道的最终环节和出口。零售商形式繁多,分类标准也不统一。西方市场营销学家通常从以下五个不同的角度对零售商进行分类:经营范围、价格与服务水平、有无门市、所有权关系和位置处于哪一级商业区,详见图8.3。

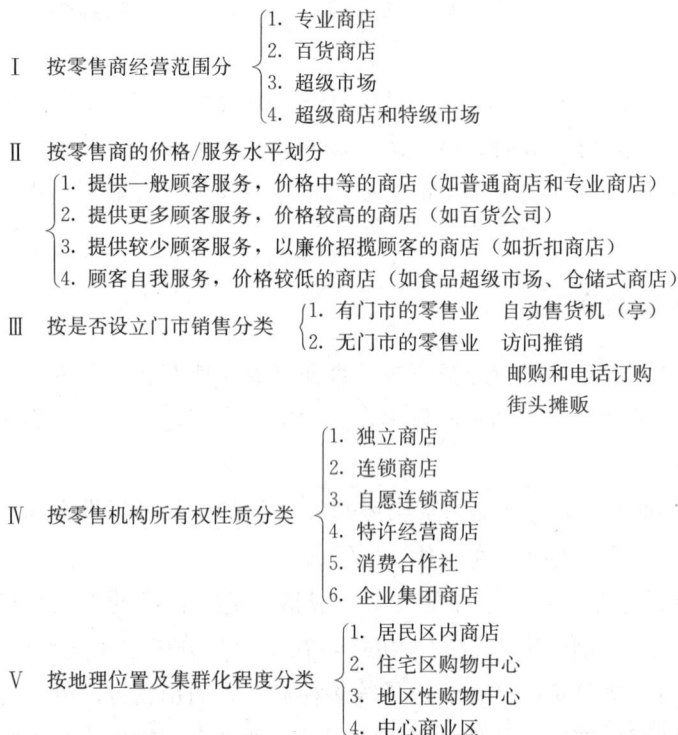

```
Ⅰ  按零售商经营范围分   ┌ 1. 专业商店
                        ┤ 2. 百货商店
                        │ 3. 超级市场
                        └ 4. 超级商店和特级市场

Ⅱ  按零售商的价格/服务水平划分
    ┌ 1. 提供一般顾客服务,价格中等的商店(如普通商店和专业商店)
    ┤ 2. 提供更多顾客服务,价格较高的商店(如百货公司)
    │ 3. 提供较少顾客服务,以廉价招揽顾客的商店(如折扣商店)
    └ 4. 顾客自我服务,价格较低的商店(如食品超级市场、仓储式商店)

Ⅲ  按是否设立门市销售分类   ┌ 1. 有门市的零售业   自动售货机(亭)
                            └ 2. 无门市的零售业   访问推销
                                                  邮购和电话订购
                                                  街头摊贩

Ⅳ  按零售机构所有权性质分类  ┌ 1. 独立商店
                            │ 2. 连锁商店
                            │ 3. 自愿连锁商店
                            ┤ 4. 特许经营商店
                            │ 5. 消费合作社
                            └ 6. 企业集团商店

Ⅴ  按地理位置及集群化程度分类 ┌ 1. 居民区内商店
                             │ 2. 住宅区购物中心
                             ┤ 3. 地区性购物中心
                             └ 4. 中心商业区
```

图8.3 零售商业分类

① 专业商店。经营的产品种类较少,但花色规格齐全,特别适合购买频率不高的选购品,如常见的服装店、鞋店、家具店、体育用品商店、书店。由于市场细分化和产品专门化的趋势日增,专业商店迅速发展,越分越细,并且在规模上也出现了超级专业商店。实际上,任何一个大型商业中心

都是主要由大大小小的专业商店组成。

② 百货公司。通常指规模较大，经营的产品种类较多的商店。百货公司经营范围涉及几乎所有的消费品，尤其是服装、家庭用品、美容化妆品等。百货商店起源于19世纪中的欧洲，20世纪30年代达到高峰，成为都市商业中心的核心。后来随着城市中心交通的拥挤和居住条件恶化，超级市场的发展，百货商店逐渐失去其往日魅力。近年来，百货公司开始引进连锁、电话电视购物等，以图吸引搬迁到城郊结合部的消费者。

③ 超级市场。它是大规模、低成本、低毛利、消费者自我服务的零售经营方式，主要经营食品、洗涤用品及家庭其他日常用品。超级市场中一般商品品种齐全，特别适合购买频繁、使用量大的易耗类消费品。第二次世界大战后，超级市场在美国迅速发展，以后传入日本、欧洲和新兴的发展中国家。我国的超级市场在20世纪90年代中期开始得到迅速发展。随着各国经济的发展，各国的超级市场规模日趋庞大，经营范围也扩展到药品、运动用品、小五金、唱片，甚至照相机类高价值商品。现代美国的超级市场营业面积平均约3 000平方米，经营品种达1.2万个，其中非食品类商品已占到超级市场总销量的25%。

④ 超级商店和特级市场。超级商店较传统的超级市场要大，平均营业面积约4 000平方米，目的在于满足消费者对日常购买的食品和非食品类商品的全部需要，甚至还提供洗衣、修鞋、快餐等服务。特级市场比超级商店更大，营业面积从1.1万—2.2万平方米不等，综合了超级市场、折扣商店和仓储式商店的经营方式，范围超出了日常用品，包括家具、家用电器、服装和其他许多商品。其基本做法是将原装商品陈列，由消费者自行选择、搬运，对大量购买给予折扣。

⑤ 折扣商店。折扣商店的主要特点是鼓励大量购买，给以数量折扣。为降低成本，折扣店大多开在租金低的非商业区，设备尽可能少，自助式销售，但因商品售价低，仍能吸引众多远处的顾客。

⑥ 仓储式商店。这种商店以仓库的面貌出现，商场就是仓库，仓库即为商场，一般经营场地面积较大，商场选址一般不在闹市区，多位于城乡接合部和居民小区；进货多直接来源于厂家；采用开架和自选方式售货，减少了售货员，降低了成本；简单的装修，简陋的设施。这些特点最终使得销售的商品"价廉物美"，适应了人们对高质低价商品的需要。

⑦ 便利商品。接近居民生活区，旨在使消费者日常生活购买方便的小商店。通常全年无休息，从清早到深夜，甚至全天 24 小时营业。经营范围为人们日常生活中必要、基本的商品和服务，如加工食品、日用杂货、报纸杂志、快递服务等。由于大量发展特许加盟店，使得便利商店同样能获得规模效益而迅速成长。

⑧ 无门市销售。无门市销售可分为自动售货机、访问推销和邮购三大类。其中邮购和自动售货机发展很快，访问推销则因人们拥有职业的比例高，在家的概率相对较低等原因而减少。

邮购常通过信件广告的方式将商品目录、册子直接送到消费者家中，或通过互联网络、报纸、杂志、电视刊登、播出邮购广告，使消费者即使在家中也能购物，且不受时间限制。邮购方式过去只由专业的邮购公司或部分百货公司、大型超市采用，现在网络公司、电视公司、制造商、信用卡公司、批发商等几乎均可参与。随着人们有效利用生活时间的趋势越来越高涨、老年人口的增加、城市交通的堵塞，加上通讯手段的迅速发展，邮购越来越不失为一种有前途的经营形式。

使用硬币的自动售货机是第二次世界大战后出现的一种新型无门市零售方式，现仅在美国全国就有上百万台自动售货机在运行。自动售货机 24 小时服务，广泛用于方便购买或冲动性购买的商品上，如饮料、糖果、香烟、报纸、化妆品、书籍、胶卷、T 恤、袜子等。不过，自动售货较一般商店价格高 15%—20%，且有机器易被损坏，不便退货，库存告罄等影响消费者购买等问题。

⑨ 连锁店。连锁店是由若干家共同进货、经营同类商品或服务的商店组成的。连锁店可以是超级市场的连锁，也可以是专业商店或折扣商店、便利店、仓储式商店、百货公司的连锁。根据各成员商店之间所有权和管理集中程度的不同，连锁店可以分为直营连锁店、自愿连锁店、特许连锁店和合作连锁店等。其中，直营连锁店是由连锁集团公司直接投资经营的，做到统一采购，统一配送，统一店名、店貌，统一经营方针，统一商品，统一服务规范，统一广告宣传和统一销售价格共八个统一。自愿连锁店则是独立商店通过契约形成的连锁关系，通常由一家批发商牵头，统一采购、统一管理。特许连锁店是指总店出售商品使用权，建立分店，一般来说，该总店商号声誉较好。合作连锁店是由一群独立的零售商店组成一个集中的采购组织。上

述后三种连锁店，其成员商店均是独立的法人。

从世界上建立第一家连锁公司到现在，已有 130 多年的历史。在工业发达国家，连锁经营取得普遍成功，一般都占市场销售份额的 1/3 以上。美国比例最高，约占 60%。例如美国的"沃尔玛"连锁集团公司，从 1962 年开办第一家连锁商店起，到目前在美国国内有连锁商店 3 400 多家，境外也有 1 300 多家，2017 年度全球 100 强零售商排行榜，沃尔玛（Wal-Mart Stores Inc）营业收入 4 821.3 亿美元①。日本连锁经营也是流通产业的一种重要形式，三越、高岛屋、大丸、伊势丹等都是以连锁方式经营的，最大的大荣连锁公司年销售额超过 240 亿美元。从 20 世纪 90 年代初开始，我国流通领域也开始出现了各种形式的便民连锁店、超级市场连锁、百货公司连锁、专卖连锁和快餐连锁店等。据不完全统计，到 1995 年 2 月底全国已有 150 多家连锁公司，2 500 多个连锁网点。近几年，上海市的大型仓储式连锁店也得到了迅速的发展，如锦江麦德龙、乐购、易初莲花、农工商、华联、联华等。

连锁店之所以发展迅速，是因为它与单体商店相比，具有下列优势：大批量低价进货、大规模快速发展、广告费用分摊、商品周转率高、脱销率低、积压少、与供货商在业务谈判上处于主动地位、减少批发成本、适应大规模生产流通的需要，高度内部分工并能聘请各类专家、低价销售等。

8.3 | 分销渠道选择与管理

分销渠道选择包括两方面的决策：确定渠道模式、选择具体中间商。中间商选定之后，还必须对他们进行管理，包括三方面内容：明确渠道成员的责权利；激励中间商并处理好与他们之间的关系；适时对渠道成员的工作成果做出评估，并进行调整。

8.3.1 影响分销渠道选择的因素

任何制造商都不能随心所欲地选择分销渠道，因为分销渠道的选择要受

---

① 资料来源：http://www.sohu.com。

到一系列微观因素和宏观因素的制约。

（1）产品因素。

① 产品本身的物理化学性质。有些商品容易腐烂、损坏，有效期较短；有些商品属危险品。对这类产品，应尽量避免转手过多，反复运输和搬运，选择较短的分销渠道甚至专用渠道。对体积大的笨重产品，如煤炭、木材、水泥等，也应努力减少中间环节，尽可能采用直接渠道。

② 产品单价高低。价格昂贵的工业品、耐用消费品、享受品，一般需较多售后服务，不宜经过太多的中间商转手，应尽量减少环节；而对单价较低的日用品、一般选择品，则可以选择较长较宽的分销渠道。

③ 产品式样。一般来说，式样花色多变、时尚程度较高的产品，如高档玩具、时装，为了避免过时，宜采用短渠道；款式不易变化的产品，其渠道可长一些。一些非标准品及特殊式样、规格的产品，通常由制造商根据顾客的订单生产。

④ 产品的技术复杂程度。产品技术愈复杂，用户对其安装、使用和维修服务要求愈高，如大中型机械设备、电子计算机等，一般都采取直销或由专业代理商销售，以便提供周到的服务。对于电视机、洗衣机一类耐用消费品，虽然也采用间接渠道，但制造商通常都尽量选择较少的零售商承担销售工作，并且要在目标市场建立维修服务网点。

⑤ 产品的新旧程度。对换代或改型新产品，一般可以利用老产品的分销渠道。许多新产品在试销阶段需要大量的售后服务工作，加上市场需求不稳定，商业利润低，中间商往往持不信任态度，不愿意经销，从而迫使制造商自己派人直接从事推销。

（2）市场因素。

① 目标市场范围。目标市场范围愈大，渠道相应愈长。如产品面向全国各省市市场，甚至出口到许多国家和地区，就要考虑选择代理商、批发商和零售商；如果产品只在当地或少数地区销售，则分销渠道就可以既短又窄。

② 顾客集中程度。如某一销售地区的顾客集中，则可采用窄渠道；如顾客均匀分布或较分散，则需要更多地发挥中间商的分销功能，采用宽渠道。

③ 消费者购买习惯。消费者的购买习惯是指喜欢在何地、何时，以何

种价格、何种方式购买。如对日常用品，消费者要求就近随时购买，宜以长渠道广泛分销；而对耐用品，消费者习惯到大型商场购买，次数也较少，则可选择较短渠道。

④ 需求的季节性。对一些季节性产品，一般应充分发挥中间商的储运功能，以便均衡生产和及时供货。

⑤ 竞争状况。一般情况下，应尽量避免与竞争者采取相同或相近的分销渠道，但如果自己的产品有独到之处，制造商却希望将自己的产品与竞争对手的产品摆在一起卖，以供消费者选择，争取更多消费者。

（3）中间商状况。

① 中间商提供各类服务的能力。各种中间商所具备的功能是不一样的。假如某产品计划进入新市场需要做大量广告，制造商往往会考虑选择能更好地提供这方面服务的代理商而不是批发商。如果制造商需要的是更多的储运服务，则选择批发商较合适。

② 中间商对制造商的态度和要求。如某地批发商鉴于某些原因不愿经销外地产品或提出过多过高的要求，制造商往往就要考虑直接进入零售市场甚至直销。

③ 中间商的经销费用。选择不同渠道往往是综合考虑经销费用的结果。因为各类中间商的经销费用的高低，是渠道决策中的重要影响因素。

④ 中间商的规模。如果某一地区，大型零售商多，进货批量大，与制造商的产量相匹配，在这种情况下，制造商就可以直接销售给零售商，不需要批发商，于是分销渠道较短。相反，中小零售商数目多，通过批发商的长渠道才能达到较好的分销效益。

（4）制造商本身条件。

① 制造商规模、财力、声誉。制造商如果规模大、财力雄厚、声誉较好，则往往能够选择较固定的中间商经销产品，甚至建立自己的销售机构，其渠道较短。反之，就要更多地依靠中间商。

② 经营能力与管理经验。制造商的经营能力不足，缺乏市场销售经验，就需要更多地依赖中间商；如果自己在销售方面力量很强，则可以不要代理商或批发商，直接向零售商甚至用户供货。

③ 控制渠道的愿望。有些制造商为了有效地控制分销渠道，宁愿花费较高的直接销售费用，自设分销机构或选择少数中间商作自己的贸易伙伴。

因为这样可以充分宣传本企业的产品，有效控制产品的服务项目、零售价格等。也有一些制造商可能并不希望控制渠道，它就会采取较为广泛的分销路线。

④ 服务能力。如果制造商有能力为最终消费者提供很多服务项目，如维修、安装调试、广告宣传等，则可以取消一些中间环节，直销到顾客手中。如果服务能力有限，则应发挥中间商的作用。

（5）环境因素。宏观经济形势对渠道选择有较大的制约作用，如在经济不景气的情况下，制造商要控制销售费用，降低产品售价，因此必然减少流通环节，使用较短较窄的渠道。此外，政府有关商品流通的政策、法规也限制了渠道选择。如由国家或主管部门实行严格计划控制的产品、专卖性产品，其分销渠道的选择必然要受到制约。

8.3.2　选择中间商时考虑的因素

中间商在市场营销过程中的重要地位越来越被制造商所重视，甚至有些制造商的产品完全靠中间商推向市场，并将消费者的反映再及时地反馈到制造商，为制造商和消费者架起了一座产品销售和信息传递的桥梁。中间商的选择是制造商的产品进入市场，占领市场，巩固市场和发展市场的关键。但是，前述分销渠道选择要受到一系列因素制约，所以选择具体中间商时，必须从下列几个方面慎重考虑。

（1）中间商的合法经营资格。制造商必须对中间商的各种合法证件认真审核，检查是否具有国家（或该地区）准许的经营范围，特别是食品、药品等限制较多的中间商，更要慎重，将中间商持有的证件进行登记、复印以备案。

（2）中间商的目标市场。不同制造商的产品有不同层次的消费群，有不同的目标市场，而不同的中间商也有不同的销售渠道和相应消费对象。制造商在选择中间商时，一定要选择其目标市场与自己的目标市场相似的中间商。例如，一家生产农药的企业，是以农村和农场作为目标市场的，农民和农业工人是自己的消费对象，这就需要选择与农村和农场消费者有密切关系的农资站、农业技术推广站和植保站等单位作为自己的中间商，这样才能迅速扩大产品的销售量和提高产品的售后服务质量。

（3）中间商较理想的地理位置。选择中间商要注意距消费者最近、购买最方便的地理位置，还要考虑到交通运输条件，便于运输、储存及降低其销售成本和产品调度的顺畅。

（4）中间商的销售策略。如果中间商经营对本企业具有竞争能力的产品，则一般不选择其做本企业的中间商。当然，如果本企业产品的品质、价格、包装和服务项目等优于同类产品，也可以选择。

（5）中间商的销售能力。必须考虑中间商是否具有稳定的、高水平的销售队伍，健全的销售机构，完善的销售网络，足够的推销费用和良好的广告媒体环境。

（6）中间商的销售服务水平。现代市场销售要求一体化服务，包括运输、安装、调试、保养、维修和技术培训等各项售后服务相结合，中间商是否具有懂专业技术的人员，为消费者提供良好服务，更是一个重要标准。

（7）中间商的储运能力。储运能力的大小，直接关系到其中间商的业务量大小，是否对本制造商的产品生产起到稳定、发展和延伸的作用，并调节产品生产销售的淡旺季。

（8）中间商的财务状况。中间商的固定资产量、流动资金量、银行贷存款、企业间的收欠资金等情况，关系到中间商是否可以按期付款，甚至预付款项等问题。

（9）中间商的企业形象和管理水平。必须注意中间商在该区域是否具有良好的企业声誉，是否具有良好的合作伙伴，员工是否注重企业形象，中间商的法人代表是否具有良好的文化素质、工作作风和经营管理能力，员工队伍结构是否合理、业务水平是否过硬、管理体制是否健全等。

8.3.3　分销渠道管理

制造商与中间商之间的关系，在一定程度上，它们是"命运共同体"，即所有成员的利益，只有在谋取共同利益目标下才能更好地实现。但由于中间商是独立的，有着各自的利益，因而渠道成员之间容易产生各种矛盾和冲突。这就需要对分销渠道进行管理。具体如下：

（1）明确渠道成员的责权利，这是建立高效率渠道的基础。渠道成员之间的合作，具体表现在它们履行各自的职责：制造商考虑的是销售区域、产品供应、市场开发、定价、货款结算与回收、服务和市场情报等；制造商的职责是向中间商保证供货、产品质量、退换货、价格折扣、广告促销协助等；中间商的职责是向制造商提供商场情报和各种业务统计资料，保证实行价格政策、及时足额付款，达到服务水准等。

（2）分析渠道成员之间产生冲突或矛盾的原因，并采取相应的对策进行协调。渠道成员之间的矛盾冲突，本质上是各自独立的渠道成员之间的经济利益的矛盾表现。其中一些冲突是正常的、健康的，另一些冲突则需要进行协调，以免给渠道成员造成不必要的损失。一般来说，渠道成员之间在营销过程中会产生下列两类冲突。

① 横向渠道成员之间的冲突。这种冲突指为同一目标市场服务的同类中间商之间为争夺顾客而发生竞争。在一定限度内，这种竞争是有益的，它能使顾客在产品价格和服务等方面，获得广泛选择。但竞争过于激烈，则会影响经济效益，使经济效益下降，这时有影响的制造商需要出面协调。

② 纵向渠道成员之间的冲突。这种冲突指同一渠道中各不同类中间商之间发生的利益冲突，包括制造商与批发商或代理商、零售商之间的冲突；批发商与代理商或零售商之间的冲突；代理商与零售商之间的冲突等。制造商与批发商之间的冲突可以由多种原因引起，比如制造商认为批发商未积极推销自己的产品，没有发挥储运功能或服务质量太低等；而批发商则认为制造商要求过高，扩大了不属于批发商职责范围之内的工作，或制造商越过批发商直接向零售商或用户销售产品，或制造商只顾自己利益，把顾客比较集中的市场划拨自己直接经销，而顾客比较分散的地区则交给批发商等。这时就需要双方坐下来通过谈判求得解决。

（3）正确评价分销渠道成员的工作业绩。制造商必须定期分析评价中间商的工作。当某一中间商的工作业绩低于应达到的目标时，制造商应分析原因并寻找补救的途径。分析评价中间商的目的，是使制造商及时了解情况，发现问题，以便更有针对性地对中间商开展激励和帮助，提高销售效率。

中间商应达到的工作目标，一般是在选择渠道成员时双方已经协商明确了的。这些目标主要包括：销售范围、平均订货量、送货时间、商品损失处理、促销和技术培训，以及中间商对顾客提供服务的项目和水准等。

一定时期内各中间商达到的销售额是一项重要的评价指标。把销售额（或订货量）的大小作为综合标准，在一定程度上是正确的。但有时也会例外，因为中间商所面对的环境有很大的差别，自己的规模、实力、商品结构和相同时间的经营重点各不相同。因此，正确地评价中间商的工作成绩，横向比较销售额大小，固然是一种方法，但同时还应当纵向比较，这样，对中间商的工作评价可能更加客观。

（4）对渠道成员的激励。中间商作为一个独立的法人，有着自身的利益，因此，中间商在处理与制造商之间的关系时往往存在下列情况。

① 中间商认为自己是顾客的采购代理，往往先考虑顾客的需要，然后考虑制造商的期望。因此，中间商感兴趣的是销售顾客想购买的任何商品，即更多考虑顾客需要的产品组合而较少注意单项产品，或者说较多考虑某类产品而较少注意某品牌产品。除非额外给予一定利益，中间商才会对某一单项产品付出特别的促销努力，才会重视某些只对某项产品感兴趣的顾客。

② 中间商出于自身利益，只注重自己的广告宣传，往往不能充分利用制造商的广告材料。

③ 中间商往往不愿记录和提供某一特定品牌商品的销售资料，以方便制造商改进产品、定价、包装、服务和宣传推广等。

针对这些情况，制造商对中间商要采取措施加以激励。基本激励方法有两种：

a. 着眼于与中间商建立长期的伙伴关系。

b. 有计划地与中间商进一步合作。制造商可以设立一个"中间商关系部"，其任务是探求中间商的需要，增进彼此的了解和合作。通过这个机构与中间商共同规划销售目标、存货水平、商品陈列、员工培训、广告宣传等，增进友好合作关系，使中间商认识到，作为制造商分销渠道的一员，积极做好相应的分销工作，就可以从中得到更大的利润。

值得注意的是，对中间商的激励要做得适度，过分的激励或者造成越俎代庖，影响中间商独特功能的发挥，或者因太优惠引起利润过低，得不偿失。

（5）分销渠道调整。市场营销环境是在不断变化的。为了适应这种变化，分销渠道往往需要从以下三个方面进行调整。

① 增减中间商。制造商在作出这种调整决定时，需要作具体分析。如：增加或减少某个中间商，将会对公司的利润带来何种影响？一般来说，制造商如果决定在某销售区域增加一家批发商，不仅要考虑这样做将有多大的直接收益（如销售量的增加额），而且要考虑对其他批发商的销售量、成本与情绪会带来什么影响。

② 增减某一分销渠道。当制造商在某目标市场只通过增减个别中间商不能解决根本问题时，就要采取增减某一分销渠道，否则就会有失去这一目标市场的危险。例如，某化妆品公司发现其经销商只注意成人市场而忽视儿童市场，引起儿童护肤产品销路不畅。为了促进儿童化妆品市场开发，就可能需要增加一条新的分销渠道。

③ 调整分销渠道模式。这就是对以往的分销渠道作通盘调整。这类调整是难度最大的，因为要改变制造商的整个渠道策略，而不是在原有基础上修修补补。如汽车制造厂放弃原来的直销模式，而采用通过代理商推销方式。分销渠道的通盘调整，不仅仅是改变渠道，而且会带来其他营销组合策略的一系列变动。因此，这类调整通常由最高管理层来决策。

上述调整方法，前一种属于结构调整，它立足于增加或减少原有分销渠道的某些中间层次。后两种属于功能性调整，它立足于将一条或多条渠道的分销工作在渠道成员中重新分配。制造商的分销渠道是否需要调整，调整到什么程度，取决于分销渠道的整体分销效率。如果矛盾突出且无法协商解决，一般就应当进行调整。

8.4 | 商品实体分配

8.4.1 商品实体分配的概念

商品实体分配是指产品从生产者手中运送到消费者手中的空间移动，也称为实体流通或物流。其基本功能是向购买者在需要的地点和需要的时间里提供产品。

在现代市场营销中，商品实体流通的决策十分重要。这是因为，只有当商品的实体通过一系列的运转，到达最终消费者手里时，产品分销活动才能算真正完成。离开了商品实体流通，任何商品交易活动都只是虚拟的，不现实的。随着商品经济的发展，商品交易范围日益广泛，许多商品市场已由原来的地区性市场扩展到全国性乃至世界性市场，在商品流通中时间和空间相分离的矛盾更加突出，客观上要求安全地、及时地、高效地、经济地完成商品的实体运动过程，否则就不能适应社会经济的发展，也使企业失掉扩大市场的机会。同时，合理安排商品的实体分配，能加速商品流通、节约流通费用、降低产品成本，这既保证了社会经济效益，又提高了企业的经济效益。在许多企业的生产成本中，流通费用一般是仅次于原材料和工资的开支项目。因此要降低产品成本，不仅要在产品的设计、生产阶段中做好工作，同时也应重视实体分配这一最后环节。实践证明，决定科学的存货水平和合理的运输途径对增加企业盈利具有很大的潜力，因此有人把节约流通费用视作"第三利润源泉"。

商品实体分配主要包括包装、运输、仓储、装卸搬运、订单处理等内容。

（1）包装。包装分为销售包装和运输包装。销售包装又称内包装或小包装，目的是向消费者展示，吸引顾客，方便零售。运输包装又称外包装或大包装，目的是保护商品，便于运输和储存。实体分配中的包装指运输包装。实体分配中包装形式的确定、包装材料和方法的选择都要与实体分配的其他要素相适应。如不同的装卸方式对包装提出了不同的要求，仓库堆码的高度、商品特性、运输工具及运送距离等也对包装提出了不同的要求。

（2）运输。运输是指借助于各种运输工具实现商品空间位置上的转移。运输决策包括两类：首先根据所运商品对运输时间与运输条件的具体要求选择适宜的运输方式，如铁路、水运、公路、管道、空运、联运等。对于中短途的运输车船，还要决定是自有、租赁，还是委托专业运输公司。其次，决定发运的批量、时间以及最经济的运输路线等。

（3）仓储。仓储是指利用一定的仓库设施、设备收储、保管商品的活动。仓储决策时首先决定是否使用仓库；若使用仓库，则需要选择是自建、购买还是租赁仓库；如果决定自建仓库，则应决定仓库的类型、结构、规模和地点。

（4）装卸搬运。运输和仓储都离不开装卸、搬运。装卸搬运的基本内容，包括商品的装上卸下、移动、分类、堆码等。在商品的实体运动中，装卸次数的多少、装卸质量的好坏，对于实体分配成本有很大影响。

（5）库存控制。库存控制包括决定产品的存放地点、产品的储存结构和合理储存量、顾客需要的发货期和发货批量等。其中最关键的是决定库存量的大小。企业希望既节约库存费用，又能保持足够的库存水平，以便在顾客需要时可以马上组织供货。

（6）订单处理。订单处理包括接收、查核、记录、整理、汇集订单和准备发运商品等工作。制造商收到订单后，首先检查订单是否正确，然后按订单要求的商品品种、数量、式样、规格、型号，把商品发运给顾客。订单处理每一环节所用的时间及工作质量都直接影响着实体分配的效率和对顾客的服务水平。

物流管理就是将上述六方面的决策结合起来形成"物流策略组合"。据统计，物流成本（即流通费用）已占到全部营销成本的50%，且总额还在迅速增长中，与生产成本的不断下降形成鲜明对照。其中，运输和仓储费用占了最大比例（如在美国，运输占整个实体分配总成本的46%，仓储占26%）。所以，我们重点探讨运输和仓储决策。

8.4.2 运输决策

运输是物流中最具有节约潜力的领域。运输决策主要包括三方面内容：一是选择运输方式；二是选择运送路线；三是发货批量。

（1）运输方式。制造商可以选择的主要运输方式有五种：管道、水运、铁路、公路和空运。制造商根据对送货速度、频率、可靠性、运载能力和运输费用的考虑，及不同运输方式的可用性，做出选择。

① 管道。管道是一种费用低廉的运输方式。如天然气和石油一般使用管道运输。

② 水运。水运又分为内河驳船运输、近海运输和远洋运输。水运适于笨重的非易腐商品，如煤、铁矿石、谷物、杂货、机械等。水运的特点是运量大，运费低，但航期较长，并受地理位置影响。

③ 铁路。铁路适于运距长、批量大、单位价值较低的笨重货物。

④ 公路。公司运输的主要优点是灵活、迅速、适应面广。水运和铁路运输最终都要倒装，而公路运输能够实现"门对门"供货，减少了装卸次数和损耗，特别适于中、小批量商品近距离运输。一般说，相对于铁路费用，公路运输费用较高，但有时为了抓住转瞬即逝的市场机会，即便运途较长、运费较高，也需要采用公路直达运输。

⑤ 航空。航空是速度最快、费用最高的运输方式。一般来说，只有高价值、易腐产品或精密产品才采用航空运输，如鲜花、鲜活海产品、贵重金银首饰等。不过，航空运输迅速可靠，能为顾客提供良好服务，降低销售地

存货，有助于提高企业抢占市场的竞争力。

除上述五种基本运输方式以外，集装箱联运是 20 世纪以来运输方式方面最了不起的发展之一。集装箱使货物能在不同的运输工具之间方便地转移，实现了联合直达运输，也称门对门运输。集装箱运输已引起了一场"物流革命"，以集装箱为中心，实现了整个物流过程的集装化：专门运载集装箱的火车、汽车、飞机、轮船；专门的装卸工具；专门的集装箱码头及专门存放集装箱的货场、仓库。

（2）运输路线。运输方式选定后，制造商还应决定运输路线。

选择运输路线的原则：

① 选定的运输路线应保证把货物及时运输给客户，做到准时交货，缩短订货周期，减少库存短缺情况的发生，达到较高的服务质量；

② 选定的路线应能减少制造商的运输费用；

③ 选定的运输路线应保证大用户得到较好的服务。

（3）发货批量。一般来说，用户是欢迎分批少量发货的，而制造商则愿意成批大量发货，因为这样做可以取得运价上的折让，如铁路运输整车运货的运价较低，公路运输也是满载运货运价较低，并且成批大量发货还可以节省仓库储存面积，节约存储费用。

8.4.3　仓储决策

仓储决策包括选择仓库地址、数量和类型。

（1）仓库地址。选择仓库地址时必须考虑运输费用和顾客所要求的服务水平。运输费用是由全部运输量乘以运输里程和单位运价确定的。运输量越大，路线越长，单位运价越高，则运输费用越多。所以在选择仓库地址时，制造商应考虑到每个顾客的地址和所要求的运输总吨位，即一般选择运输吨/公里数最小的地点为仓库地址。但同时也要考虑顾客所要求的服务水平，因为它直接影响到销售量的大小。这里的关键因素是要从制造商接到订单后，到顾客收到商品的期限来选择仓库地点。

（2）仓库数量。制造商拥有仓库数量越多，就意味着能更快地满足顾客的供货要求，就可以使总运输费用降低，因为总运输里程比只有一个仓库时的运输里程要少。但仓库越多，支付的租赁费和仓库设施的投资也越大。因此，选择仓库数量时，既要考虑运输费用，又要考虑仓库租赁费和仓库设施的投资。

（3）仓库类型。在选择仓库类型时，应从以下两方面考虑。

① 自建仓库还是租赁仓库。自建仓库能适合本企业的业务特点。仓库的平面布置和物资搬运机械可以按本企业产品的特点设计，企业还可以完全控制仓库的经营业务。不过，租赁仓库与企业自建仓库相比，也有它的优点：第一，企业不需要投资，只需支付租金；第二，可以利用租赁仓库所具有的最先进的技术装备和搬运工具；第三，租赁仓库可以随时调整；第四，在存储高峰，可以增加租赁面积。

② 单层仓库还是多层仓库。单层仓库可以降低物资搬运费用。但单层仓库占用土地面积较多，土地投资费用较高，所以在土地价格较低的地方可以采用。多层仓库的商品搬运费较高，土地投资较低，所以在地价较高的地区可以采用。

8.4.4 库存控制

对制造商来说，存货水平高，能提供高效率的服务，如及时向顾客发运商品，有利于增加销售量。但这需要有较大的仓库面积、较多的搬运机具、较多的商品资金占用量，也会造成一定的商品损耗。反之，存货水平低，虽能降低各种费用，但也降低了为顾客提供的服务水平。因此，制造商必须了解存货水平与满足顾客、销售额和利润水平之间的关系，求出利润最高的存货水平。

对订货企业来说，订货批量都会遇到两个互相矛盾的成本因素：储存费（利息、损耗、保管费、保险费等）和订货费（订货手续费、运费等）。如果订货批量小，则订货次数多，订货费用高，但储存费用较低。反之订货次数少，可以减少订货费用，但要增加存储费用。订货批量、储存费用、订货费用之间的关系见图8.4。

从图8.4中可知，当订货费用和储存费用相等，两者费用之和保持在最低水平，即 Q 点时，这时的订货批量就是费用最低的订货批量，所以 Q 点一般称为经济订货批量。如果企业年购储总费用为 C；订货费

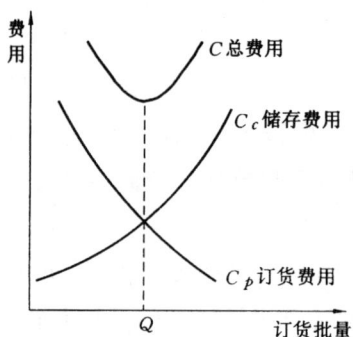

图8.4 订货批量、储存费用、订货费用之间的关系

用为 C_p；储存费用为 C_c；则年订货费用公式为

$$C_p = \frac{D}{Q} \times CD$$

式中：D 为货物年需求量；

　　　C_p 为每次订货费用；

　　　Q 为订货批量。

　　年储存费用公式为

$$C_c = \frac{1}{2}QPI$$

式中：P 为单价；

　　　I 为存储费率。

　　根据企业年购储总费用最小的原理，经济订货批量公式为

$$Q^* = \sqrt{2DC_p/PI}$$

　　[例] 某企业年需用某种物资 225 吨，每次的订货费用为 150 元，单位物资的年存储费用为 300 元，试求经济订货批量。

$$经济订货批量 = \sqrt{\frac{2 \times 225 \times 150}{300}} = 15（吨）$$

该企业的经济订货批量每次为 15 吨。

案例 | 格力空调：离开国美，走自己的路

　　珠海格力集团公司是珠海市目前规模最大、实力最强的企业之一。集团拥有的"格力""罗西尼"两大品牌于 1999 年 1 月和 2004 年 2 月被国家工商局（现国家市场监督管理总局）认定为中国驰名商标。2017 年，格力集团共实现营业收入 1 482.86 亿元，归属上市股东的净利润为 224.02 亿元；公司总资产2 149.68亿元；公司净资产 655.95 亿元；每股收益 3.72 元。集团下属的珠海格力电器股份有限公司是中国目前生产规模最大的空调生产基地。经过多年的发展，格力空调已奠定了国内空调市场的领导地位，格力品牌在消费者中享有较高的声誉。据国家轻工业局、

央视调查中心的统计数据，从 1996 年起，格力空调连续数年产销量、市场占有率均居行业第一。现在，格力空调产品覆盖全国并远销世界 100 多个国家和地区。

多年以来，格力空调一直采取的是厂家—经销商/代理商—零售商的渠道策略，并在这种渠道模式下取得了较高的市场占有率。然而近年来，一批优秀的渠道商经过多年发展历程，已经成长为市场上的一支非常重要的力量。其中尤以北京国美、山东三联、南京苏宁为代表的大型专业家电连锁企业的表现最为抢眼。这些超级终端浮出水面，甚至公开和制造企业"叫板"。自 2000 年以来，这些大型专业连锁企业开始在全国各大中城市攻城掠地，在整个家电市场中的销量份额大幅度提高，其地位也直线上升。

2004 年 2 月，成都国美为启动淡季空调市场，在相关媒体上刊发广告，把格力两款畅销空调的价格大幅度下降，零售价原为 1 680 元的 1P 挂机降至 1 000 元，零售价原为 3 650 元的 2P 柜机降至 2 650 元。格力认为国美电器在未经自己同意的情况下擅自降低了格力空调的价格，破坏了格力空调在市场中长期稳定、统一的价格体系，导致其他众多经销商的强烈不满，并有损于其一线品牌的良好形象，因此要求国美立即终止低价销售行为。格力在交涉未果后，决定正式停止向国美供货，并要求国美电器给个说法。"格力拒供国美"事件传出，不由让人联想起 2003 年 7 月份发生在南京家乐福的春兰空调大幅降价事件，两者如出一辙，都是商家擅自将厂家的产品进行"低价倾销"，引起厂家的抗议。

2004 年 3 月 10 日，四川格力开始将产品全线撤出成都国美 6 大卖场。四川格力表示，这是一次全国统一行动，格力在全国有 20 多家销售分公司，其中有 5 家公司与国美有合作，产品直接在国美销售，导致这次撤柜的主要原因是与国美在 2004 年度的空调销售政策上未能达成共识。3 月 11 日，国美北京总部向全国分公司下达通知，要求各门店清理格力空调库存。通知称，格力代理商模式、价格等已经不能满足国美的市场经营需求，要求国美各地分公司做好将格力空调撤场的准备。

面对国美的"封杀令"，格力的态度并没有退让。格力空调北京销售公司副总经理金杰表示："国美不是格力的关键渠道，格力在北京有 400 多个专卖性质的分销点，他们才是核心。谁抛弃谁，消费者说了算。"

格力空调珠海总部新闻发言人黄芳华表示，在渠道策略上，格力不会随大流。格力空调连续数年全国销量第一，渠道模式好与坏，市场是最好的检验。格力电器公司总经理董明珠接受《广州日报》记者采访时表示，格力只与国美的少数分店有合作，此事对格力空调的销售几乎没有什么影响，自己的销售方式也不会为此做出改变。对一个企业来说，对任何经销商都应该是一个态度，不能以大欺小，格力对不同的经销商价格都是一样的。格力在各地设立自己的销售公司主要是为了在各个区域进行市场规范管理，保持自己的品牌形象，而销售公司靠服务取得合理利润，价格一直贴近市场，格力空调去年500万台的销量就证明了这一点，因此格力不会改变这种销售方式。对于今后能否与国美继续合作，格力坚持厂商之间的合作必须建立在平等公正的基础上，违背这种合作原则只能一拍两散。

事实上，在国美、苏宁等全国性专业连锁企业势力逐渐强盛的今天，格力电器依然坚持以依靠自身经销网点为主要销售渠道。格力是从2001年下半年才开始进入国美、苏宁等大型家电卖场中的。与一些家电企业完全或很大程度地依赖家电卖场渠道不同的是，格力只是把这些卖场当作自己的普通经销网点，与其他众多经销商一视同仁，因此在对国美的供货价格上也与其他经销商一样，这是格力电器在全国的推广模式，也是保障各级经销商利益的方式。以北京地区为例，格力拥有着1 200多家经销商。2003年，格力在北京的总销售额为3亿元，而通过国美等大卖场的销售额不过10％。由于零售业市场格局的变化，格力的确已经意识到原来单纯依靠自己的经销网络已经不适应市场的发展，因此从2001年开始进入大卖场，但格力以自有营销网络作为主体的战略并没有改变。

而在国美方面，国美电器销售中心副总经理何阳青认为，格力目前奉行的股份制区域性销售公司的"渠道模式"在经营思路以及实际操作上与国美的渠道理念是相抵触的。国美表示，格力的营销模式是通过中间商的代理，然后国美再从中间商那里购货。这种模式中间增加了一道代理商，它必定是要增加销售成本的，因为代理商也要有它的利润。格力的这种营销模式直接导致了空调销售价格的抬高，同品质的空调，格力要比其他品牌贵 150 元左右，这与国美一直推行的厂家直接供货、薄利多销的大卖场模式相去甚远。国美与制造商一般是签定全国性的销售合同，而由于现在格力采取的是股份制区域性销售公司的经营模式，与格力合作时就不得不采取区域合作的方式，这与国美的经营模式也是不相符合的。

——资料来源：根据 2017.5.23，https：//zhidao. baidu. com 内容改写。

根据案例，思考以下问题：

1. 格力空调和国美电器之间的渠道冲突反映了新时期厂商和渠道商之间新型的博弈关系，你认为现在厂商和渠道商之间的力量对比如何？两者之间的关系应当如何处理？

2. 格力空调现在所采取的渠道策略正确吗？你认为可以从什么方面加以改进？

3. 营销渠道的变化会给企业带来怎样的利益？

｜本章内容提要｜

1. 分销渠道，指产品从制造商转移至顾客所经过的各中间商联结起来形成的通道。分销渠道中存在着商流、物流、货币流、信息流和促销流五种运动形式。

2. 传统的分销渠道类型有直接和间接、宽和窄之分。在现代市场营销活动中，分销渠道出现了纵向联合、横向联合和集团型联合三种新类型。

3. 网络营销是随因特网的广泛运用而出现的一种新的营销方式。与传统营销方式相比，网络营销更注重与消费者的双向沟通和交流。目前，网上销售的方式主要有网上购物、网上商城、网络拍卖、电子商务等。

4. 中间商是连接制造商与顾客之间的桥梁，它们具有购买、销售、仓储、运输、分类、分级、分装、融资、提供市场信息和承担风险等功能。批发商一般分为制造商控制的批发机构、独立批发商或商业批发商。零售商形式繁多，有专业商店、百货公司、超级市场、超级商店、特级市场、折扣商店、仓储式商店、便利商店、无门市销售和连锁店。

5. 分销渠道选择包括两方面决策：确定渠道类型和选择具体中间商。影响渠道类型选择的主要因素有：产品特性、市场、中间商状况、制造商本身条件和环境因素等。选择具体中间商时要慎重考虑中间商的工作绩效，因为它直接关系到分销渠道的整体效率。

6. 具体中间商选定之后，为了围绕共同的目标市场，发挥各自优势、协调一致，还必须对它们进行三方面管理：明确渠道成员的责权利；分析渠道成员之间冲突原因，采取适当对策协调相互之间的关系；在客观评价渠道成员业绩的基础上，对渠道成员进行适当的奖励或调整。

7. 商品实体分配是指产品从生产者手中运送到消费者手中的空间移动，主要包括包装、运输、仓储、装卸搬运、订单处理等内容。

8. 运输是物流中最具有节约潜力的领域。运输决策主要包括选择运输方式、运输路线和发货批量三项重要内容。仓储决策包括选择仓库地址、数量和类型。

| 本章基本概念 |

分销渠道　直接渠道　间接渠道　宽渠道　窄渠道　中间商　网络营销批发商　零售商　商品实体分配　经济订货批量

| 本章思考题 |

1. 分销渠道具有哪些特征？渠道策略在整个营销组合策略中的地位如何？

2. 传统分销渠道有哪些类型？现代分销渠道有哪几种发展趋势？

3. 网络营销有哪些特性？如何与传统营销进行整合？

4. 中间商有哪些功能？批发商、代理商、零售商分别有哪些类型？

5. 影响分销渠道选择有哪些因素？选择具体中间商时主要考虑哪些因素？

6. 分销渠道管理的目的是什么？包括哪些环节？

7. 商品实体分配是由哪些要素组成的？

8. 运输决策的内容是什么？仓储决策的内容是什么？

第9章

促销策略

企业生产出品质优良的产品，制定了有吸引力的价格，还选择了合适的分销渠道，但这一切并不意味着企业的产品就能全部销售出去。因为在现代商品社会里，零售店星罗棋布，货架上的商品琳琅满目，消费者可能根本就没注意到企业产品的存在。因此，企业还需要采用各种有效的方法和手段，促进企业产品的销售。企业常用的促销方式主要有人员销售、广告、营业推广和公共关系。

9.1 | 促销及其组合

9.1.1 促销的概念

（1）促销的定义。促销是指企业利用各种有效的方法和手段，使消费者了解和注意企业的产品，激发消费者的购买欲望，并促使其实现最终的购买行为。促销是企业市场营销的一个重要策略，企业主要通过人员推销、广告、营业推广、公共关系等活动来把有关的产品信息传递给消费者，激发消费者的需求，甚至创造消费者对产品的新需求。因此，促销实质上是企业与消费者之间的信息沟通活动，通过这种沟通，消费者最终认可了企业的产品，而企业则销售了它们的产品。

（2）情感促销。消费者的需求从"量的满足时代"发展到"质的满足时代"，现在已进入了"感性消费时代"，相应地，企业市场营销的重点从价格竞争发展到质量竞争，又从质量竞争发展到服务竞争，这个过程实质上就是消费者从理性消费逐步走向感性消费的过程。这个过程随着科学技术的发展，生活水平的提高，在不断地向纵深发展。正如人们买鞋子一样，现在人们买鞋子已不仅仅是保持脚的温暖和干燥，企业再用"廉价"或"高质量"已很难招徕顾客。人们购买鞋子是想使自己显得"优雅""年轻""沉稳""野性"或"时髦"等等，买鞋已成为一种激情的感受。因此，情感促销已越来越受到企业的重视。所谓情感促销，就是企业通过各种形式，加强与消费者的感情交流，巧妙地利用消费者的情感，根据消费者的新感受来生产和推销产品。在感性消费时代，消费者所看重的已不仅是数量的多少，质量的好坏和价格的高低，而更看重的是他购买的这件商品与自己关系的密切程度，能否给自己带来情感上的满足和心理上的认同，他们往往凭着感觉、情绪、气氛等来消费产品，追求能体现自己个性的消费方式，追求商品的文化内涵。相应地，企业则通过给产品赋予独特的个性、鲜明的形象，采用感性的诉求，以引发消费者的情绪和感受，引起消费者的感情共鸣，进而诱使他们进行消费。而企业产品能否给消费者带来新的感受，很关键的一点，就是看企业与消费者之间的沟通是否有效，企业的产品能否震撼消费者的心灵。

9.1.2 有效的沟通

企业促销的过程首先是企业与消费者的信息沟通过程。一个有效的沟通过程通常包括 9 个要素（见图 9.1），这些要素分别是：

（1）发讯者。给另一方发送信息者，又称信息源。

（2）信息。发讯者所传递的一套有意义的符号。

（3）编码。把信息或思想意图变成可以沟通的符号的过程。

（4）媒体。信息传递的渠道。

（5）解码。确定发讯者所传递符号的意义的过程。

（6）收讯者。接收信息的一方，也称为目标对象或受众。

（7）反应。收讯者在受信息影响后所采取的有关行动。

（8）反馈。收讯者返送给发讯者的那部分反应。

（9）噪声。在沟通过程中所产生的意外干扰，它会使所传递的信息失真。

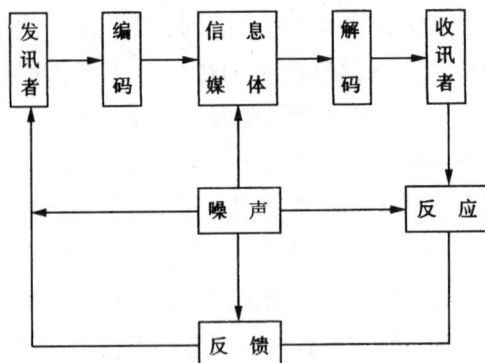

图 9.1　沟通过程及要素

　　要进行有效的沟通，企业的营销人员必须考虑：由谁来说？说什么？怎么说？对谁说？有什么效果或反应？如何才能减少沟通过程中的噪声影响？而且，传送信息的符号应该是发讯者与收讯者双方都熟悉的，收讯者的经验领域与发讯者的经验领域越是一致，所传送的信息就越能被准确地理解，也就越可能有效。

　　一般认为。最理想的信息沟通，应对消费者产生四个方面的影响，即引起注意（attention）、产生兴趣（interest）、激起欲望（desire）、促成行动（action），这就是"AIDA"模式。不过很少有信息能同时达成这四个方面的影响。

9.1.3　促销策略组合

　　企业的促销活动种类繁多，但就其主要来说为四种方式，即人员推销、广告、营业推广和公共关系，这四种方式各有其特点，既可以单独使用，也可以组合在一起使用，以达到更好的效果。

　　(1) 人员推销。这是企业通过推销人员与消费者的口头交谈来传递信息，说服消费者购买的一种营销活动。在沟通过程中，人员推销在建立消费者对产品的偏好、增强信任感及促成行为方面卓有成效。因为是面对面的交谈，推销人员可以与顾客进行双向式的沟通，保持密切联系，可以对顾客的意见作出及时的反应。但人员推销的成本比较昂贵，而且优秀的推销人员并不是随处可觅的。

　　(2) 广告。这是广告主通过付费的方式由广告承办单位所进行的一种信息传播活动。由于广告的信息散布范围广，可以多次重复，在树立企业产品的长期形象方面有较好的效果。但广告往往只是一种信息的单向传递，缺乏与消费者的双向沟通，很难说服消费者进行即时的购买活动。同时，有的广告媒体如电视的广告费用十分昂贵。

（3）营业推广。这是在短期内采取一些刺激性的手段（如赠券、折扣等）来鼓励消费者购买的一种营销活动。营业推广可以使消费者产生强烈的、即时的反应，从而提高产品的销售量，但这种方式通常只在短期内有效，如果时间过长或过于频繁，很容易引起消费者的疑虑和不信任。

（4）公共关系。这是企业利用各种公共媒体来传播有关信息的营销活动。这种营销活动，一般是通过不付费的公共报道来传播，传播的信息带有新闻性，因而消费者的一般感觉是有权威的，公正可靠的，比较容易相信和接受。但这种方式不如其他方式见效快，而且信息发布权掌握在公共媒体手中，企业也不容易进行控制。

当然，随着营销理论和实践的不断进步，促销的方式也在不断地更新和变化。如企业赞助就在企业促销中起着越来越重要的作用，它的赞助范围也越来越广泛。其中，对体育赛事的赞助是企业赞助的一个主要方面，每逢有重要的大型比赛，运动会赞助权的争夺始终是企业特别是著名大公司的焦点。实际上企业赞助可以说是企业广告和公共关系相结合而形成的一种变更的促销方式，它的效果要比单纯的广告大得多。像阿迪达斯和耐克，它们经常出现在世界性、地区性甚至更小范围的体育比赛中，赞助权的争夺经常达到白热化的程度。

9.1.4 促销的基本原则

促销是企业实现营销目标的重要手段，但企业的营销目标是通过满足消费者的需要来实现，而不是靠坑害消费者损害消费者的利益。市场经济是一个法治经济，奉行的是竞争规律和等价交换原则；同时市场经济也是一个德治经济，讲究的是在市场上从事经营活动的任何人、任何企业都必须按规则办事，都必须讲究公平和公正。因此，企业在促销过程中必须遵守一定的基本原则，也就是要遵守市场营销道德。营销道德是用来判断企业营销活动是否符合广大消费者及社会的利益，能否给广大消费者及社会带来最大幸福，涉及企业经营活动的价值取向并贯穿于企业营销活动始终的重要问题。

促销要遵守的基本原则主要是两个方面：

一、要遵守商业道德。这不仅关系到消费者的利益，也是关系企业的声誉，关系企业的未来。这就要求企业在促销时必须严格要遵守"七不原则"：即不能以次充好；不能以副品充正品；不掺假；不投机欺骗；不硬性搭配；不出售有害人身体健康的食品、保健品、药品；不出售过期失效没有使用价值的商品。

二、遵守国家的相关法律制度。市场经济是法治经济，如果企业靠从事非法的活动来取得合同，企业必死无疑。因此，企业在经营活动中必须做到，所有提供的有关产品和服务的信息是正确的；禁止接受贿赂、招待和其他有价值的东西；对于规则、行为约束比较宽松的国家和地区，销售人员亦应遵守企业的标准；无论在任何情况下，每位员工均不得提供或赠送任何东西给顾客或其业务代表，以图影响他们；推销人员在任何时候、任何情况下，都不得批评和贬低其竞争对手的产品；如果客户自己将订单交给自己的竞争对手，切勿游说其改变主意。

9.1.5　影响促销组合的因素

企业的促销组合，实际上就是对上述促销方式的具体运用。在选择采取哪一种或几种促销方式时，有一些因素是企业必须考虑的。这些因素包括四个方面。

（1）产品类型。不同类型的产品的消费者在信息的需求、购买方式等方面是不相同的，需要采用不同的促销方式。一般地说，工业品购买者希望在掌握大量信息的基础上进行选择，人员推销可以更好地满足这方面的要求；消费品购买者则更多地注重产品的形象，高知名度的产品容易受欢迎，广告的促销效果就比较明显。通常，不同的促销方式在工业品和消费品市场上的作用如图 9.2 所示。

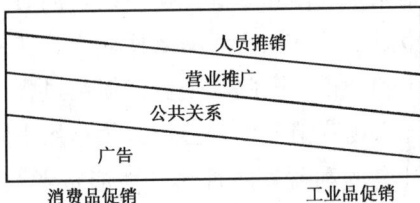

图 9.2　不同促销方式的作用

（2）市场状况。企业目标市场的不同特征也影响着不同促销方式的效果。在地域广阔、分散的市场，广告有着重要的作用；如果目标市场窄而集中，则可使用更有效的人员推销方式。此外，目标市场的其他特性，如消费者收入水平、风俗习惯、受教育程度等也都会对各种促销方式产生不同的影响。

（3）企业策略。企业有两种基本的促销策略：推动策略和拉引策略。所谓推动策略是指企业通过各种促销方式把产品推销给批发商，批发商则将产品推销给零售商，零售商再进而把产品推销给消费者。拉引策略则是企业针对最后消费者展开促销攻势，使消费者产生需求，进而向零售商要求购买该产品，零售商则向批发商要求购买该产品，而批发商最后会向企业要求购买该产品（见图 9.3）。企业可根据推动与拉引的需要选择不同的促销方式。

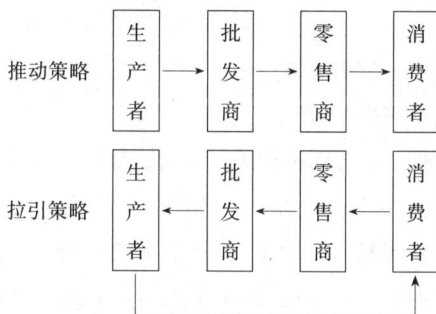

图 9.3　推动与拉引策略

（4）产品寿命周期。在不同的产品寿命周期阶段，企业的营销目标及重点都不一样，因此，促销方式也不尽相同。在投入期，要让消费者认识了解新产品，可利用广告与公共关系广为宣传，同时配合使用营业推广和人员推销，鼓励消费者试用新产品；在成长期，要继续利用广告和公共关系来扩大产品的知名度，同时用人员推销来降低促销成本；在成熟期，竞争激烈，要用广告及时介绍产品的改进，同时使用营业推广来增加产品的销量；在衰退期，营业推广的作用更为重要，同时配合少量的广告来保持顾客的记忆。

此外，在消费者不同的购买阶段以及不同的营销环境下，各种促销方式的效果也是不相同的。

9.1.6　企业识别系统与促销

企业识别系统（corporate identity system，CIS 或 CI）又称企业形象设

计，是指企业通过对自身的经营理念、行为方式及视觉识别进行系统的规划、革新、统一的传播，以塑造富有个性的独特企业形象，进而提高企业竞争力的一种经营战略。1956 年美国国际商用机器公司（IBM）通过导入 CIS，设计了一套完整的企业识别系统，从而使 IBM 成为美国公众乃至世界瞩目的"蓝巨人"（IBM 采用蓝色作为公司的标准色），公司一跃成为世界最大的计算机公司，登上了计算机行业的霸主宝座。此后，美国的许多公司，如东方航空公司、3M 公司、可口可乐、柯达、肯德基等，也纷纷仿效，从而在美国进而世界掀起了 CIS 热潮。

20 世纪 90 年代初，随着广东太阳神集团导入 CIS 获得巨大成功，伴随着"当太阳升起的时候……"的歌声，及红、白、黑三色鲜明的企业标志，CIS 像一股迅疾的旋风，席卷华夏大地，国内企业竞相为自己梳妆打扮，力求以崭新、诱人的形象呈现于公众面前，以决胜于市场。因此，CIS 已成为当今企业市场制胜的一个重要战略。

完整的 CIS 应包括三个部分。

（1）企业理念识别（mind identity，简称 MI）。它包括企业精神、经营观念、企业目标、经营战略、企业标语和座右铭等。MI 是 CIS 的核心，是整个企业识别系统的基本精神所在，是整个系统运作的原动力。

（2）企业行为识别（behaviour identity，简称 BI）。它包括企业内部的各项管理规章制度、员工行为方式、企业公共关系宣传活动等。BI 是企业经营理念的外在动态表现，它通过企业的各种活动来充分体现企业的经营理念。

（3）企业视觉识别（vision identity，简称 VI）。它包括基本设计要素（企业的名称、标志、标准字、标准色等）和应用系统（办公用品、企业车辆装饰、员工服饰、环境布置、广告、包装等）。VI 是企业经营理念的外在静态表现，它通过采用直观设计上的差别符号，充分表现企业的经营理念，从而以鲜明的形象使本企业与其他企业区别开来。

由于 VI 运用了视觉手段，而人们感受外界刺激的绝大部分都是来自视觉，因此，VI 在 CIS 中最具传播力和感染力，与企业的促销工作关系最密切，也最直接。

企业的促销过程实际上就是信息的沟通过程，通过 VI 设计，企业的营销观念、产品特点、服务特色等信息透过具有强烈冲击力的视觉符号，可以更有效地传达给目标对象，使消费者能迅速地接受和掌握其中所传达的信息，从而达到识别、认知企业的目的。

企业在进行 VI 设计时，应当遵循以下几项原则。

① 法律原则。由于是在营销中使用视觉识别符号，为了保护消费者的利益和生产者、经营者的权益，通常用法律的形式把视 觉符号的设计和使用规则确定下来，因此，企业必须遵守。相关的法律如《保护工业产权巴黎公约》《商标注册马德里协定》，以及各国的商标法、广告法等。

② 民俗原则。在视觉识别符号的发展过程中，不同的民族、不同的文化有其不同的使用习惯。如同样的动物形象、花卉、图形、颜色等，在不同的民族、文化背景下，可能有着截然相反的理解。在许多亚洲国家，白色表示哀悼，而在许多拉丁美洲国家，则是紫色意味着死亡。因此，企业应严格遵守这些由不同民族、不同文化所形成的风俗习惯。此外，还应避免带有强烈政治色彩的图案、符号，如国旗、国徽等。

③ 美学原则。企业利用视觉符号来传达有关的信息，接受者接收信息的过程在某种程度上也是一种审美的过程。具有美感的视觉符号更能引起接受者的共鸣，从而强化他对这种视觉符号的识别、认知。因此，VI 设计还应当遵循美学的一般规则，如统一与变化、对称与均衡、节奏与韵律、调和与对比、比例和尺度等。

9.2 | 人 员 推 销

9.2.1　人员推销的特点和任务

人员推销是企业促销的重要方式之一。所谓人员推销，就是企业的推销人员通过口头交谈来与消费者进行有效的沟通，以推销产品，促进和扩大销售。人员推销是一种最古老的促销方式，但在现代经济社会中仍起着重要的作用。这是因为人员推销有着下列的特点。

（1）密切买卖双方关系。企业的推销人员代表着企业，他们通过与顾客的直接接触，可以增进双方的相互了解，在企业与顾客之间建立长期的良好关系。

（2）提供有效服务。推销人员通过与消费者的沟通，可以更好地了解消费者的现有及潜在需求，向他们提供更加符合需求的产品，在销售产品的同时，加强销售服务工作。

（3）进行针对性推销。推销人员可以当场解答消费者的问题，解除消费者的疑虑，改变消费者的对立态度，取得消费者的信任；也可以通过对消费者特性的了解，采用有针对性的推销方法，以促成消费者的购买。

（4）及时反馈信息。推销人员通过双向的沟通，可以了解有关的产品、市场等信息，并及时地把信息反馈给企业管理部门，有利于企业作出进一步的正确决策。

当然，人员推销也有其不足之处：第一，由于人员推销的接触面比较窄，与其他促销方式相比，人员推销的平均费用水平比较高，在一定程度上减少了企业的利润或影响企业产品的竞争力；第二，人员推销对推销人员的素质要求比较高，企业很难找到理想的优秀推销员。

尽管如此，企业仍应培养和维持一支有效的推销人员队伍，以促进企业产品的销售。但是，作为企业的推销人员，其面临的任务并不仅仅是销售，销售只是推销人员的任务之一。一般认为，推销人员的任务有以下六项。

（1）寻求。推销人员要积极地寻找和开发更多的新顾客。

（2）沟通。推销人员要熟练地把企业的有关产品信息传递给现有的与潜在的顾客。

（3）销售。推销人员要精通推销技术，如接近顾客、介绍产品、处理顾客异议、达成交易等。

（4）服务。推销人员要能向顾客提供各种服务，如给顾客提供咨询服务、给予技术帮助、安排资金融通和加快交货等。

（5）收集信息。推销人员要进行市场调研和情报搜集工作，向企业提供访问推销资料。

（6）分配。推销人员要能评估顾客的信誉，在企业的某些产品短缺时，向企业提出合理分配短缺产品的方案。

因此，推销人员的实际工作应根据企业的类型及营销策略、顾客的购买决策过程、经济状况、推销人员自身的条件等因素来确定。

9.2.2 人员推销的程序

要发挥人员推销的特点，完成推销任务，企业推销人员必须掌握一定的推销技术，把握好推销的进程。人员推销的进程有各种不同的划分方法，但一般地说，一个有效的人员推销过程至少应包括三个程序：寻找顾客、进行推销、售后追踪。

（1）寻找顾客。人员推销的首要程序就是寻找潜在的顾客，只有有了特定的推销对象，推销人员才能开始实际的推销工作。

推销人员可以通过以下一些途径来寻找潜在的顾客。

① 市场调查。推销人员可以利用市场调查的结果，从中寻找可能的顾客。市场调查可以由企业自己进行，也可以委托有关的市场咨询公司进行。

② 资料查寻。推销人员可以通过查阅现有的信息资料来寻找顾客。如工商企业名录、统计资料、各种年鉴、电话簿、有关的信息书报杂志等等，或者通过网络进行信息查询。

③ 广告开发。推销人员可以利用各种广告媒介来寻找潜在的顾客。如报纸、杂志、电视、广播、直接邮寄等。

④ 客户介绍。推销人员可以请现有的客户推荐、介绍潜在的顾客。这种方法的关键在于推销员首先要取得现有顾客的信任，然后利用现有顾客的社会联系，寻找更多的新顾客。

寻找到潜在的顾客后，还需要对他们进行评估，以确认是否真正值得开发。通过对潜在顾客的需求、支付能力等的审查，推销人员可以剔除那些没有成功希望的顾客，优先把时间精力放在那些最有潜力的顾客身上，以减少不必要的支出和浪费，提高推销的成本效益。

（2）进行推销。潜在的目标顾客被确定后，推销人员就要马上着手与顾客接触，进行推销。通常有两方面的活动：一是要做好推销前的准备工作；二是与顾客见面，达成交易。

推销前的准备工作通常包括：

拟定推销计划。确定向顾客介绍的产品及该产品能充分满足顾客需求的特征和优点，然后编制推销方案，如准备携带的实物、洽谈的内容、发言的提纲等。

与顾客约见。首先要能见到顾客，然后才有机会面谈、推销。约见主要是约定推销访问的对象、时间、地点、目的，应方便顾客，有利于推销。

安排访问路线。特别是在一天里访问多个顾客或连续访问时，合理的访问路线可以减少推销人员的旅途、等候时间，避免无谓的浪费。

当推销人员与顾客见面后，就进入了关键性的面谈阶段。推销人员应运用其熟练的推销技巧，去说服顾客购买产品。这实际上就是推销人员与顾客的信息沟通过程，因此，"AIDA"模式也完全适用于这个阶段。

(3) 售后追踪。产品售出后，推销活动并未就此结束，推销人员还应该与顾客继续保持联系，以了解他们的满意程度，及时处理顾客的意见，消除他们的不满。良好的售后服务，可以提高顾客的满意度，培养对产品高度忠诚的长期顾客和终身顾客，增加产品再销售的可能性。根据国外的一项研究，顾客再次购买率提高 5%，利润就增加 25%。

推销人员也可以通过售后的追踪和评价，了解顾客的信用度，从中挑选出关键顾客，即购买额在企业全部销售额中占相当大的百分比，或者是将来有可能成为最大顾客的那部分顾客，对他们进行重点的管理，因为这些关键顾客对于企业的生存和发展有着重要的影响。

9.2.3 人员推销的规模和结构

(1) 人员推销的规模。推销人员是企业重要的资产，推销人员的规模与销售量和成本有着密切的联系：人员增加，则销售量和成本会同时增加。那么，究竟多少推销人员才是合理的呢？通常企业采用得比较多的是用工作量来确定一个企业所需推销人员的数量。这种方法有五个步骤。

① 将顾客分类。通常使用比较多的是以年度销售量的大小来划分。

② 确定每类顾客每年所需的推销访问次数。通常根据竞争对手的水平来确定，也可根据过去的经验而定。

③ 计算企业推销访问的总次数。将各类顾客的数量乘以各自所需的推销访问次数，其总和就是总工作量。

④ 确定一个推销人员每年可进行的平均访问次数。应考虑地理的分布状况，每项访问所需时间，等候时间等因素。

⑤ 计算企业所需的推销人员数量。将总工作量（总访问次数）除以一个推销人员的年平均访问次数，就可以得出企业所需的推销人员数量。

例如，某企业将顾客分成 A、B、C 三类，每类顾客的数量及所需访问次数如下：

顾客类别	顾客数目	年访问数	总访问数
A	30	24	720
B	90	12	1 080
C	200	6	1 200
合计	320		3 000

企业每年需要对顾客进行 3 000 次的推销访问，如果一个推销人员年平均访问次数为 600 次，则该企业需要 5 名推销人员，即

$$推销人员数量 = \frac{年总访问次数}{人均年访问次数} = \frac{3\ 000}{600} = 5(人)$$

（2）人员推销的结构。

① 区域结构。每个推销人员负责一定的区域，在此区域内负责推销企业的所有产品。这种结构适合于产品差异不大、市场比较集中的情况，它的优点是：第一，推销人员的责任明确，可鼓励他们努力工作；第二，有利于推销人员与当地顾客建立长期的联系，提高推销效果；第三，可以减少推销人员的差旅费用。

② 产品结构。每个推销人员负责某一种或某一类产品的推销工作。当企业的产品很多，而且各产品之间关联性不大的情况下，可以采用这种结构方式。这样，推销人员可以熟悉其推销的产品，更好地向顾客介绍并提供有关服务。但有时会产生重复推销，造成浪费，也使顾客产生混淆。

③ 顾客结构。按顾客的类型来分派推销人员，每个推销人员负责某几家或某种类型的顾客，这种结构的优点在于推销人员能深入了解顾客，更好地满足顾客的需求。但当同类型顾客过于分散时，则会增加推销人员的差旅费用。

④ 复合结构。把上述几种方式组合起来使用。这样可以集中各种方式的优点，克服其缺点。当企业产品种类繁多，顾客类型不一，销售区域广阔的时候可以使用这种结构方式。但这种方式比较复杂。一般比较适合于大型企业。

9.2.4　推销人员的招聘和训练

（1）推销人员的招聘。一个企业人员推销的效果如何，关键在于是否拥有有能力的优秀的推销人员。一个杰出的推销员，可以为企业带来非常可观

的收入。但在现实生活中，推销人员的流动率却非常高，特别是一个优秀推销员的离职，给企业带来的损失也是相当大的。因此，企业营销部门能否留住或招聘到好的推销人员，是搞好人员推销工作的重要一环。

招聘推销人员的首项工作是要确定招聘标准。即确定招聘哪些人员才能符合企业的要求。对于一个优秀的推销员应该具备哪些素质，众说纷纭，莫衷一是，但一般认为，一个优秀的推销员至少应具备两个最基本的品质：一是感同力，即能设身处地为顾客着想的能力；二是自我驱动力，即具有完成销售任务的强烈的欲望。此外，应根据不同的行业与企业特点、具体工作的性质来确定所需推销人员的特征。

标准确定后就可以着手进行招聘。企业可以通过各种不同的方式来寻求应聘者，如刊登广告、利用职业介绍所、现有推销员推荐、在学生中寻找或从上门求职者中挑选。

在众多的应聘者中，企业还需筛选出最优秀的人选。筛选的程序因企业而异，有简有繁。一般可分为初步面谈、填写申请表、测验、第二次面谈、学历或经历调查、体格检查、决定录用、分派工作等程序。

（2）推销人员的训练。企业招聘到推销人员后，应先进行培训，然后再委派他们从事实际工作。培训的内容通常有以下五方面。

① 熟悉企业情况。如企业的历史，经营目标，组织机构，主要的高级职员，财务状况，主要的产品和销售量等。

② 熟悉企业产品。了解所推销产品的种类，生产过程，使用方法等。

③ 了解顾客与竞争者的特点。如了解顾客的需要，购买动机与购买习惯，竞争者的策略与政策等。

④ 精通推销技术。如推销的基本原理，方法和技巧，企业的推销哲学等。

⑤ 明确自己的本位工作。如时间的有效利用，合理选择推销路线，使用推销费用，撰写销售报告等。

培训的方法可以是讲授、扮演角色、在职训练等。通过培训，可以提高推销人员的业务水平，扩大知识面，增强推销的实效。

9.2.5　推销人员的报酬

要留住优秀的推销人才，企业应该有一套具有相当吸引力的报酬制度。

最常见的报酬制度通常有以下三种。

（1）薪金制。推销人员可以按时得到固定的薪金，销售情况的好坏对薪水的多少没有影响（至少在短期内如此）。这种制度能使推销人员得到稳定的收入，也有利于企业的管理与控制。但这种方法没有把报酬与推销成效直接联系起来，因而缺乏对推销人员的激励动力。

（2）佣金制。推销人员根据销售量或销售额提取一定百分比的报酬。推销人员的报酬与其工作成果紧密地联系在一起，有利于鼓励推销员努力工作。但企业较难对推销人员进行管理与控制，同时容易造成推销人员为了高销售额而强行推销，损害企业的声誉。

（3）薪佣制。薪佣制即薪金制与佣金制相结合，先确定固定的薪金，然后推销人员根据其推销的成果来提取一定百分比的佣金。这种方式结合了两种制度的长处，克服了它们的短处。既可以使推销人员有基本的收入保障，又能激励推销人员努力工作，也有利于企业的管理与控制。关键是要确定固定薪金与佣金的合理比例。

9.2.6 推销人员的考核与评估

招聘到了优秀推销人员，并对推销人员进行了专业培训，并不意味着人员推销工作的结束，而是要对推销人员的工作业绩进行考核与评估。只有这样，才能使企业的推销取得预期的结果。对推销人员进行考核与评估，主要从以下三个方面进行。

（1）确定考核与评估的依据，即掌握考核与评估的资料。企业应经常掌握推销人员的有关资料，以进行合理的评估。这些资料来自推销人员的推销工作报告、推销实绩、主管人员的考察、顾客和其他推销员的意见等。

（2）根据资料进行绩效评估。绩效评估有两个方面，一是横向评估，即在推销人员之间进行比较，也就是我们通常所说的根据销售量或销售额进行排名次；二是纵向评估，即对推销人员现在的绩效与过去的绩效进行对比。

（3）综合考核与评估。对推销人员的考核与评估，不能单单从销售量或销售额进行，而应该从各个方面，包括对企业、产品、顾客、竞争者、本身职责的了解程度，也包括推销人员的言谈举止、修养、服务质量等个性特征进行考核与评估。

9.3 │ 广　告

9.3.1　广告及其目标

（1）广告的定义。广告有广义与狭义之分，在市场营销学中，通常指的是狭义的广告，也叫经济广告或商业广告，它通常是以营利为目的的。也就是说，广告是企业以付酬的方式，通过各种传播媒体，向目标市场的消费者传递产品信息的活动。

广告是企业产品促销的重要手段之一，在国外，一些著名大企业每年支出的广告费用高达 20 亿美元以上。根据我国国家市场监督管理总局的统计，中国广告业经过数年发展，广告市场规模快速稳定增长，2014 年已经成为全球第二大广告市场。2001—2015 年，我国广告市场规模由 794.89 亿元增长到 5 973.41 亿元，年均复合增长率达到 14.32%，远高于同期 GDP 的增长速度。2015 年媒体广告营业额达到 5 973.41 亿元，若以 13.5 亿人口计算，人均约 442.5 元，而 2002 年前人均广告费只有 5.79 元人民币[①]。这说明我国越来越多的企业家已意识到了广告的作用，他们也开始不惜巨资，大做广告，把广告作为企业占领市场的开路先锋。而且，随着市场经济体制的进一步完善和发展，这种趋向还在逐渐地增强。

（2）广告的目标。广告往往能给企业带来巨额的利润，这也是企业进行广告投资的主要原因。但是，不同的企业，在不同的阶段，其具体的广告目标可能不同。根据企业所选定的目标市场，市场营销组合策略等因素，企业通常有以下三种广告目标。

① 告知。所谓告知即企业向市场提供有关的信息，如新产品、产品的新用途、价格的变化、产品的性能、服务内容、改正错误的产品印象、消除消费者的担心、树立企业形象等。这类广告常用于产品的投入期，希望能引起消费者的注意及需求。

② 说服。在产品的成长期，这类广告特别重要。它旨在培养消费者的

---

① 资料来源：2016 年 07 月 16 智研咨询发布的《2016—2022 年中国广告市场深度调查及发展前景预测报告》中的"2016 年中国广告行业市场发展状况及市场前景分析"。

品牌偏好、鼓励消费者改用本企业产品、改变消费者对产品特性的认识、说服消费者立即购买或说服消费者接受推销访问等。

③ 提醒。这类广告希望消费者不要淡忘本企业的产品，维持品牌的高知名度，同时也提醒消费者未来需要此产品的可能性及在何处购买等。在产品成熟期经常使用。

9.3.2 广告预算

企业投入一定的广告费用，总希望能有比较理想的产出（利润）。但是企业到底应该支出多少广告费用，才能达到最好的效果呢？一般认为，可以用以下几种方法来确定企业的广告预算。

（1）销售比例法。企业根据销售额的一定比例来确定广告费用预算，销售额可以是现在的，也可以是过去的或预计的销售额的方法。这种方法简单易行，得到广泛应用。但这种方法颠倒了广告费用与销售收入的因果关系，忽视了广告对销售的促进作用，而且也难以确定合理的比例。

（2）量力支出法。根据企业有能力负担的广告费用来确定广告预算，企业量力而为，能担负多少广告费用就担负多少的方法。但这种方法同样忽视了广告费用与销售额的因果关系，广告费用随企业经营状况的好坏而时多时少，不利于企业长期的营销规划工作。

（3）竞争对等法。企业以竞争对手的费用或行业的平均广告费用为标准来确定广告预算的方法。采用这种方法的理由，一是竞争者或行业的费用支出一定有其道理，是企业或行业的经验与智慧的所在；二是与对手保持同样的广告费用，可以防止企业间的广告战。但是，每个企业都有其不同的背景，广告目标、广告资源、企业声誉等也都不尽相同，很难说竞争对手的预算能适合本企业，也难保对手的预算就一定合理。

（4）目标任务法。根据企业的广告目标来确定广告费用预算的方法。这种方法首先要确定具体的广告目标，然后列出为完成目标所必须进行的工作，并估计完成各项工作所必需的费用，这就是预算。这种方法根据实际的目标及工作来制定预算，把费用与工作紧密联系在一起，但企业必须明确广告费用与实际效果的关系，并要有一定的经济实力。

9.3.3 广告设计

（1）广告信息的产生。要达到广告的目标，一个有效的、能吸引消费者注意和记忆的广告创意是至关重要的。广告创意可以来自顾客、经销商、专家、竞争者等。任何产品都有许多可供描述的地方，关键在于如何使广告描述得恰如其分，既不是空穴来风，也不牵强附会，既要突出产品特色，但又不能过于繁琐。随着"感性消费时代"的到来，现在的广告越来越多趋向于用感性的诉求来打动消费者，广告中所诉说的内容往往脱离产品的属性，而只谈情绪和感受。例如在各种啤酒的广告中，已不再以啤酒的口味或喝下去的快感等作为诉求的重点，而是把重点放在诸如酒瓶的新奇感、啤酒名称的奇特感、包装上的可爱感、倒出啤酒时的清脆流声或者饮用啤酒的环境氛围等上面。通过情感广告创造一种美的意境来传递有关的产品信息。

(2) 广告信息的评估选择。信息（创意）往往不止一个，而且一般地说，产生的信息越多，就越有可能发现独特的创意。但是，并非每一个信息都是可用的，需要经过评估、筛选。一个好的信息通常应具备三方面的特性：满意性，即信息必须首先介绍产品使人们感到满意的理由；独特性，即本企业产品与竞争者产品相比所具有的差异；可信性，即消费者对广告所产生的信赖感。

(3) 广告信息的表述。广告的效果不仅取决于内容，也取决于其表述方式。不同的表达方式所产生的效果是完全不同的，特别是对于一些同质品来说更是如此。因此，我们还必须考虑广告信息表达的具体形式、语气、措辞、格式、结构等各方面的因素。

广告表述的形式通常有：生活片断（如一家人品尝某种食品），生活方式（如早出晚归的工薪族、应酬频频的豪商富贾），幻想（如梦中情人），气氛（如生活美满），人格象征（如厨房清洁剂的威猛先生），音响（如广告歌、使用某种产品所发出的声音），专业技术（如百年老厂、技艺精湛），科学证据（如香皂的除菌作用、某种实验结果），个人证言（如名人或普通人的推荐）等。

广告的语气也要进行适当的设计。如是采用肯定的语气还是否定的语气，严肃的还是幽默的口吻等。

广告措辞应容易引人注意和容易记忆。特别是广告的标题，应具有独创性，能在瞬间抓住消费者的注意力。常见的标题方式有新闻报道式、问题式、叙述式、命令式、因果关系式、数字式等。

广告格式通常包括大小、色彩、插图等因素的安排，这些因素的变动会对广告的效果及成本产生影响。

9.3.4　广告媒体

广告信息需要通过一定的媒介物才能传递给消费者，不同的媒体对同一信息所起的传播作用各不相同，因此，我们要在充分发挥不同媒体功能的基础上，选择合适的广告媒体。

(1) 广告的媒体。广告的媒体种类非常多，常见的有：

报纸。报纸是一种较灵活的广告工具，版面大、篇幅多、发行面广、时效性强、可信度较高。但寿命短，广告印制质量较差，读者转阅少。

杂志。杂志印刷质量好、地理和人口选择性强、可信度高、声誉好、寿命长、转阅读者多。但出版周期长，时效性较差。

广播。广播的地理及人口选择性强、传达面广、成本较低，但只有声音效果、广告展露时间短。

电视。电视是最具有吸引力的媒体之一，接触面广、视听合一，对感官刺激强烈；但费用较高，广告展露时间短，观众选择性较小。

户外广告。户外广告的灵活性好、成本较低、时间较长、可以重复展露；但不能选择观众，创造性易受限制。

直接邮寄。直接邮寄的读者选择性好，可以针对个人做广告，灵活性好；但成本较高，要有完整的顾客资料库。

此外，如店堂、交通工具、文娱场所等也是常见的广告媒体，而且，随着传播手段、技术的发展，广告的媒体也在不断增加和翻新。如多媒体技术的发展、信息高速公路的建立，一种新的广告媒体——网络媒体正在被越来越多的企业所利用，其发展势头十分迅猛，用不了多久，网络将会以其交互式的双向交流特征，成为最具影响力的传播媒体之一。再如国外街头上出现的水果香味广告牌，使人在欣赏诱人的水果时，又增加了嗅觉上的享受，令水果更添诱惑力。此外，赠品广告在我国也有不断发展的势头，洗衣粉、麦片、咖啡、药品的赠品市场在不断扩大。

(2) 广告媒体的选择。由于不同的媒体各有其不同的特点，企业在运用广告促销时，为了达到预期的广告效果，应对广告的媒体进行认真的选择。一般地说，要考虑以下三个方面的因素。

① 媒体的目标受众。不同媒体的目标受众是不一样的。首先受媒体传

播范围的影响，能接触到媒体的人数就不一样。其次，由于消费者的特性不同，他们所习惯使用的媒体也不一样，如儿童不识字或识字不多，报纸广告就很难奏效，电视则是理想的儿童用品广告媒体。

② 产品的特征。不同性质的产品，宜采用不同的媒体。如原理复杂的产品，可以利用报纸、杂志等文字性的媒体进行演示；服装、食品等产品则应通过电视、杂志等媒体，利用彩色画面广告，增加其美感和吸引力。

③ 媒体的成本。企业还应考虑不同媒体广告费用的差别，结合企业的实力进行选择，要尽量使广告的效果与费用挂钩。广告媒体的成本不仅要看绝对成本，更主要的是看媒体的相对成本。相对成本是指广告总费用除以广告信息到达受众的总人数。

9.3.5 广告效果的测定

企业在广告上花费了不少的人力、物力、财力，总希望能达到预期的目标。但企业制作、播出广告的过程，毕竟只是单方面的一厢情愿。为了对广告进行有效的计划与控制，企业还必须对广告的效果进行测定。

对广告效果的测定可以在广告播放（刊登）之前进行，也可以在广告播放（刊登）之后进行，通过对广告效果的测定，企业营销管理部门就可以有充分的依据来决定是播放（刊登）、继续播放（刊登）、修改或撤回广告。

测定广告效果的方法有很多，事前与事后的测定方法也有所不同。一般地说，比较常用的方法有以下三种。

① 回忆测试法。通过消费者观看（阅读）广告后对广告内容的记忆程度来测定广告的效果的方法。在回忆过程中，可以给予受试者暗示性的帮助，也可以不给予任何帮助。要求受试者尽可能地回忆复述广告的内容。测试的结果可以用来判定广告吸引目标受众注意和引起记忆的能力。

② 认知测试法。抽取一组消费者（观众或读者）作样本，然后询问他们是否在某一媒体上观看（阅读）过某项广告的方法。根据实际情况，将认知程度分为三等：约略认知，即看到过；联想认知，即能记起某一部分内容，由这部分内容能联想起有关的产品名称；较深认知，即能说出广告的一半以上内容。计算这三部分的百分比，即可得出该广告的观看（阅读）率。

③ 实验室测试法。这是利用各种仪器、技术来检查被测者的生理反应，如心跳、血压、瞳孔等的变化，以此来衡量广告是否具有吸引人们注意和兴

趣的能力的方法。

此外，也可以用销售量的变化来测定广告的效果，即广告费用与销售量之间的关系。但由于影响销售量变化的因素有很多，如价格、销售渠道、产品的质量和竞争状况等，因此，这种测定有时并不准确、有效。

9.4 营 业 推 广

9.4.1 营业推广的概念

营业推广是指在短期内为了刺激需求而进行的各种促销活动。这些活动可以诱发消费者和中间商的迅速的大量的购买，从而促进企业产品销售的迅速增长。但是，营业推广往往只在短期内有效，而且要伴随着相关的广告宣传活动。如果营业推广的时间过长，会很容易被认为是企业在变相降价，甚至被看作是推销劣质商品，使企业的形象受到损害。

营业推广的目的首先是为了吸引顾客，特别是在推出新产品或吸引新顾客方面。由于营业推广的刺激性比较强，较易吸引顾客的注意力，使顾客在了解产品的基础上采取购买行动，也可能使顾客追求某些方面的优惠而使用产品。

其次，营业推广可以起到奖励品牌忠诚者的作用。因为营业推广的很多手段如销售奖励、赠券等通常都附带价格上的让步，其直接受惠者大多是经常使用本品牌产品的顾客，从而使他们更乐于购买和使用本企业产品，以巩固企业的市场占有率。

当然，营业推广的最终目的还是为了实现企业的营销目标。营业推广实际上是企业让利于购买者，它可以使广告宣传的效果得到有力的增强，破坏消费者对其他企业产品的品牌忠诚度，从而达到本企业产品销售的目的。

因此，企业应有选择地、慎重地使用营业推广这一促销工具，既要有效地发挥它的作用，又要避免它的负面影响。

9.4.2 营业推广目标的确立

营业推广的目标主要由企业的营销目标而定，一般有三个方面的目标。

（1）以消费者为目标的推广。主要是刺激消费者购买，如鼓励现有产品使用者增加使用量，吸引未使用者试用，争取其他品牌的使用者等。

（2）以中间商为目标的推广。鼓励中间商购买、销售企业产品，提高产品库存量，打击竞争品牌，增强中间商的品牌忠诚度，开辟新的销售渠道等。

（3）以推销人员为目标的推广。鼓励推销人员推销企业产品，刺激他们去寻找更多的潜在的顾客，努力提高推销业绩等。

9.4.3　营业推广方式的选择

营业推广的方式有很多种，不同的方式各有其不同的特性，企业应根据营业推广的目标、市场的类型、竞争情况、费用等来选择合适的营业推广方式。

（1）向消费者的推广。

① 样品。企业免费向消费者赠送样品或试用样品。在企业推出新产品和占领新市场时，这是最为有效的方式。如奥妙洗衣粉、多力香奶麦片、吗丁啉等产品都曾免费向消费者赠送样品。

② 折价券。持有者凭券在购买某种商品时可以免付一定数量的钱款。折价券可以直接邮寄，或附在其他商品中，也可以随广告附赠。

③ 赠品。当购买某一特定产品时，以极低的价格销售或免费赠送另一种产品。赠品可附在产品内或包装上，有时包装物本身就是一种赠品，也可以免费邮寄赠品。赠品通常还带有广告性质，即企业将印有公司名称或产品的东西作为赠品。

④ 抽奖或竞赛。向产品的购买使用者提供一些机会，使他们能获得奖金、奖品或旅游等。饮料企业经常举行此类活动。

⑤ 特价包装。以低于正常产品的价格提供组合包装或搭配包装的产品。

⑥ 现金退回。与折价券类似，不同的是须将购买证明（如产品商标、号码、发票）寄给生产企业，企业用邮寄的方式将部分现金退还给购物者。

⑦ 使用者奖励。以奖金或其他形式奖励那些经常或大量使用本企业产品的消费者。如很多航空公司为那些累计乘坐本公司飞机达到一定英里数的顾客提供免费机票。

⑧ 销售现场陈列和表演。这种方式主要为了吸引消费者的注意，增加

消费者对产品的理解和购买兴趣。特别适合于新产品的推广。

（2）向中间商的推广。

① 购买折扣。在规定的期限内，每次购买都可以享受一定的折扣。主要鼓励中间商大量进货或购买一般不愿进货的新产品。

② 合作广告。合作广告即企业出资资助中间商进行广告宣传，对中间商宣传本企业产品的广告费用进行补偿。

此外，当中间商为生产企业产品举办陈列时，或中间商购买某种产品达到一定数量时，企业都应该进行费用补偿或提供免费品。企业也可以向中间商提供销售奖励或赠送附有企业名字或产品的特殊广告赠品。

（3）向推销人员的推广。

企业可以通过推销竞赛、推销红利、推销回扣等方式来奖励推销人员，鼓励他们把企业的各种产品推荐给消费者，并积极地开拓潜在的市场。

9.4.4　营业推广方案的制定

制定营业推广的方案，通常要考虑以下六个方面的因素。

（1）推广的规模。奖励的规模的确定要考虑成本与效益的关系。推广活动要获得成功，一定规模的奖励是必要的。但如果超过一定限度，规模的扩大不一定会带来效益的递增。

（2）推广的对象。哪些消费者可以参加营业推广并获得奖励？一般地说，应奖励那些现实的或可能的长期顾客。

（3）推广的途径。这是指要决定如何把营业推广方案向目标对象传送。如折价券，可以附在产品包装中，也可以通过广告媒体进行传送、分发。两种方式各有其不同的影响范围与成本。

（4）推广的时间。这是指营业推广活动持续时间的长短。如果时间太短，许多可能的消费者还未来得及购买，无法享受推广的优惠；时间太长，则可能会给消费者造成不良印象，认为是变相减价或产生对产品质量等的怀疑。

（5）推广的时机。应该在什么时候举行营业推广活动，通常要考虑产品的寿命周期、消费者的收入状况、购买心理、竞争状况等因素。同时也要考虑不同的促销工具，各部门之间的协调配合等情况。

（6）推广的预算。预估营业推广的费用支出，可以有两种方法：一是自下而上，先确定各种具体促销方式的费用，然后相加得出总预算；二是先确定企业促销的总费用，然后按一定的百分比来进行分配，确定营业推广的费用。

9.4.5 营业推广方案的测试和执行

推广方案确定以后，若条件允许，应进行测试，以验证所定方案是否合适，能否达到预期效果等等。一般的测试大都在小范围内进行，以节约时间和成本。

测试通过后，企业还应制定执行计划，以有效地执行推广方案并进行控制。执行计划中要包括两个关键的时间因素：前置时间和后延时间。前置时间是指推出方案之前的准备时间，这段时间的工作包括推广的设计、修改、批准、制作、传送等；后延时间是指从营业推广活动开始到推广的产品95%已到达消费者手中的这段时间，其间进行的是实际推广运作和管理。

9.4.6 营业推广的评估

营业推广评估的常用方法是进行销售业绩的变动比较，即比较营业推广活动开始前、进行中和结束后三个时期的销售额变化情况，分析营业推广活动的成效。一般地在推广进行中的销售情况总是比较好的，关键是推广前后的比较。如果推广活动后，企业的销售额或市场占有率高于推广活动前，说明推广活动有成效；若推广后的销售额或市场占有率与推广前持平或降低，则说明推广失败。

此外，也可以通过对消费者行为的分析、消费者调查等方法来评估营业推广活动的实际效果。

评估活动结束后，本次推广活动的组织者还应该提交一份建议报告，在总结本次活动的基础上，提出合理化建议，以供下一次推广活动借鉴。

9.5 公 共 关 系

9.5.1 公共关系概述

（1）公共关系的含义。公共关系是企业通过公共传播和对特殊事件的处理，使自己与公众保持良好关系的活动。企业的公共关系可以分为内部公共关系与外部公共关系。企业内部的公共关系包括职工关系和股东关系，主要是增强企业内部的团结，提高企业的凝聚力；企业外部的公共关系，包括企业与所有外部公众的关系。这里所讲的公共关系是从企业市场营销的角度来研究的，因此，主要是外部的公共关系。公共关系也是企业促销的主要工具之一，但公共关系并不是要推销某个具体的产品，而是企业利用公共关系，可以把企业的经营目标、经营哲学、政策措施等传达给社会大众，使公众对企业有充分的了解，从而密切企业与公众的关系，树立企业的整体形象及声誉，为开拓目标市场创造良好的条件和基础，从而间接地促进产品的销售。

由于公共关系通常利用新闻报道进行，传递给公众的信息往往被认为是客观的、真实的，可信度高。人们对新闻报道没有对广告那样的戒心，比较容易接受。而且，企业在新闻报道方面的花费远比广告费要少得多，可以节省不少的促销费用。因此，公共关系在企业市场营销中的重要性越来越被人们所认识，公共关系自身也逐步演变成了一门崭新的学科。

（2）公共关系的对象。公共关系的对象主要是一个企业所面临的公共的、社会的关系。任何一个企业要生存和发展，就必须科学地分析和处理各种社会关系，为企业的发展创造最佳的社会关系环境。企业的公共关系对象主要有以下六个方面。

① 顾客。在市场经济条件下，满足顾客的需求是企业一切活动的出发点。因此，企业首先应使顾客对本企业产生良好的印象，以良好的企业形象和声誉吸引顾客。为了建立与顾客间的良好关系，企业应始终坚持为顾客提供满意的服务的观点，与顾客进行有效的沟通，特别是要注意处理与顾客的纠纷，因为满意的顾客就是最好的广告。

② 经销商。企业产品的销售通常是通过经销商进行的，因此，与经销商关系的好坏，是企业产品销售的关键。企业应迅速、准时地给经销商提供品质优良、价格合理、设计新颖、适销对路的产品，为经销商提供各种销售便利和服务。

③ 供应商。为了保证企业产品的正常生产，需要有充足的原材料、零部件、工具、能源等供应，也就是说，必须要与供应商维持良好的关系。

④ 社区。社区是企业的所在地，企业要与所在地的其他工厂、机关、学校、医院、公益事业单位、居民等发生各种各样的联系。社区关系的好坏，影响着企业的生产和经营活动。企业应与社区携手，共同繁荣社区的地

方经济，与社区共建精神文明，以获取社区的谅解与支持。

⑤ 政府。政府也是企业的一种公众。企业要生存和发展，离不开政府的支持和帮助。政府的各个职能部门所制定的政策、法规会直接或间接地影响企业。因此，企业必须经常与政府有关部门进行沟通，以及时了解有关的政策、法规及计划，并使之能尽量有利于本企业的发展。

⑥ 媒介。媒介是企业最特殊的一种公众，企业的公共关系活动通常要借助媒介工具来进行，通过媒介向外发布，以扩大活动的影响。因此，企业的公共关系部门要与媒介保持密切的关系，最好能与媒介工作人员建立良好的私人关系。企业特别要重视正确处理媒介对企业的批评报道，既不应盲目接受，更不应拒不接受批评，而是要采取冷静的态度进行调查和分析，以求重新树立企业的形象和信誉。

此外，企业还应处理好与竞争对手的关系。通常认为，同行是冤家，故而竞争对手间经常是拼个你死我活。不过，现在也有不少企业开始认识到，与其两败俱伤，还不如携手共进，那种殊死的拼争对于双方都是有百害而无一利的，竞争的最理想结果应该是双赢。因此，很多企业之间的关系已逐步发展成既有竞争，也有合作。

（3）公共关系的内容。一个企业的公关部门，它们的工作涉及方方面面，其工作内容也随着对象的不同而有所差异。这些活动虽然不是在直接推销企业的产品，但对企业营销工作却起着不容忽视的作用。企业的公共关系活动内容主要有以下一些方面。

① 与新闻界建立关系。通过新闻媒介传播企业的各种活动及信息，以吸引消费者的注意。

② 产品宣传报道。开展各种活动来宣传介绍特定的产品，如新产品上市或产品的新用途等。

③ 企业沟通活动。通过内部与外部的沟通活动，增加公众对企业的了解，理顺企业与供应商、经销商和顾客等的关系。

④ 游说。与政府机构保持良好关系，施加影响以使其政策法令有利于企业。

⑤ 咨询。公关部门要能向管理部门提供建议，以处理好公众意见，树立企业在社会大众心目中的地位和形象。

在所有的活动中，企业要特别注意对特殊事件或突发事件的处理。因为这种事件往往是公众注目的焦点，企业若处理得好，可以使企业声誉大振；但若处理不好，则可以使企业名声扫地，甚至从此一蹶不振。

9.5.2　公共关系方案的制定

制订公共关系方案时，首先要明确公共关系活动的目标。公共关系活动的目标应与企业整体目标相一致，并尽可能具体，同时要分清主次轻重；其次是要确定公共关系活动的对象，即本次公关活动所针对的目标公众；然后是确定具体的公共关系的项目，即采用什么方式来进行公共关系活动，如记者招待会、纪念或庆祝活动、慈善募捐活动，等等。与此同时，在制订方案时，还要考虑公共关系活动的费用预算及各种影响因素。

9.5.3　公共关系方案的实施与评价

公共关系方案实施的一个重要因素是时机。企业可以利用一些特殊事件或突发事件来实施公共关系方案，或者创造某些条件使平淡无奇的事情变得富有新闻性，以此大做文章，以增加公共关系活动的效果。

有很多公共关系的机会，特别是新闻传播方面，往往取决于企业公共关系从业人员与某些"特殊人物"的关系，这些特殊人物如报纸杂志编辑、主管领导等，因此，企业应该采用那些有一定背景的人来从事公共关系工作。

由于公共关系的主要目的是树立企业的形象与声誉，不是直接的去推销某种产品，而且往往与其他促销工具一起使用，因此公共关系活动的效果很难进行衡量与评价。比较常用的衡量办法是看公共关系活动在新闻媒体上的展露次数，或在公共关系活动后，消费者对企业或品牌的知名度、理解度及态度偏好方面的变化情况，以及观察实际的销售额与利润额的变化。通过对这些方面进行分析，可以对企业的公共关系活动及效果作出较客观、准确的衡量和评价，并就未来的活动提出建议。

案例｜"金六福"——中国人的福酒的促销策略

五粮液集团有限公司的前身是宜宾五粮液酒厂，1998 年经过公司改制成为集团有限公司。五粮液的酿酒历史已经有 3 000 多年。五粮液现存明代地穴式曲酒发酵窖，其历史已达 600 多年之久。正是这些窖池，奠定了五粮液辉煌史的基础。它是以五粮液系列酒生产为主业，涵盖塑胶加工、模具制造、印务、药业、果酒、电子器材、运输、外贸等多元化经营的特大型企业集团。集团公司占地 7 平方公里，现有职工 4.6 万人。2018 年 1—5 月，集团公司实现营业收入 389.4 亿元，同比增长 19.4％；利润总额 71.7 亿元，同比增长 41.8％。1999 年，五粮液集团和湖南新华联集团强强联合，推出了国内著名白酒品牌——"金六福"。该品牌的主打产品为金六福系列和福星系列。几年来，"金六福"酒以整合营销传播为理念，在竞争激烈的白酒业界创造了优秀的销售业绩。2017 年，"金六福"入选中国 500 最具价值品牌，"金六福"品牌价值达到 305.26 亿元。

◆"金六福"的品牌命名

从品牌名称可以看出，"金六福"的品牌核心价值围绕着我国传统的民族特色——"福"。"金六福"三字中，"金"代表富贵和地位；"六"为六六大顺；"福"为福气多多。金六福酒质的香、醇、浓、甜、绵、净与人们向往的六福——寿、富、康、德、和、孝有机地融合在一起。这一命名既凸显品牌的"福文化"，又与中国人追求吉祥富贵的心理紧密地联系起来。尤其是在喜欢讨个"口彩"的中国人心里，"金六福"成为喜庆时刻的首选品牌之一。

◆"金六福"的产品策略

"金六福"在我国首创了白酒产品星级分级方式，明确了产品档次的区分标准。这是在白酒产品分级方式上的创举，并很快为市场上的其他白酒品牌所仿效。

2002 年下半年，"金六福""为城市干杯"系列产品推出市场。在"金六福"酒的根据地湖南，一种被称为"为湖南干杯"的"金六福"酒在市面上出现。"金六福"——"为湖南干杯"系列产品一改白酒大品牌、大包装的传统做法，旗下六个产品品种分别体现张家界、爱晚亭、南岳、岳阳楼、岳麓书院、曾国藩等文化主题，采取了有针对性的不同的包装设计；并利用文字和图案对上述代表湖南地方文化特征的要素进行了描述和表现。"金六福"——"为湖南干杯"系列酒是根据当地口感酿制，在包装上又体现了目标消费者所熟悉的风土人物历史，具有很强的亲和力和文化底蕴，所以上市以后，很快获得了消费者的认同。随后不久，金六福"为湖北干杯""为河南干杯""特供江苏""为山东干杯"等产品也相继上市。

◆ "金六福"的宣传策略

"好日子离不开它，金六福酒"，提起"金六福"，恐怕很多人首先联想起的就是这个脆亮的童音广告口号。依靠"开门见福"的概念符号和具有冲击力的广告口号，"金六福"的名声迅速红遍大江南北。

以"中国人的福酒"为定位的"金六福"酒一直希望寻找到一个合适的宣传主题，最终它选择以"体育营销"为主打策略。"金六福"的对外宣传与一系列的体育事件联系在一起：2001—2004 年中国奥委会合作伙伴、第 28 届奥运会中国代表团唯一庆功白酒、第 21 届世界大学生运动会中国代表团唯一庆功白酒、第 14 届亚运会中国代表团唯一庆功白酒、第 19 届冬季奥运会中国代表团唯一庆功白酒、中国足球队进入 2002 年世界杯出线唯一庆功酒、世界杯出线珍藏酒及第 19 届冬奥会珍藏酒等。申奥成功，国足出线，进入新世纪的中国好运连连，相应的"金六福"的宣传策略也出台了。2001 年 7 月 13 日，北京申奥成功。金六福作为"中国奥运唯一庆功酒"这一赞助的价值顿时放大。在庆祝申奥成功的广告片中，金六福采用了时钟这个表现时间最直接的元素，各种各样的时钟不停运动，最后都定格在 7 月 13 日这一天。创意非常地单纯和直接，表现了"永远铭记这一天"的祝贺含义。在庆祝国足世界杯出线的广告片中，"金六福"采用象征手法，表现了 1957—2001 年国足 44 年的努力。

"金六福"的副品牌叫"福星"，福星酒以"喝福星酒，运气就是这么好！"为宣传主题，与主品牌金六福"中国人的福酒"这一概念可谓一脉相承。福星的广告《井盖篇》将"运气就是这么好"的创意发挥得淋漓尽致。广告以下列几个画面展开：都市中高楼林立的街道；由里向外的主观镜头：井盖被推开；俯视：井盖空着，就像一个黑黑的陷阱；一个西服翩翩的男性白领边打手机，边从一座五星级的宾馆里走出来；画外音：OK！（脚步声）；画面：男子一边走一边继续打手机；画外音：

OK！（脚步声）；画面：前面就是没有井盖的下水口了，男子仍打着手机；画外音：OK！（脚步声）；画面：对即将到来的危险一无所知，就在男子的一只脚踏向空洞洞的井口时，突然一个带着头盔的脑袋冒了上来，正好顶住了男子踏空的一只脚；画外音：OK！（脚步声）；画面：男子安然无恙地继续前行；男子和二三好友一起品尝福星酒；画外音：喝福星酒，运气就是这么好！品牌标版：金六福，中国人的福酒。

当中国足球队在 2001 年冲击世界杯的十强赛中胜利出线，主教练米卢一时间成了拯救中国足球的英雄，更有很多人将米卢誉为"中国足球的大福星"，米卢的人物形象和福星品牌"运气就是这么好"的定位不谋而合。终于，"金六福"费尽心思请来米卢拍摄他在中国的第一支广告。广告中米卢说："喝福星酒，运气就是这么好！"这支广告的效果可想而知非常理想。

从 2004 年 6 月开始，消费者发现，"金六福"在中央电视台以及黄金地段的户外广告已经换上了新装："奥运福·金六福"。伴随着雅典奥运火炬来到北京，金六福借奥运东风推出了新一轮整合营销传播。"金六福"通过大量的电视、路牌广告，围绕金六福一贯的"福文化"理念，使"奥运福·金六福"这一口号深入人心；同时，销售队伍的战术推广也以"奥运福·金六福"为核心，将"福文化"的理念以具体的促销手段、公关活动和消费者形成互动。

——资料来源：根据百度介绍资料改写。

根据案例，思考以下问题：

1．"金六福"采取了哪些促销举措？从这些措施中看出体现"中国人的福酒"这一形象定位？

2．"金六福"的促销指导思想与促销措施，对于企业开展促销有什么启示？

3．请你以北京冬奥会为主题，为"金六福"酒设计一个广告构思，并阐述为什么提出这样的构思？

| 本章内容提要 |

1. 促销是企业与消费者沟通的营销活动。随着消费方式的变化，现代企业将更多地通过与消费者的感情沟通，通过感性的诉求来促进产品的销售。有效的沟通过程通常要具备九个要素。

2. 促销组合包括四个方面：人员推销、广告、营业推广和公共关系。在选择具体的促销方式时，应考虑产品的类型、市场状况、企业策略、产品寿命周期等因素。不少企业利用企业形象设计进行促销。

3. 人员推销是一种古老而有效的促销方式。人员推销过程可以分为寻找顾客、进行推销和售后追踪三个阶段。要充分发挥人员推销的作用，需要合理确定人员推销的规模与结构，拥有优秀的推销人员，制定合理的薪酬和定期对推销人员的工作绩效进行评估。

4. 广告是付费的大众传播。广告的目标通常是告知、说服与提醒。制定广告决策需要确定广告的预算，要通过各种形式选择合适的媒体，把独特的创意传达给目标受众，对广告的效果应进行测定。

5. 营业推广大多属于短期性的购买刺激。营业推广的目标是消费者、中间商及推销人员，根据不同的目标可以选择不同的推广方式。

6. 企业利用公共关系与顾客、经销商、供应商、社区、政府、媒介等建立密切联系，通过提高企业的声誉，改善企业的形象来吸引消费者，进行促进产品的销售。

| 本章基本概念 |

促销策略　促销策略组合　情感促销　企业识别系统　人员推销　薪金制佣金制　薪佣制　广告　营业推广　公共关系

| 本章思考题 |

1. 企业应如何进行与消费者的有效沟通？
2. 确定促销组合应考虑哪些因素？
3. 企业识别系统包含哪些内容？应如何进行 VI 设计？

4. 人员推销的特点及推销人员的任务是什么?

5. 人员推销的过程是怎样的?

6. 如何设计人员推销的规模与结构?

7. 广告的目标有哪些?

8. 确定广告预算的方法主要有哪些?

9. 如何有效地传达广告的信息?

10. 主要的广告媒体有哪些? 如何选择广告媒体?

11. 如何测定广告的效果?

12. 营业推广的目标与主要方式有哪些?

13. 如何制订营业推广方案?

14. 公共关系的作用是什么? 公共关系的对象有哪些?

15. 公共关系活动的内容是什么?

第10章
市场营销管理

　　企业的市场营销活动是涉及众多因素的复杂的系统工程，其目标和任务是由许多参加不同类型的工作而又相互配合的人员共同实现和完成的。这就要求，总的目标和任务必须分解和落实到各类人员的身上，并赋予他们完成任务所需要的职权和确定相应的规章制度。同时，这也使在不同空间、不同时间和不同的利益上开展的各种活动能够配合一致，必须对市场营销的各种活动进行管理、指挥和协调，而这一切又必须通过计划、组织和控制职能发挥作用。因此，市场营销的计划、组织和控制，是企业市场营销总体系中的重要组成部分。

10.1 市场营销计划

　　市场营销计划是企业营销战略的重要职能之一，也是企业营销战略的最终体现。因为，市场营销管理的中心内容是企业对市场营销活动进行全面的有效的规划和控制，亦即是从满足消费者的需求出发，建立一整套系统的管理秩序和方法，把市场需求变成企业的战略目标，然后编制计划、执行计划来保证市场营销战略目标的实现，保证企业人财物等资源得到最合理的运用。

10.1.1 市场营销计划的含义和作用

　　市场营销计划之所以成为企业营销战略的重要组成部分，是因为市场营销管理的中心内容是企业对营销活动进行全面的有效的规划和控制，也就是以消费者为中心，建立一套系统的管理秩序和方法即营销计划，把市场需求变成企业的战略目标。

(1) 市场营销计划的含义。营销计划，是指企业从满足消费者需要出发制定的，关于企业产品、定价、分销、促销或品牌等营销方面的，对未来一定时期市场营销活动的规划和策略。一般来说，市场营销计划的内容涉及两个方面的基本问题：一是企业营销的最终目标是什么？二是通过什么方式和手段来实现营销目标？

(2) 市场营销计划的作用。中国古代"四书"中的《中庸》曰："凡事预则立，不预则废"。这里的"预"就是计划的意思，也就是说，做任何事情只有预先计划才能成功。在现代市场经济条件下，任何企业在开展市场营销活动以前，首先要明确为什么要开展营销，即营销的最终目的是什么，以及如何开展营销，即通过什么手段达到营销目的。所以，可以说没有营销计划，营销活动和营销管理就是一种盲目的活动，就会导致营销活动的混乱和效益低下。正是市场营销计划的特殊地位，决定了它在市场营销管理中的特殊作用。具体来说，首先，企业营销计划是基于现有市场形势和市场机会基础上制定的，因而不仅能发现和利用市场机会，而且能最大限度地避免和减少市场风险。其次，营销计划的制定是以消费者需求为出发点的，因而能使营销活动变得更经济更合理。再次，营销计划能使企业内部各部门和各方面之间的行动保持协调一致，使众人的努力形成一种合力，从而促使企业营销目标的最终实现。最后，营销计划是对未来市场营销活动的规划和行动策略，因此有利于企业对整个营销活动的有效控制。

10.1.2 企业市场营销计划地位的演变

研究我国企业营销计划及营销计划管理地位的演变，对建立和健全企业营销活动体系是十分必要的。我国企业的营销活动管理，经历了从被动到主动，从从属地位到现在的先导、主导地位的转变的一个复杂的发展过程。

(1) 从销售管理到市场营销管理。1978 年党的十一届三中全会以前，我国经济发展实行计划经济，企业的销售工作是围绕以生产为中心进行的辅助性、从属性工作，对外只能按上级规定的计划大纲规定承接订货、办理合同、签订手续、执行装箱发运职能，没有市场营销的决策权；对内，只有从事入库、装箱等成品管理职能。现在，随着我国商品经济的发展，为了适应市场竞争及更好地按社会需要组织生产经营，市场营销已发展成为企业对外经营的窗口，各企业都进行市场信息调查研究、市场营销机会分析、市场预测等先行工作，使市场营销计划处于整个企业管理的先导地位；同时主动掌握外部环境变化，建立公共关系，为用户服务，开拓市场及提高市场占有率，使市场营销工作处于主动地位。

（2）从销售计划到市场营销计划体系。我国企业的营销计划，经历了产品销售计划→企业销售计划→市场营销计划体系三个时期，实现了企业市场营销的战略转变。

① 产品销售计划时期。党的十一届三中全会以前，企业的产品销售计划在生产技术财务计划体系中，仅仅作为财务计划的收支平衡计划的附属计划，执行"计算"销售收入的职能，处于从属和被动地位。

② 企业销售计划时期。党的十一届三中全会以后，为了适应大力发展社会主义有计划商品经济的需要，企业的销售计划在地位上，从财务计划的附属地位变为先行计划的地位；在形式上，从产品销售计划转变为企业销售计划；在职能上，从"以产定销"变为"以需定产"；在计划形式上，从"生产—销售"计划，变为"销售—生产"计划；在内容上，不仅包括产品销售计划，还包括服务、劳务、附属产品、副产品等计划；在功能上，已对销、供、产进出口进行全面综合平衡。

③ 市场营销计划时期。党的十四大以后，许多企业适应我国建立社会主义市场经济体制、增强企业活力的需要，开始建立了市场营销计划体系。这种计划体系在纵向上以年度市场营销计划为主，向长远方向发展建立中长期计划体系；并向具体化方向发展编制季、月、旬计划及作业计划，从时间上完善化。在横向上，建立以产品营销计划为核心的有关计划，包括市场调查研究计划、市场开拓及事业发展计划、市场信息收集计划、技术服务计划、宣传广告计划、公共关系计划等，使市场营销计划趋于全面化、系统化、完善化、协调化。

10.1.3 市场营销计划的内容

在现实的市场营销活动中，市场营销计划内容是广泛的，有时指企业的整体计划，有时仅仅指企业整体计划的一部分，如产品决策计划。事实上，凡是企业营销活动中制定的与实现营销目标相关的计划都是市场营销计划的组成部分。所以，这里讲的营销计划一般包括以下内容。

（1）企业计划，指企业全部营销活动的整体计划，包括企业的营销任务、营销目标、发展战略、营销组合决策、投资决策等，但不包括整个业务单位的活动细节。企业计划既可以是年度的计划，也可以是长期的计划。

（2）部门计划，指企业内部的各部门在企业整个计划指导下制定的分计划，包括营销、财务、质检、生产制造和人事等部门的计划。从时间上说，分计划也有短期、中期、长期计划。

（3）产品计划，指产品决策计划，包括新产品的开发、老产品的更新换代与淘汰、产品结构调整和产品最佳组合、产品管理和出口产品销售计划等。产品计划的主要内容是围绕特定产品的开发制定相应的战略和具体战术。

（4）市场信息、调查、预测计划，包括市场信息收集、处理、存贮、传输计划、市场营销信息系统建立规划、市场调研和预测计划等。其主要目的是选择特定的目标市场，找准企业营销的市场机会。

（5）促销与分销计划，包括人员促销、宣传广告促销、营业推广和公共关系、促销策略组合、分销渠道选择、销售网络建立和发展、流通渠道完善化计划等。其主要目的是缩短产品销售时间，节省销售费用，提高企业的经济效益。

企业市场营销计划是一个完整的计划体系，在现实的市场营销活动中，必须把上述计划全部组织在计划体系之中，进行综合平衡、全面安排，使之能统筹兼顾、相互协调。同时，还要体现市场营销计划体系的目的性、全面性、完整性及系统性，把营销观念、营销方针、目标、战略、市场营销因素及组合等定性计划，以及提高企业市场营销竞争能力、市场开拓能力、适应环境能力、提高经济效益能力等方面的措施列入计划，组成综合营销计划。

10.1.4 市场营销计划编制程序

市场营销计划的编制，一般包括八个步骤，如图 10.1 所示。

（1）确定营销计划编制的基本原则。营销计划编制最基本和主要的，是实事求是、一切从中国的实际出发，既要看市场的需要，又要看企业能否实现的现实可能。在具体制订时，要明确本计划的制定目标和建立事项的简短

摘要，要求高度概括，用词准确，使上级管理部门及下级执行部门迅速抓住
计划的重点，有效地贯彻执行。

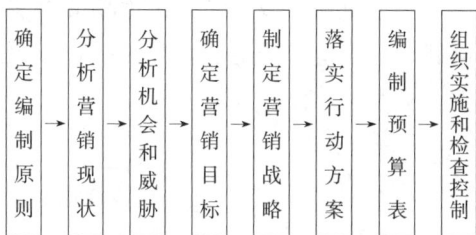

| 确定编制原则 | 分析营销现状 | 分析机会和威胁 | 确定营销目标 | 制定营销战略 | 落实行动方案 | 编制预算表 | 组织实施和检查控制 |

图 10.1　营销计划编制程序

（2）分析营销现状，提出关于市场、产品、竞争、分销和客观环境的背
景材料和数据，为编制计划提供客观依据。

分析现状主要包括分析市场现状、产品现状、竞争现状、分销现状、宏
观环境现状等。

市场现状，主要分析过去几年目标市场的规模状况和增长趋势，这通过
消费者需求、观念和购买行为变化的趋势等方面的数据来进行。

产品现状，主要是分析过去几年产品销售量、价格、利润等指标的变化。

竞争现状，主要分析主要竞争者的规模、目标、市场占有率、产品质
量、市场营销策略，并要了解他们的意图和行为。

分销现状，是指分析各个分销渠道上产品的销售量以及每个渠道重要地
位的变化。这种变化不仅包括分销商、经销商能力的变化，而且也包括激励
他们经销热情所需要的价格和贸易条件。

宏观环境现状，需要分析对营销前景有某种联系的客观环境的主要趋
势，如人口因素、统计口径因素、经济因素、技术因素、政治法律因素、社
会文化因素等的发展趋势。

（3）分析市场营销机会和威胁。许多企业都是在环境提供了一个诱人的
前景，发现了一种良好的机会的前提下，决定自己发展方向和目标的。所
以，在分析营销现状，取得大量的可靠的数据基础上，必须找出整个计划期
内在企业计划所指营销问题上存在的机会，同时也注意面临的威胁，分析企
业本身的优势和劣势，找准机会，使劣势变为优势。

企业市场营销机会是指对企业市场营销管理富有吸引力的领域。在该领
域内，企业将拥有竞争优势。企业要获取一种营销机会，必须具备某些条

件，而每个企业都有自己的优缺点和特定的生产能力，只有两者相结合，才能形成企业机会。威胁是指环境中一种不利的发展趋势，如果不采取果断的市场营销行动，就会面临严重竞争或有被挤出市场的可能。每一个企业只有分析了市场机会与威胁，找出优势与劣势，才能扬长避短。现以某电视机厂开展的分析为例说明（见图 10.2）。

优　　势

1. 产品属于名牌

2. 有传统的市场，市场占有率高

3. 有年产 50 万台能力

4. 有 30 年的生产经验

5. 有较强的技术能力

6. 工厂所在地属于全国第二大城市

劣　　势

1. 名牌产品的变形少

2. 生产设备较陈旧

3. 零件自供量大

4. 老工人比重大

5. 社会负担重

机　　会

1. 坚定以质量取胜，保名牌，提高产品形象

2. 引进国外先进设备，提高产品质量

3. 发展多种型号产品

4. 以名牌产品为龙头组成企业集团，使产品达 200 万台，并严格控制分厂质量

5. 用法律手段，打击冒牌货，并扩大宣传

6. 运用召开展销会的办法，开拓新市场

7. 出口扩大

8. 吸收新工人并更新设备

威　　胁

1. 五个名牌产品进入传统市场

2. 有冒本厂牌号产品充斥市场

3. 两个名牌产品质量较好

4. 两个名牌产品形成企业集团

5. 价格竞争激烈

6. 促销手段灵活多样

图 10.2　某厂市场营销分析图示

（4）确定营销目标。营销目标是营销计划的核心部分，是在分析营销现状并预测未来的机会和威胁的基础上确定的。

企业的营销目标是指在本计划期内所要达到的目标，一般有两类：① 财务目标，包括利润额、销售额、市场占有率、投资收益率等所组成；② 营销目标。一般而言，财务目标，必须转化为营销目标，如利润额、销售额、市场占有率等，才能真正实现财务目标。如果一个企业的利润目标原来是 500 万元，现在是 750 万元，原来的销售量是 4 000 万元，市场占有率是 20％，那么它现在的营销目标，销售量必须达到 6 000 万元，市场占有率达到 30％。

营销目标的制定必须注意四个方面：① 各个目标必须以不含糊的而且以能测定的形式表达，并有一定的完成期限；② 各目标应保持内在的一致性；③ 如果有可能，目标必须分层次地加以说明；④ 这些目标既有可行性，能够达到，又具有足够的挑战性，能激发员工的最大努力。

（5）制定营销战略。营销战略是企业用以达到营销目标的基本途径或手段，包括目标市场的选择、产品市场定位、市场营销组合、市场调研等主要决策。

企业营销每一个目标都可通过各种途径去实现。如企业的利润指标增加，既可以通过提高单位产品销售价格，也可以通过扩大产品销售量去取得。营销战略就要从这些途径中选择最佳方案。提高单位产品销价，可能会引起销售量下降，扩大产品销售量又可能会受企业生产能力制约等，这就需要企业注意各方面的分析，保证计划的可行性。

（6）落实行动方案。行动方案是指将营销战略转化为具体的行动措施。企业解决了营销目标和方向以后，欲达到目的，还需要解决手段和工具的问题。行动方案就是解决如何做、谁来做、什么时候做的问题。它以行动的时间、空间、人力、步骤、经费为要素，规定着哪些行动能导致目标的实现，防范那些背离和干扰目标的行动，克服混乱和浪费。

（7）编制预算表。根据行动方案编制预算方案，收入方列出销售数量及单价，支出方列出生产、实体分销及市场营销费用，收支差即为利润或亏损。上级主管部门负责该预算的审查、批准和修改，而且批准后，此预算即成为购买原料、安排生产、支出营销费用的依据。

（8）组织实施和检查控制。这是营销计划编制的最后环节，用来监控整个计划过程，基本做法是将计划规定的目标和预算按季度、月份来制定，这样便于主管部门对计划执行情况随时监督检查。

10.2 | 市场营销组织

营销计划要靠营销组织去实施。市场营销组织是企业内部涉及市场营销活动的各个职位及其机构，是有效实现营销管理的重要保证。因此，营销组织决策是市场营销管理的一个重要内容。

10.2.1 市场营销组织的特点及其演变

市场营销组织是保证市场营销计划执行的一种手段，也是企业实现其经营目标的核心职能部门。

(1) 市场营销组织的特点。一般而言，以市场营销观点为经营指导思想的企业，其营销组织具有系统性、适应性的特点。所谓系统性，是指企业内部各职能部门，如市场营销部门、市场调研和预测部门、生产部门、财务和人事等部门组成一个完整的系统。市场营销部门起着指挥和协调各部门的作用，各职能部门的活动均以顾客为基础和出发点，来制定策略、计划，并通过从整体上满足消费者的需求，以实现企业利润目标。适应性是指企业的营销组织机构必须适应外界环境的变化，对瞬息万变的市场环境能作出迅速的反应和决策。如果企业营销组织不能根据外部环境的变化，及时作出决策，就会坐失良机。

(2) 营销组织地位的演变。市场营销组织的结构及其职能，是随着企业经营观念的变化而发展的。

从市场营销组织在企业内的地位及与其他部门之间相互关系的变化，可以看到市场营销组织的演变过程与市场营销观念的演变过程是密不可分的，营销组织的演变至少可以划分为五个阶段。

第一阶段，简单销售部门。这种销售机构，反映了企业是以生产观念作为经营指导思想。销售部门是作为企业几种基本职能部门之一，只负责产品的推销工作，并通过管理好推销人员，促使他们销售出更多的产品（见图10.3）。

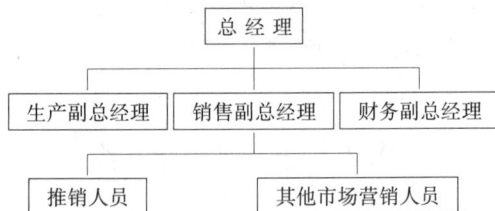

图 10.3 简单的销售机构

第二阶段，销售部门兼有其他附属功能。这种销售机构与推销观念为企业经营指导思想相适合。随着企业规模的扩大，销售工作日益复杂，销售部门除了推销产品以外，还完成许多辅助的职能，如市场调研、广告宣传、销售服务等（见图 10.4）。

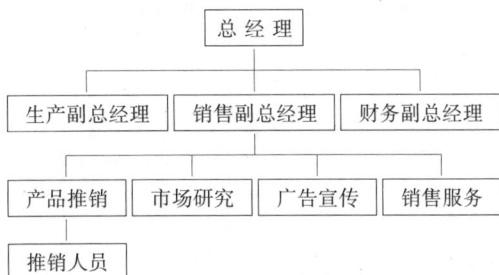

图 10.4　销售部门兼有其他附属功能的销售机构

第三阶段，独立的营销部门。由于商品经济的发展，企业规模的进一步扩大，竞争加剧，原有销售部门已不能适应市场变化的需要。因而成立了独立的销售部门，除了销售商品外，还进行市场营销研究、新产品的发展、广告及促进销售等。然而，这时销售副总经理仍然以较多的时间关心推销人员。市场副总经理与销售副总经理并行（见图 10.5）。

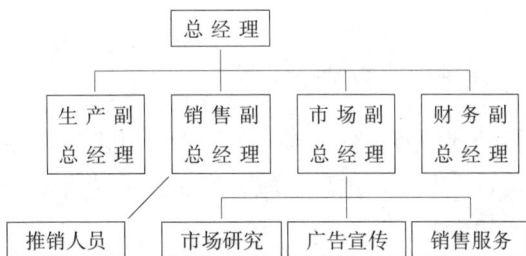

图 10.5　独立营销部门

第四阶段，现代营销部门。由于市场营销观念成为企业的经营指导思想，在以消费者为中心的市场营销活动中，开拓市场的重要性突出。市场营销部门从长期利益考虑如何开拓市场，而推销部门满足于短期利益单纯追求销售量，两者之间的矛盾影响着市场营销活动的开展。在这种形势下，出现了推销人员附属市场经理领导的现代市场营销部门（见图 10.6）。

第五阶段，现代营销组织。一个企业建立了现代营销部门，并不一定表示企业就能在现代市场营销观念指导下开展其生产经营工作。重要的还在于企业全体成员对企业的营销工作端正经营思想，如果他们认为营销只不过是

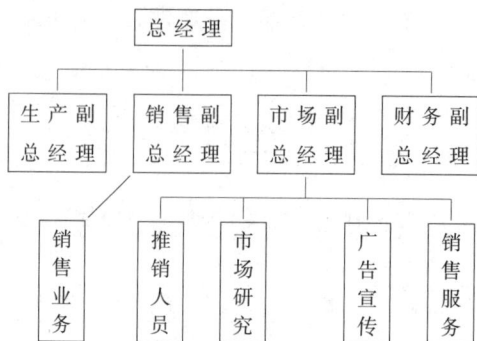

图 10.6　现代营销部门

　　一种推销功能，企业各部门各自强调其工作的重要性，形成多种中心。例如生产部门只考虑如何将产品高效率地生产出来，不问市场需求；财务部门只强调降低产品成本，不主动地适应消费者需求变化，那么不管市场营销部门如何健全，市场营销工作也难有效地开展工作。所以，只有当企业全体成员把企业的所有部门的工作都看成是"为消费者服务"的时候，认为"市场营销"不只是企业内某个部门的名称，而且是整个企业的指导思想时，才形成了真正的营销组织。

10.2.2　市场营销组织的基本形式

　　现代企业的营销部门有多种形式，但不管哪种形式，都必须适应市场营销活动的四个方面，即职能、地理区域、产品和消费者市场，因此，市场营销组织有四种基本的模式。

　　（1）职能型组织形式。这是最常见的营销机构模式（见图 10.7）。强调市场营销的各种职能，如市场调研、销售计划、广告推销、销售业务、新产品发展等的重要性。在职能型营销组织中，市场营销经理的工作就是协调各职能部门的活动。

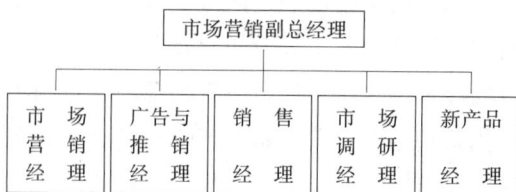

图 10.7　按职能设计的组织机构

　　职能型组织形式的主要优点是行政管理简单，具体说：① 贯彻了专业分工的要求，有利于在人力利用上提高效率；② 职责分明，落实各类人员对各类工作成果的责任；③ 集中管理、统一指挥，有利于维护领导对指挥和控制活动的权力和威信。不过随着企业产品种类增多，市场扩大，这种组织形式会失去其有效性，因为没有一个职能组织为具体的产品或市场负责，每个职能组织都力求获得与其他职能组织对等的地位。因而面临着如何进行协调的问题。

　　（2）地区型组织形式。在全国范围内销售产品的企业通常按地理区域设置营销机构，安排销售队伍（见图 10.8）。设置地区型组织主要是地区的差异，各市场不同的地理气候、经济环境、生活习惯、购买能力、顾客意向等都有很大的差异。

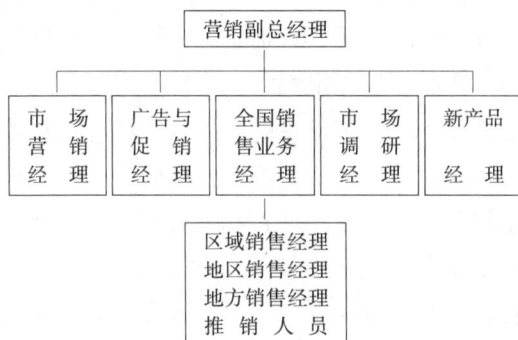

图 10.8　按地区型设置的组织机构

　　地区型组织形式的主要特点是：① 管理幅度与管理层次相对增加，这样便于高层管理者授权，充分调动各级营销部门积极性；② 发挥该地区部门熟悉该地区情况的优势，发展特定市场。它的主要缺点是：各地区的营销部门自成体系，容易造成人力资源的浪费，地区销售经理更多地考虑本地区的利益。

　　（3）产品管理型组织形式。生产多种产品或品牌的企业，常常建立一个产品或品牌经理组织形式，这种形式并没有取代职能型组织形式，只不过是增加一个管理层次而已。产品管理型组织形式由一名产品主管经理负责，下设几个产品大类经理，产品大类经理又监督管理某些具体产品经理（见图 10.9）。

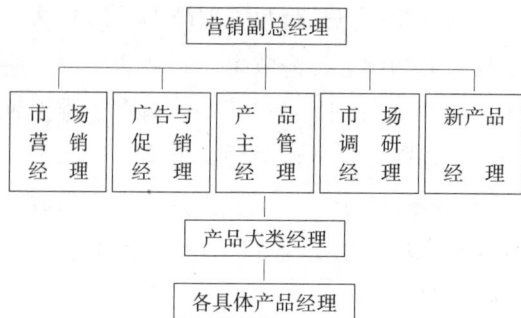

图 10.9 产品管理型组织形式

最早的产品管理型组织出现于 1927 年的宝洁公司，当时，开发的一种新肥皂景况欠佳。一位名叫纳尔·麦克埃尔罗伊的年轻人（后来升任宝洁公司总经理），受命统筹开发和推销，他取得成功，于是公司随之增设了其他产品经理。从那时起，许多公司，特别是生产食品、肥皂、化妆品和化工产品的公司，都建立了产品管理型组织。

产品经理的主要任务，是制定发展产品的长期经营和竞争战略，编制年度营销计划，并负责全面实施计划和控制执行结果。

产品管理型组织形式的优点：① 产品经理能够将产品营销组合的各要素较好地协调起来；② 能对市场上出现的问题迅速作出反应；③ 较小的品种或品牌由于有专人负责而不致遭忽视；④ 由于涉及企业经营的各个领域，对年轻经理们是经受锻炼的好位置。

然而，这种组织形式也有其不足：① 产品经理未能获得足够的权威，以有效履行自己的职责，只有靠劝说的方法取得广告、销售、生产等部门的配合；② 他只能成为本产品的专家，很难成为职能专家；③ 这种管理形式的费用常常高出原先的预料；④ 产品的经理任职期限较短，故使市场营销计划缺乏长期连续性。

（4）市场管理型组织形式。这是指企业按照市场的不同划分建立市场管理组织。例如钢铁公司将钢铁既卖给商业企业，又卖给建筑业和加工业等，这种组织形式由副总经理统一领导协调各职能部门的活动（见图 10.10）。

市场管理型组织的结构与产品管理型组织的结构基本相同，只是由面对不同类型产品改为面对不同类型市场，各个市场由市场经理负责，他们的职责与产品经理相类似。市场管理型组织有着与产品管理组织型相同的

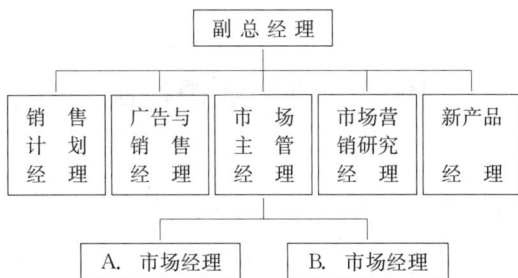

图 10.10　市场管理组织形式

优缺点，其最大的优点是，市场营销活动是按照满足各类显然不同的顾客的需要来组织和安排的，而不是集中在营销功能和销售地区的扩大造成营销费用的增加。在以市场经济为主的国家中，越来越多的企业的市场营销组织都是按市场管理型建立的。但它也有不足：存在权责不清和多头领导的矛盾。

（5）产品/市场管理型组织。生产多种产品并向多个市场销售的企业，常常会遇到如何设置机构的难题，它们可以采用产品管理型组织，那就需要产品经理熟悉广为分散的各种不同的市场；也可以采用市场管理型组织，那就需要市场经理熟悉销往各市场的五花八门的产品。为了使这两个问题能很好地统一起来，企业必须建立一种既有产品经理，又有市场经理的两维矩阵式结构（见图 10.11）。

图 10.11　产品/市场管理矩阵结构

产品经理负责产品的销售利润和计划，为产品寻找更广泛的用途；市场经理开发现有和潜在的市场，着眼市场的长期需要，而不只是推销眼前的某种产品。这种组织形式适用于多角化经营的企业，不足之处是费用较大，而且由于权力和责任界限比较模糊，易产生矛盾。

10.3 市场营销控制

市场营销控制是对市场营销计划执行情况的监督和检查，其目的是指出计划实施过程中的缺点和错误，以便加以纠正和防止重犯，并采取必要的对策，保证营销战略目标的实现。营销控制包括年度计划控制；赢利能力控制；战略控制和市场营销审计。

10.3.1 年度计划控制

年度计划控制，是指企业在本年度内采取控制步骤，检查实际绩效与计划之间是否有偏差，并采取改进措施，以确保市场营销计划的实现与完成。年度计划是由企业高层管理者和中层管理者负责控制的，其目的在于确保企业达到年度计划规定的销售、利润及其他目标。年度计划控制的中心是目标管理，控制的步骤如图 10.12 分为四个阶段。

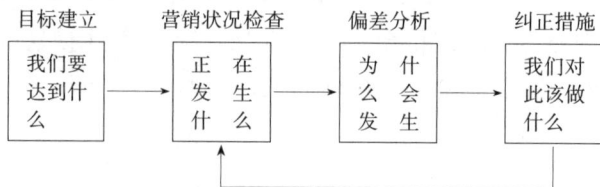

图 10.12 年度计划控制过程

图 10.12 具体地说是四个问题。

（1）管理者必须把年度计划分解为每月或每季的目标；

（2）管理者随时跟踪掌握营销情况；

（3）管理者必须对任何严重的偏离作出判断；

（4）管理者采取措施，或改进实施方法或修正目标本身，弥合目标与实际执行结果之间的差距。

这一控制方式适用于企业及企业内各个层次，区别在于最高主管控制的是整个企业年度计划的执行结果，而企业内各部门控制的只是各个局部计划执行的结果。

10.3.2 赢利能力控制

赢利能力控制是通过分析不同产品、销售地区、顾客群、销售渠道、订单大小等分类的实际获利情况,从而使企业决定哪些营销活动应当适当扩大、哪些应缩减,以至放弃。

要实行赢利能力控制,首先要确定市场营销成本,营销成本直接影响企业利润。一般说,企业营销成本包括五个方面:① 直接推销费用,包括直销人员的工资、奖金、差旅费、培训费、交际费等;② 促销费用,包括广告媒体成本、产品说明书、印刷费、赠奖费用、展览会费用、促销人员工资等;③ 仓储费用,包括租金、维护费、折旧、保险、包装费、存货成本等;④ 运输费用,包括托运费用等;⑤ 其他市场营销费用,包括市场管理人员工资、办公费用等。其次分析企业获利能力表。将销售收入减去销售成本及其他费用即得利润。现以某企业为例对其经营产品获利情况进行分析(见表 10.1)。

表 10.1 产品获利能力分析表

单位:万元

	产品 A	产品 B	产品 C	产品 D
销售收入	28	35	60	42
制造成本	15	23	38	29
毛 利	13	12	22	13
费 用	8	14	15	12
净 利	5	−2	7	1
销售收益率(%)	17.9	−5.7	11.7	2.4

从表 10.1 中可知各产品的获利情况,其中只有产品 B 是亏损的,若企业要求销售收益率在 5% 以上,则产品 A、C 已完成。对于产品 B、D 应进行详细分析,是由于销售价格太低、费用太高,还是制造成本分摊不合理? 必须找出产品收益低的原因,再采取相应的对策。如降低销售费用和制造成本,如果经过这种措施以后仍未能扭转亏损,那就舍弃它们。

10.3.3　战略控制和市场营销审计

市场营销战略，是指企业根据自己的市场营销目标，在特定的环境中，按照总体的策划过程所拟定的可能采用的一连串行动方案。战略控制是指市场营销管理者采取一系列行动，使实际市场营销工作与原规划尽可能一致，在控制中通过不断评审和信息反馈，对战略不断修正。

营销审计是战略控制的主要工具。任何企业必须经常对其整体营销效益作出缜密的回顾评价，以保证它与外部环境协调的发展。因为，在营销这个领域里，各种目标、政策、战略和计划过时不适合市场情况是常有的事，因此，企业必须定期对整个营销活动进行审计。

营销审计是对企业的营销环境、目标、战略和活动所作的全面的、系统的、独立的和定期的检查，其目的在于决定问题的范围和机会，提出行动计划，以提高企业的营销业绩。

营销审计的基本步骤见图 10.13 所示。

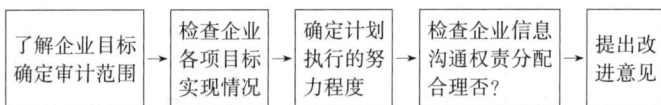

了解企业目标确定审计范围	→	检查企业各项目标实现情况	→	确定计划执行的努力程度	→	检查企业信息沟通权责分配合理否？	→	提出改进意见

图 10.13　企业营销审计程序图示

市场营销审计主要由六个方面组成。

（1）营销环境审计。它主要是对经济、技术、政治、社会文化等宏观环境的审查，以及直接影响企业营销的因素，如市场、顾客、竞争者、经销商等的检查分析。

（2）营销战略审计。它主要考察企业营销目标、战略以及当前及预期营销环境适应的程度。

（3）营销组织审计。它审查营销组织在预期环境中实施组织战略的能力。

（4）营销系统审计。它包括对企业营销信息系统、计划系统、控制系统及新产品开发系统的审查。

（5）营销效率审计。它检查各营销单位的获利能力和各项营销活动的成本效益。

（6）营销职能审计。这是对营销组织的每个因素，如产品、定价、渠道和促销策略的检查评价。

在市场营销活动中，市场营销审计的执行过程与企业其他审计（如财务审计）是相同的，只是由于环境的迅速变化，市场营销审计更加经常化，它可以由企业内部人员来做，也可以聘请外部专家进行，以减少本身的偏见，更能正视企业的现实，同时专家们的专业知识和经验能够给企业提供帮助。

案例｜"雕牌"的营销控制

"雕牌"是浙江纳爱斯集团的一个知名品牌，而纳爱斯集团在2015年"中国500强企业"中排名323位①。自1994年以来，纳爱斯集团完成各项经济指标已连续9年稳居全国行业榜首，是中国洗涤用品行业的"龙头"企业，已进入世界洗涤前八强。现有员工10 000多人，是中国规模最大、设备也是一流的洗涤用品综合生产基地。纳爱斯在湖南益阳、四川成都、河北正定、吉林四平、新疆乌鲁木齐设有五大驻外生产基地，在19个省市自治区的30家工厂进行贴牌生产加工，其中包括宝洁、汉高、湖南丽臣等跨国公司的在华企业和国内的知名品牌。纳爱斯集团由于发展迅速，业绩突出，多年多次荣获"中国轻工优秀企业""中国轻工先进集体""中国企业500强""质量效益型企业"以及"诚信示范企业""AAA级信用企业""A级纳税信誉单位""国家生态示范点"等殊荣和称号。

"妈妈，我能帮你洗衣服了。"这句经典而令人眼圈发红的广告词，赚得了人们的眼泪，也使得雕牌肥皂和洗衣粉为人们所熟知，成为纳爱斯集团的两大支柱品牌之一。1992年5月，纳爱斯与香港丽康发展有限公司合作成立"中外合资浙江纳爱斯日用化学有限公司"；6月，"雕牌"超能皂问世，经过20多年的发展，浙江纳爱斯集团使它的"雕牌"洗衣皂的产销量从行业倒数第二跃至全国第一；在"雕牌"超能皂问世仅仅一年，纳爱斯又把它的新产品——"雕牌"洗衣粉送上了行业"龙头"

---

① "2015中国制造业企业500强排行榜"，2015中国500强企业高峰论坛，举办地点：广西南宁，2015年8月23日。

的宝座。"雕牌"的快乐与亢奋在2001年达到了极致,"在20世纪的最后一年,我们的确腾飞了",庄启传,浙江纳爱斯集团董事长兼总经理在2001年集团职工代表大会上自豪地说。而这一品牌是如何运作并成功地推向市场的呢?我们说"雕牌"在广告战略和价位上的优势是其异军突起、后来居上的重要原因,而强大的分销体系则是"雕牌"得以顺利走向市场的最坚实的后盾和铺开市场的重要通道。

通过20多个贴牌生产厂商,货物被直接销售和运送到2 000多家客户手中。而这些客户大部分身处当地最大的批发市场。他们利用批发市场的客源和极其低廉的成本,或者买主自提,或者空车配货的方法,把雕牌洗衣粉迅速销售到更深入的乡镇商店内。而对比国际客户的三级分销方式和送货下乡,雕牌的渠道通路的优势是绝对的。即便是和"奇强"的办事处模式比较,这种直运的模式显然也更为经济和有效。

纳爱斯集团在"雕牌"皂粉的分销中,采取了相当有效的铺市措施,并给予经销商以足够的优惠,如在与经销商签订合同时,都会向经销商许诺年底给予一定的返利,从经销商的角度,保证了他们在年底得到相应的回报,这在很大程度上提高了经销商的积极性,而大力度的广告宣传也使经销商对产品的大众接收程度高枕无忧。另外,促销也是"雕牌"给经销商的额外安慰。在低价的基础上,100箱加赠14箱的促销力度足以让经销商足够惊喜了。

纳爱斯也将市场经营工作重心放在超市、卖场上,开创城市辐射农村的新局面。因为有了多年流通网络建设的基础和经验,又实行了保证金制度,使得"雕牌"在市场开拓上有足够的优势,也让"雕牌"洗衣粉走进广大的农村市场显得游刃有余。于是"雕牌"开始转变市场战略,走了一条中国革命取得胜利的道路——农村包围城市,它在全国各地实行分公司建制,直做超市、商场,最终形成城市辐射农村的格局。推行网络扁平化管理,减少中转环节,降低经营成本。同时,继续推行经销商保证金制度。这是对品牌经营和品牌忠诚度的"试金石"。庄启传认为:不提高经营"纳爱斯""雕牌"两大品牌的门槛,限定条件,锁定网络;不能让经销商获利和消费者受惠,纳爱斯大业势必难成。如此一来,经销商成倍增加,市场大大拓展,为集团更大发展铺平了道路,采取了自建网络与经销商并行的营销策略。正是"雕牌"这种自上而下对渠道的重视和大力的投入，才能使得"雕牌"在竞争对手众多的激烈市场上脱颖而出。我们可以看一下"雕牌"这种对渠道的强大的后盾支持终于有了可以预见的效果。

2004 年，纳爱斯集团的终端销售取得了喜人的成绩，而江苏分公司更是积极抢占制高点，合理安排促销，终端销售更是连创新高，实现了三级跳，销售额与去年同比递增超千万元。在时间上突出不同阶段的战略重点。

一季度：完善管理体系。针对江苏终端分布既相对集中在省会城市，又发散式分布在地县级城市的个性特点，江苏分公司狠下功夫完善管理制度和网络配送体系，规范价格体系，理清网络销售结构，调整人员配备，改变作业环境，为实现"零距离面对终端"打下了较为扎实的基础。

二季度：合理安排促销。在一季度打下坚实基础的前提下，发挥具体操作的思维空间，凭借纳爱斯和雕牌企业以及产品的知名度和消费者的认可度，迎来了终端销售的旺季。通过合理安排促销，进行错位销售，扩大排面陈列，增加销售品种，分别与苏果、大润发、时代、新一佳、北京华联等超市合作，参与洗化节活动和厂商周活动，各业务人员积极选择洗化区有利地段，布置展台和端架，极大提升了产品的形象。卖场、超市销售增长明显，同第一季度相比增长率为 51.83%。

三季度：配合超市挖潜。7、8、9 三个月更是捷报频传。通过与各大超市紧密配合，深挖潜力，销量不断攀升，有的超市由于来不及办理银行承兑汇票而直接打款购货。大润发超市安排的透明皂促销创下了单个产品店均销售 1 000 箱的佳绩，有的门店在海报开档后 3 天内 1 000 箱透明皂就销售一空。同时针对苏果、时代、家乐福等超市安排的促销产品也适销对路，销量提升明显，其中苏果超市与第一、二季度销售相比增长率分别为 76.09% 和 60.88%。纳爱斯、雕牌产品受到了消费者的广泛青睐，分公司三季度终端销售与第一、二季度相比分别增长 124.45% 和 47.83%，实现了终端销售的三级跳。

同时，随着与各超市合作的层次不断提升，渠道不断拓宽，销量大幅提升，获得了双赢，从而形成了战略伙伴关系。很多卖场、超市的采购经理通过数据分析,对纳爱斯集团产品的市场竞争力一致看好,他们纷纷称赞集团终端销售理念和灵活多变的操作方式适应了市场竞争环境。正如江苏一连锁超市采购总监所言:"纳爱斯、雕牌产品被越来越多消费者喜欢,从纳爱斯产品的销售我们看到了民营企业的潜力所在,我们将一如既往地与纳爱斯携手共进,强强联手、实现双赢的营销理念"。

此外,委托加工、营销网络的本土化是纳爱斯集团又一个性化的分销特点。在上文中提到的包括德国汉高在内的四个洗涤剂生产厂和宝洁的两个工厂在内的遍布全国的19个省的30家企业,他们每天都在生产着"雕牌"的产品,也就是说这些知名企业的在华生产商同时生产着和他们竞争市场的竞争对手的产品,有报道说,徐州汉高洗涤剂有限公司,脱离了亏损4 000万元的窘迫而扭亏为盈,甘肃的"兰星"扭亏为盈创了该厂20年来的洗衣粉生产历史记录,上海制皂厂等企业专程学习考察纳爱斯,学习雕牌等品牌做大做强的经验。不仅如此,这些委托加工企业,已经成为纳爱斯在全国的市场上迅速铺开的燎原之火,大大降低了运输的成本,而且为销售网络的本土化打下了坚实的基础。

纳爱斯集团看到了终端销售和渠道铺陈带给整体产品市场的巨大推动力,2004年10月31日—11月3日,纳爱斯集团召集各分公司经理、终端办负责人、区域经理,举行了为期四天的销售研讨会,共商2005年的销售政策。

在2004年,点对点、门对门的终端销售在不少区域取得显著效果,许多分公司、代理(分销)商尝到了网络细化的甜头,送货积极性高涨,同时也认识到这是今后发展的趋势。纳爱斯集团将进一步实行扁平化区域代理制,因地制宜,继续推广和加强点对点、门对门送货。终端在原有基础上又有很大提升,尤其铺货陈列、品牌形象大为改善。把终端分销放在了重中之重的位置上。

——资料来源:根据"上海财经大学现代市场营销研究中心"资料改写。

根据案例,思考以下问题:

1. 从"雕牌"的案例中可以学到怎样的营销控制方法?

2. 根据案例，你认为分销体系的建立对于怎样的产品销售具有关键的作用？

3. 请根据案例，谈谈"雕牌"为什么选择终端作为主要提升品牌形象的方法？

本章内容提要

1. 市场营销管理是对企业营销的各种活动进行管理、指挥和协调，它通过计划、组织和控制职能发挥作用。我国的市场营销管理，经历了从被动到主动、从从属地位到现在的先导、主导地位的转变的一个复杂的发展过程。

2. 企业的市场营销计划是企业营销战略的重要职能之一，也是企业营销战略的最终体现。营销计划包括企业计划、部门计划、产品计划、市场信息调查、预测计划和促销与分销计划。

3. 市场营销计划的程序编制为：确定营销计划编制的原则、分析营销现状、分析市场营销机会和威胁、确定营销目标、制定营销战略、落实行动方案、编制预算表、组织实施和检查控制。

4. 市场营销组织是保证市场营销计划执行的手段，是企业实现其营销目标的核心职能部门。现代市场营销组织经历了简单营销部门、销售部门兼有其他附属功能、独立的营销部门、现代营销部门、现代营销组织五个阶段的长期演变过程。营销部门最基本的组织模式有：职能型、地区型、产品管理型、市场管理型、产品/市场型。

5. 市场营销控制是营销管理的重要职能之一，营销控制包括年度计划控制、赢利能力、战略控制和市场营销审计。因控制者、控制目的和方法上的差异，它们各有侧重和特点，可以相互补充。

本章基本概念

市场营销管理　市场营销计划　市场营销组织　市场营销控制
企业计划　部门计划　市场营销战略　市场年度计划控制

赢利能力控制　　市场营销战略控制　　市场营销审计

| **本章思考题** |

1. 为什么要对市场营销活动进行管理?
2. 市场营销计划编制有哪些程序?
3. 企业营销组织的演变过程是怎样的?
4. 现代企业营销组织有哪些基本形式?
5. 市场营销控制的基本方式有哪几种?

第六版后记

本书从第一版的出版发行，到第六版的修订，经过这么多年，主要是得到广大读者的厚爱，所以首先要感谢广大读者！

本书的多次出版和印刷，在社会上广为流传，还因为本书随着社会经济的发展和社会实践的丰富而不断进行修改。一本好的教材，必然是紧密联系中国特色社会主义市场经济乃至世界市场经济运行的结果。由于满足了广大读者和社会发展的需要，所以本书获得了上海市优秀教材三等奖。

第六版的修改仍然由我一个人完成，封培琴承担大量的资料收集和汇总。由于时间的创促和理论修养的限制，本次的修改，保持了原来的体系结构，调整了部分基本原理和撤换了一些数据和案例。做这样的变动，本意是尽量能适应社会经济与市场经济发展的需要。

最后要感谢对本书成书和修改作出贡献的，在后面列出的和没有列出有关国内外的论著和作者；特别要感谢复旦出版社、特别是经管分社的社长徐惠平先生，以及后期一直关心和支持本书修改和出版的姜作达老师所作出的贡献！

徐鼎亚

2018 年 10 月于上海大学社会科学学部

第一版后记

　　现代市场营销学是商品经济高度发展的产物，是现代企业经营管理经验的总结，它是一门实践性、应用性很强的科学。今天，市场营销学在发达的资本主义国家中已成为培训工商管理人员必备的专业知识，亦被推广到社会的各个领域，受到了社会的普遍重视。而我国在 20 世纪 80 年代以前，一直没有重视对它的研究和应用，因为我国在此之前一直实行计划经济模式，所以不可能提出建立具有中国特色社会主义市场营销学。1978 年党的十一届三中全会以后，我们党将工作重心转移到社会主义现代化建设上，逐步开展了经济体制改革，特别是十四大提出建立社会主义市场经济体制的目标模式，市场营销学理论的学习和应用已越来越被企业所重视。与此同时，国内许多学者、专家编著了大量的有关市场营销方面的专著、教材，许多高校，特别是经济管理院校，已把市场营销理论作为必修课程，这为我国进一步开展市场营销理论的研究和应用创造了良好的社会条件。

　　近年来，作者在教学过程中，学习了国内外各种版本的市场营销学论著，并作了一定的研究，从中得益匪浅。但在学习和研究中发现，许多论著都是针对经济管理类高校学生的特点而编写的，内容过于庞杂，还有许多论著运用的实例是商品经济高度发展的发达国家的，与我国现实国情存在某些差距。同时，对于一般高校非经济管理类的本科生，以及经济管理类专科生来说，已出版教材与计划的教学时数存在一定的矛盾。今天，高校本、专科学生在校期间必须学一点市场经济方面的理论，特别要学习市场营销学方面的专业知识，是不容置疑的。但是，如何做到既使他们掌握市场营销的基本理论，又与教学计划时数相符合，这是需要探索的一个新课题。本着这种愿望，我们几位在高校长期从事经济理论教学的中青年教师，经过一年多的辛勤努力，编写了本书。本书的最大特点是在阐明市场营销基本理论的基础上，增强了实用性、适应性，如对当今市场营销十分重视的品牌、商标、包装、装潢等作了大量的阐述。本书的另一特点是简单扼要、深入浅出、通俗易懂。当然，我们深知要编写一本既阐明市场营销基本理论，又适合我国具体国情的新颖的市场营销学教材，并非易事。限于作者的理论修养、实践经验的不足，愿望和结果实难完全一致。作者在尽心尽力以后，只能听候读者评判了。

本书是集体劳动的成果，由朱建荣拟定编写提纲，龙锦参加大纲讨论，徐鼎亚进行修改最后确定编写篇目。具体分章编写如下：徐鼎亚（第二章、第三章）、朱建荣（第一章、第四章、第八章）、龙锦（第五章、第六章、第九章）、汪政（第七章、第十章）。全书由徐鼎亚负责统稿，龙锦参与部分章节统稿，最后徐鼎亚修改（个别章节作了改写和重写）定稿。

本书在编写过程中，参考和吸取了国内外理论工作者的有关研究成果，在此表示衷心的谢忱。

本书的出版，得到复旦大学出版社、上海大学教材科、浙江经济高等专科学校工商系的大力支持，责任编辑徐惠平主任审读全书并提出了许多宝贵的修改意见，姚蓉作了大量的文字打印工作，为全书的出版创造了良好的基础。没有他们的支持和辛勤的工作，很难设想在短期内与读者见面。在此，作者一并表示衷心的感谢。

徐鼎亚

1997 年 5 月

第二版后记

本书自 1997 年 9 月出版以后，承蒙各兄弟院校同行及广大读者的厚爱，纷纷采用本书作为教材，使本书连续印刷 8 次。面对如此众多的读者，我深感自己责任之重大。当我接到复旦大学出版社徐惠平先生要我重新修改再版的信息时，更感自己担子之重。因为本书不是完美的，正如第一版后记所说，"限于作者的理论修养、实践经验的不足，愿望和结果实难完全一致"。

随着我国经济体制改革实践的不断深入、社会主义市场经济体制的逐步建立和完善、科学技术日新月异的进步，市场营销学也必须不断完善和发展，有许多理论需要修正和发展，有许多观点需要更新，有许多案例需要充实，这应该是再版的基本目标。但由于时间、精力以及本身理论修养的限制，很难实现上述目标。这次再版丰富了内容，第一章增加绿色市场营销观念，第七章增加影响定价的竞争因素、不同需求弹性状态下的收入变化表，第八章增加网络营销，第十章增加市场营销成本等，对第四章及第十章则作了较大修改，其余章节只是作了局部的文字性修改，以便及时满足教学之急需，敬请广大读者谅解。

本次修改由我与龙锦负责，我负责修改第一、二、三、四、十章，龙锦负责修改第五、六、七、八、九章，最后由我负责统改定稿。我们进行的工作希望得到同行专家及广大读者的指教和帮助，在今后修改时给予考虑，尽可能接近理想目标，在此表示我们的感谢。

最后要衷心感谢复旦大学出版社领导及责任编辑徐惠平先生的大力支持和帮助，为我们提供了向广大读者服务的舞台。

徐鼎亚

2000 年 5 月于上海大学

第三版后记

　　本书第二版经过十二次印刷后，第三版又与广大读者见面了。本书的第一版到第三版跨越了两个世纪，前后近六年。这六年，是中国改革开放和社会主义建设取得伟大成就的六年，是中国人民生活水平日益提高的六年，也是世界发生翻天覆地变化的六年。在这六年里，我国的社会主义市场经济体制日益成熟，我国加入了世界贸易组织，世界经济一体化进程加快，每个中国人都也清楚地感受到大举进入我国的外国跨国公司的魄力和压力。正是在这样的形势下，有许多原来不知名的国有企业、集体企业、民营企业、中外合资企业，按照市场经济的运行规则，运用先进的市场营销理念，改革落后的管理体制，迅速发展成为庞大的企业集团，它们不仅占领了国内的市场份额，而且正在雄心勃勃地走向世界市场。可以这样说，现代市场营销的理论与实践，是这些企业发展壮大的重要基础。因此，正如第一版所说，"市场营销学理论的学习与应用已越来越被企业所重视"。

　　社会对市场营销学的重视，已经成为中国企业发展的一个热点，刺激了对高质量营销管理人才的需求。对高质量营销管理人才的需求，又推动了营销理论的进一步发展，这就要求我们重视营销理论研究的人员，要与时俱进，不断创新。作者正是怀着这种心情，下决心来进行修改本书，试图尽我们的力量为广大读者提供一本好的教材。

　　一本好的市场营销学教材，不应该是空泛的市场营销理论的阐述，而应该紧密联系中国特色社会主义市场经济乃至世界市场经济运行的实际，分析市场营销实践过程中那些生动和成功的实例，传递市场营销实践中的经验和信息，为在校学生理论联系实际，为企业发展提供帮助。因此，本书在这一次的修改过程中，作者增强了实际方面的理论和知识。除了在每一章的后面增加了典型案例和案例思考以外，还在每一章中增加了与市场营销实践有关的内容，如第二章增加了第三节"营销环境分析与基本对策"，第三章增加了第一节"顾客价值理论"等，我们作这样的增删，目的是为丰富的市场营销实践服务。但是我们深知，由于作者时间、精力和理论修养方面的原因，很难达到广大读者对作者的要求。

本书第三版仍由我与龙锦负责修改，我负责第一、二、三、四、十章，龙锦负责第五、六、七、八、九章，最后由我负责统改定稿。

本书之所以能在短短的几年里连续出了三版，发行十多万册，是因为得到了广大读者和同行专家的厚爱，没有他们的支持，本书不可能达到这样的规模，在此，我向广大读者和同行专家表示衷心的感谢！我还要特别感谢复旦大学出版社的领导和责任编辑徐惠平主任为本书的出版发行和再版所做的大量工作，正是因为他们的努力，才使本书一而再、再而三地与广大读者见面。

最后我还要感谢为本书的编写和修改，提供理论研究成果和实践经验的国内外理论工作者和实际工作者，因为我们是在上述研究成果的基础上来从事这项工作的。

徐鼎亚

2003 年 12 月于上海大学社会科学学院

第四版后记

本书从第三版出版至今已有四年多了，这四年我国的经济社会发生了很大变化，促使市场营销学的理论随着社会实践的发展而丰富。本书从一版到四版，并多次印刷，就是结合社会实践的发展和读者对本书的要求而多次修改。一本好的教材，必然是紧密联系中国特色社会主义市场经济乃至世界市场经济运行的结果，本着这种精神经过修改的第四版又与读者见面了。

第四版与第三版相比，除了在每章作了文字修饰以外，在第一章增加"市场营销在我国的发展过程""整合市场营销"，并对每章后面的营销案例进行了更换，删除了个别不适合当前市场经济发展的内容，作这样的变动，主要目的是更好地服务于市场经济。

本书的初稿是各位编者根据我最后确定的提纲拟写而成的，是集体智慧的体现，其后的两次修改是由我和龙锦进行的，第四版的修改是由我一个人完成的，封培琴承担了大量的资料收集和汇总。由于时间的仓促和理论修养的限制，本次的修改很难完全满足广大读者的要求，本人尽力以后只能听从读者的评判了。

本书出版以来，承蒙广大读者厚爱，多次出版和印刷，在社会上广为流传，并获得上海市优秀教材奖，在此我们深表衷心的感谢！

我还要感谢由于篇幅的关系，对本书成书做出贡献的，没有在后面列出的有关国内外的论著和作者。最后要感谢复旦大学出版社特别是经管分社的社长、资深编辑徐惠平先生对本书所做出的贡献。

徐鼎亚

2008 年 2 月于上海大学社会科学学院

第五版后记

本书从第四版出版至今已有六年多了，这六年，是我国社会主义市场经济健康与快速发展的六年，是经济社会发展很大变化的六年，社会经济的发展要求不断丰富市场营销学理论。本着这种精神经过修改的第五版又与读者见面了。

第五版在体系结构上没有做大的调整，只是在个别章节中增加了一些帮助读者理解和掌握基本理论的图表，并更换了一些新案例，除此以外对每章进行了文字修饰，作这样的变动，主要目的是更好地服务于市场经济。

第五版的修改仍然由我一个人完成，其中封培琴承担了大量的资料收集和汇总。由于时间仓促和理论修养的限制，本次的修改很难完全满足广大读者的新要求，本人尽力以后只能听从读者的评判了。

承蒙广大读者厚爱，使得本书多次修改和多次印刷出版，并获得上海市优秀教材奖，因此我们对广大读者表示衷心的感谢！并要衷心感谢对本书成书和修改作出贡献的，在后面列出的和没有列出的有关国内外的论著和作者。最后要感谢复旦大学出版社特别是副总编、经济分社社长、资深编辑徐惠平先生对本书所作出的贡献。

徐鼎亚

2014 年 6 月于上海大学社会科学学院

参考文献

1. ［美］菲力普·科特勒，《市场营销管理》，郭国庆等译，中国人民大学出版社，1997 年版。

2. 郭国庆，《市场营销学》，武汉大学出版社，2000 年版。

3. 陈水芬、孔伟成，《市场营销的理论与实践》，浙江大学出版社，2002 年版。

4. 方光罗，《市场营销学》，东北财经大学出版社，2001 年版。

5. 杨明刚，《市场营销100——个案与点析》，华东理工大学出版社，2001 年版。

6. 王方华，《市场营销学》，复旦大学出版社，2001 年版。

7. ［美］艾露斯·库佩，《网络营销学》，时启亮、吴凤羽、章学拯译，上海人民出版社，2002 年版。

8. ［美］菲力普·科特勒，《营销管理》（第八版），梅清豪译，上海人民出版社，1999 年版。

9. ［美］菲力普·科特勒、［新加坡］洪瑞云、梁绍明、陈振忠，《市场营销管理》（亚洲版·第二版），梅清豪译，中国人民大学出版社，1997 年版。

10. 陈信康等，《市场营销学概念》，复旦大学出版社，1993 年版。

图书在版编目(CIP)数据

市场营销学/徐鼎亚主编. —6 版. —上海：复旦大学出版社，2019.3(2023.8 重印)
新编经济学系列教材
ISBN 978-7-309-14087-3

Ⅰ.①市…　Ⅱ.①徐…　Ⅲ.①市场营销学-高等学校-教材　Ⅳ.①F713.50

中国版本图书馆 CIP 数据核字(2018)第 285040 号

市场营销学(第六版)
徐鼎亚　主编
责任编辑/姜作达

复旦大学出版社有限公司出版发行
上海市国权路 579 号　邮编：200433
网址：fupnet@ fudanpress. com　http://www.fudanpress.com
门市零售：86-21-65102580　　团体订购：86-21-65104505
出版部电话：86-21-65642845
上海新艺印刷有限公司

开本 787×960　1/16　印张 19.75　字数 307 千
2023 年 8 月第 6 版第 4 次印刷

ISBN 978-7-309-14087-3/F·2535
定价：46.00 元

如有印装质量问题,请向复旦大学出版社有限公司出版部调换。
版权所有　　侵权必究